Thorsten Szameitat

Praxiswissen Anzeigenverkauf

Thorsten Szameitat

Praxiswissen Anzeigenverkauf

So gelingt die Kommunikation zwischen Verlag, Agentur und Kunde

Bibliografische Information der Deutschen Nationalbibliothek
Die Deutsche Nationalbibliothek verzeichnet diese Publikation in der
Deutschen Nationalbibliografie; detaillierte bibliografische Daten sind im Internet über
<http://dnb.d-nb.de> abrufbar.

1. Auflage 2010

Alle Rechte vorbehalten
© Gabler Verlag | Springer Fachmedien Wiesbaden GmbH 2010

Lektorat: Manuela Eckstein | Gabi Staupe

Gabler Verlag ist eine Marke von Springer Fachmedien.
Springer Fachmedien ist Teil der Fachverlagsgruppe Springer Science+Business Media.
www.gabler.de

Das Werk einschließlich aller seiner Teile ist urheberrechtlich geschützt. Jede Verwertung außerhalb der engen Grenzen des Urheberrechtsgesetzes ist ohne Zustimmung des Verlags unzulässig und strafbar. Das gilt insbesondere für Vervielfältigungen, Übersetzungen, Mikroverfilmungen und die Einspeicherung und Verarbeitung in elektronischen Systemen.

Die Wiedergabe von Gebrauchsnamen, Handelsnamen, Warenbezeichnungen usw. in diesem Werk berechtigt auch ohne besondere Kennzeichnung nicht zu der Annahme, dass solche Namen im Sinne der Warenzeichen- und Markenschutz-Gesetzgebung als frei zu betrachten wären und daher von jedermann benutzt werden dürften.

Umschlaggestaltung: KünkelLopka Medienentwicklung, Heidelberg
Druck und buchbinderische Verarbeitung: MercedesDruck, Berlin
Gedruckt auf säurefreiem und chlorfrei gebleichtem Papier
Printed in Germany

ISBN 978-3-8349-2094-2

Geleitwort

„More value for money!"

Ich erinnere mich an einen Nachmittag im Frühherbst des Jahres 1999. Thorsten Szameitat bat mich um einen Termin zwecks Vorstellung eines individualisierten Mediakonzeptes. Ich war damals als Marketing Director beim weltweit größten Publisher von interaktiver Unterhaltungssoftware tätig. Mit dem Hinweis, dass ich jegliche mediarelevanten Themen grundsätzlich direkt an die beauftragte Media-Agentur weiterleite, ging ich trotzdem auf diesen Terminwunsch ein. Schließlich handelte es sich um ein wichtiges Führungsmitglied des bedeutendsten Verlages in der Entertainment-Industrie. Das erwartete „Anzeigenverkaufsgespräch" entwickelte sich dann tatsächlich zu einem überraschend erkenntnisreichen Gespräch und führte zu einer dauerhaften und direkten Zusammenarbeit mit dem Verlag.

Insbesondere in schwierigen wirtschaftlichen Zeiten, die sowohl für die Industrie als auch für die Medien eine besondere Herausforderung darstellen, zeigt sich das wahre Maß an Professionalität der Repräsentanten beider Seiten. Die Industrie, üblicherweise in jenen Zeiten unter enormem Kostendruck stehend, lässt oftmals nur eine zögerliche Investitionsbereitschaft erkennen. Sie fordert individuelle, schnell wirkende, langfristig sinnvolle und jederzeit kündbare Medialösungen, idealerweise zusätzlich eingebunden in die redaktionelle Berichterstattung, mit dem einzigartigen Charakter des Neuen und der ausgewogenen Balance von Dominanz- und Subtilwirkung.

Traditionelle Anzeigenverkäufer, gemeinhin oftmals auch als Versicherungsvertreter im Auftrag von Verlagen bezeichnet, werden in solchen Zeiten besonders argwöhnisch beäugt. Nicht immer zu Unrecht. Ein Anzeigenbroker, ich nenne ihn auch bewusst „marketingorientierten Anzeigenkonzeptvermarkter", ist dagegen in der Lage, ein besonderes Vertrauensverhältnis zum Kunden aufzubauen. Er verantwortet weitreichend das gesamte Spektrum von spezifischer Kundenberatung, -betreuung und -service. Einen absoluten Mediaprofi zeichnen zudem Gradlinigkeit, ein unbändiger Wille zum nachhaltigen Erfolg, die ständige Bereitschaft zur Weiterentwicklung der eigenen Fähigkeiten und eine große Menschenkenntnis aus.

In diesem Buch zeigt der Anzeigenbroker Szameitat alltagstaugliche Lösungswege auf, die sich in der Praxis bewährt haben. Der Leitfaden ist gut strukturiert, kritisch reflektierend und hat zahlreiche pragmatische Fallbeispiele. Es ist ein gut recherchiertes Hilfsmittel, das den Anzeigenbroker erfolgreich dabei unterstützen kann, neue, tatsächlich individuelle Kundenkonzepte zu entwickeln, die dem Kunden erkennbar „more value for money" bieten und somit dessen effiziente und risikominimierende Entscheidungsfreudigkeit und -fähigkeit maximal untermauert – bis hin zu antizyklischem Mediaverhalten seitens der Industriepartner.

Thorsten Szameitat verhilft dem Leser zu profundem Wissen, ohne besserwisserisch zu sein. Er inspiriert zum Ausbau der eigenen Expertise und zum regen Gedanken- und Erfahrungsaustausch. Wie damals in unserem ersten gemeinsamen, sehr nachhaltigen Gespräch anno 1999.

Oliver Kaltner
Country Manager Entertainment & Devices / Retail Sales Germany
Microsoft Deutschland

Inhaltsverzeichnis

Geleitwort _____ 5

Ein Wort vorab _____ 11

1. **Besonderheiten des Anzeigenverkaufs** _____ 14
   Das Profil des Anzeigenverkäufers _____ 15
   Neue Herausforderungen meistern _____ 23

2. **Nicht ohne Fachwissen** _____ 26
   Werbung im Allgemeinen und Anzeigenwerbung im Besonderen ___ 26
   Der Zeitschriften- und Zeitungsmarkt _____ 29
   Stärken und Schwächen von Anzeigen _____ 36
   Grundlagen der Anzeigengestaltung _____ 51
   Anzeigenplatzierung _____ 60
   Wie funktioniert der Anzeigenverkauf in der Flaute? _____ 77

3. **Wirkung von Anzeigen** _____ 79
   Warum überhaupt Werbung? _____ 79
   Gebräuchliche Testverfahren _____ 86

4. **Erfolgreiche Mediaplanung** _____ 92
   Werbeziele und Werbeflow _____ 93
   Intermediavergleich _____ 95
   Mediastrategien _____ 110
   Werbung für Jugendliche _____ 113
   Mediennutzung _____ 115
   Mediadaten _____ 119
   Mediarelevante Informationsquellen und Analysen _____ 122

    Werbung für Markenartikel _____ 134
    Anzeigenverkauf - die 7P _____ 137

5. Zielgruppen und Ansprechpartner _____ 138
    Zielgruppenbestimmung _____ 138
    Ansprechpartner und Bedürfnisse _____ 143
    Die wichtigsten Entscheidungskriterien _____ 146
    Werbeagenturen in Deutschland _____ 148

6. Verhandlungsführung im Anzeigenverkauf _____ 153
    Die richtige Vorbereitung und Planung _____ 153
    Effektive Bedarfsermittlung _____ 160
    Vom Nutzen zur Leistungsargumentation _____ 164
    Einwandverhandlung _____ 167
    Preisgespräche führen _____ 180
    Einkäufertaktiken kennen _____ 198

7. Rechtliche Aspekte des Anzeigenverkaufs _____ 206
    Gesetze und Verordnungen _____ 206
    Presserecht und Werbekodex _____ 220
    Redaktion und Werbung _____ 232

8. Der Werkzeugkasten _____ 237
    Projektplanung _____ 237
    Entwicklung von Alleinstellungsmerkmalen _____ 239
    Arbeitsmaterial für Anzeigenverkäufer _____ 242
    Schriftlicher Anzeigenverkauf _____ 245
    Zusatzleistungen _____ 253
    Wettbewerbsvergleiche _____ 254
    Präsentationen _____ 254
    Storytelling - die Geschichte dahinter _____ 258
    Marktforschung _____ 258

Ein Wort zum Schluss	262
Adressen für den Anzeigenverkauf	264
Glossar	268
Quellenverzeichnis	281
Literaturverzeichnis	285
Der Autor	287

Ein Wort vorab

„Die Aufgabe des Anzeigenverkäufers besteht darin, das Unsichtbare sichtbar und das Unfassbare fassbar zu machen."

Thorsten Szameitat

Wer schreibt im Jahr 2010 noch ein Buch über den Anzeigenverkauf? Hat Print nicht schon längst ausgedient? Man könnte es fast glauben, denn auf dem Büchermarkt findet man kaum ein Werk, das sich explizit mit dem Verkauf von Anzeigen, mit den sehr speziellen Voraussetzungen und den Besonderheiten des Verkaufs einer solch imaginären Ware wie einer Anzeige, einem gedruckten Stück Papier, beschäftigt. Dies ist verwunderlich, denn im Jahr 2009 lebten immerhin ungefähr 55.000 Menschen direkt und indirekt (Zeitschriften- und Zeitungsverlage, Agenturen) vom Print-Anzeigenverkauf.

Im Vergleich zu den Onlinemedien, bei denen ein Anbieter (Google) über 50 Prozent der Werbeeinnahmen weltweit realisiert, teilt sich der Werbekuchen bei den deutschen Printmedien alleine bei den Zeitschriften auf über 6.400 Titel auf, von denen gut ein Drittel von der IVW geprüft werden (www.ivw.de), der „harten" Währung im Anzeigenmarkt.

Der Anzeigenverkauf scheint für viele Verkäufer eine Einbahnstraße mit anschließender Sackgasse zu sein. Uneinsichtige Kunden, einzigartig schlechte Markt- und Wirtschaftsdaten, identische Produkte, „unseriöse" Billiganbieter, unsinnige Zielvorgaben, fehlende interne Kommunikation bzw. unfähige Kollegen. Die Liste wäre endlos fortzuführen, doch führt dies nicht weiter.

Der Schlüssel zum Erfolg besteht nach wie vor darin, herauszufinden, was der Kunde wünscht, und ihm dann genau dieses auch zu geben. Konsequenterweise bedeutet das aber auch, fehlende Übereinstimmungen zu konstruieren. Doch Verkäufe, die auf Lug und Trug basieren, haben keine Perspektive, ziehen keine Folgegeschäfte nach.

Natürlich ist es verlockend, ein Geschäft auch mal mitzunehmen, wohl wissend, dass es nicht optimal für den Kunden ist. Aber wie blind muss ein Anzeigenverkäufer sein, um die Umsatz- und Gewinngefahren, die ein solches Verhalten mit sich bringt, nicht zu sehen? Von den ethischen und moralischen Aspekten an dieser Stelle ganz zu schweigen.

Somit lässt sich auch gleich zu Beginn festhalten, dass es keiner neuen Ideen bedarf, um sich mit Nachdruck eine Spitzenposition im Anzeigenverkauf zu erarbeiten. Es genügt, den „Naturgesetzen" zu folgen. Warren Buffet, der mit seinen Aktiengeschäften zu einer lebenden Börsenlegende geworden ist, hat den Aktienhandel nicht neu erfunden, geschweige denn, dass er über Systeme respektive Techniken verfüge, die anderen Wallstreet-Bullen oder -Bären nicht zugänglich wären. Im Gegenteil. Sein Erfolg basiert auf der konsequenten Umsetzung eines seit Jahrzehnten verfügbaren Buches von Graham und Dotz. Dabei folgte er mit stoischer Gelassenheit dem Prinzip, das Normale außergewöhnlich gut zu machen und die Qualität über die Umsetzung zu erreichen und nicht über den ständigen Versuch, das Rad neu zu erfinden.

Obwohl schon von Sokrates in staubige Steintafel gehauen, müssen diese augenscheinliche Banalitäten von jedem Anzeigenverkäufer auf dem Weg zur herausragenden Verkaufspersönlichkeit immer wieder aufs Neue entdeckt werden. Warum? Nun, zum einen wohl, weil es in unserer Welt keine geborenen Anzeigenverkäufer gibt, auch wenn sich dieses Märchen in vielen Köpfen festgesetzt hat. Zum anderen ist der Anzeigenverkauf (wie auch die anderen Verkaufsberufe) per se kein Lehrberuf, kein Studienfach (und das obwohl Verkaufen unser aller Leben beeinflusst wie kein zweite Tätigkeit).

Verkaufen kann nur lernen, wer verkauft und dabei sein Tun systematisch hinterfragt. Alles andere bleibt graue Theorie. Nur die stetige Analyse verhindert Stagnation und die daraus resultierende Resignation, die in Anlehnung an Arthur Miller zum zwangsläufigen Tod des Verkäufers bzw. Handlungsreisenden führt.

„Alles in einer Strategie ist einfach, was aber nicht bedeutet, dass alles sehr einfach ist", hat Clausewitz, der sehr gerne an einer der größten Schweizer MBA-Kaderschmieden als Vorbild für strategisches Denken zitiert wird, in seiner Definition einer militärischen Strategie geschrieben. Auch Clausewitz legte seine Finger in die offenen Wunde der Erfolglosen und verwies darauf, dass der Schlüssel zum Erfolg im Tun des Offensichtlichen und oftmals als einfach (oder Neu-Deutsch: „simpel") Abgetanen liegt. Doch all das wären ja noch lange keine Gründe, ein Buch zu schreiben.

Ein Buch schreibt man nicht nebenbei. Im vorliegenden Fall, war die Ausgangslage einfach und die Konsequenz eben dieses Buch. Der Anzeigenverkauf ist ein wesentlicher Teil unserer Medienlandschaft und er entscheidet in fast allen Fällen über den Erfolg eines Verlags. Es gibt keine wirkliche Sicherheit im Leben, und dennoch können Versicherungen den Schadensfall zumindest erträglich machen. Die beste Versicherung für jeden Verlag ist es, die besten Verkäufer zu beschäftigen. Doch woher nehmen und nicht stehlen? Ein effektives, gelebtes und systematisch auf Ergebnisse ausgerichtete Verkäufertraining ist die Antwort. Dieses Buch ist das Antragsformular für die Versicherung, die Ergebnisse der Umsetzung entsprechen den Auszahlungen im Versicherungsfall.

Die meisten Inhalte dieses Buches stammen aus meiner Zeit als Mitglied des Vorstands eines börsennotierten deutschen Medienhauses. Der Tätigkeitsschwerpunkt lag auf dem Auf- und Ausbau der Anzeigenverkaufsmannschaft. Die Aufgabenstellung war klar, aber Nachahmen verboten.

Doch wenn es ans Multiplizieren der Ergebnisse geht, ist der Weg von entscheidender Bedeutung. Dieses Buch ist das Ergebnis einer umfangreichen Weg- und Prozessanalyse zum Thema Anzeigenverkauf. „Verkaufen ist einfach, wenn schwer gearbeitet wird", hat schon Frank Bettger in „Lebe begeistert und gewinne!" geschrieben. Scheitern wird der, der den Verkauf auf die leichte Schulter nimmt, der nicht bereit ist, den Preis für den Verkaufserfolg zu bezahlen. Je nach eigener Situation kann der Preis sehr unterschiedlich aussehen. Vielleicht gilt es, Defizite im Umgang mit Menschen auszubügeln, indem noch einmal die „Schulbank" gedrückt wird. Lernen endet erst mit dem Tod. Vielleicht bedarf es eines neuen Jobs, weil eine unabdingbare Identifikation mit dem Produkt bzw. der Dienstleistung und dem, was diese für den Kunden zu leisten vermag und/oder der Firma dahinter, nicht möglich ist. Vielleicht ist aber auch ein Umgebungswechsel fällig. Egal wie, egal was, ein Preis muss immer bezahlt werden, auch dann, wenn nichts getan wird.

Viel Erfolg beim Anzeigenverkauf!

Thorsten Szameitat
Fuerteventura, im März 2010

1. Besonderheiten des Anzeigenverkaufs

Der Anzeigenverkauf ist ein harter und faszinierender Beruf zugleich. Dieses Kapitel beschäftigt sich mit den Besonderheiten und den Feinheiten des Berufsbildes „Anzeigenverkauf". Es werden die allgemeinen und speziellen Anforderungen an den Anzeigenverkauf analysiert, die Strukturen durchleuchtet und ein Blick auf die Herausforderungen und in die Zukunft des Werbeträgers „Print" geworfen.

Zeitungen und Zeitschriften üben seit jeher eine große Faszination auf die Menschen aus. Sie sind ein wesentlicher und wichtiger Teil einer gewachsenen Informations- und Unterhaltungskultur. Im gleichen Maße stand und steht die Finanzierung im Fokus des Verlagsinteresses. Die Verkaufspreise (Copypreise) decken nur in den seltensten Fällen die Kosten, die mit der inhaltlichen Erstellung, der Produktionen, dem Marketing und dem Vertrieb in Verbindung stehen. So war und ist die Anzeige eine der tragenden Finanzierungsquellen für fast alle Publikationen auf dieser Welt. Da der Wettbewerb unter den Medien mit harten Bandagen geführt wird, bedarf es geschulter Spezialisten, wenn es darum geht, die Werbekunden für ein spezielles Medium, eine spezielle Zeitung oder Zeitschrift zu gewinnen. Nicht nur der direkte Wettbewerb unter den Verlagen stellt hierbei eine Herausforderung dar, sondern auch der Wettbewerb mit den jeweils anderen Mediengattungen. Zeitschriften müssen sich gegen TV-Sender und heute im Speziellen gegen Onlineangebote behaupten, das Kino „kämpft" gegen das Radio, das Radio wieder gegen die Außenwerbung usw. Im Prinzip tritt jeder gegen jeden an, wenn es um die Werbegelder geht. Aus Sicht der Verlage kommen an dieser Stelle die Anzeigenverkäufer als besonders ausgebildete Spezialisten ins Spiel. Sie sind in der Lage, den Kunden in überzeugender und nachhaltiger Art und Weise bei seiner Einkaufsentscheidung zu begleiten. Insbesondere führen sie ihn durch die entscheidenden Phasen der Verkaufsverhandlung und sorgen für den Abschluss.

Es sind drei Fragen, um deren Beantwortung sich der Anzeigenverkauf bemüht. Die erste Frage ist, warum der Kunde überhaupt in Werbung investieren sollte, was ihm Werbung bringt und was er auf Dauer verliert, wenn er nicht wirbt. Die zweite Frage folgt, sobald der Kunde von der Wirkung und den Möglichkeiten der Werbung überzeugt ist. Jetzt gilt es, ihn von den Vorzügen und Einzigartigkeiten der gedruckten Anzeige zu überzeugen, ihm all die großartigen Möglichkeiten transparent zu machen, die ihm nur die Anzeige bieten kann. Ist die Anzeige das Werbemittel der Wahl, stellt sich Frage Nummer drei: Warum soll der Kunde seine Anzeigen genau in dieser einen Publikation schalten?

Abbildung 1: Die drei Kernfragen des Anzeigenverkaufs

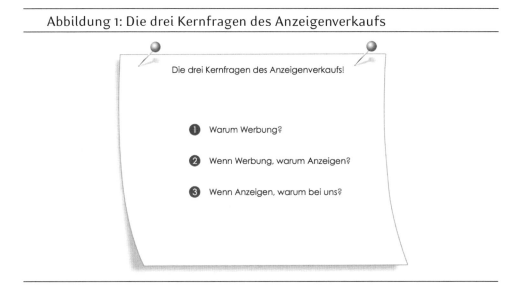

Der Anzeigenverkauf sollte sich permanent mit der Beantwortung dieser Fragen beschäftigen. Dieses Buch liefert hierzu Hilfen und Anregungen.

Das Profil des Anzeigenverkäufers

Anzeigenverkäufer sind per Definition keine Anzeigenberater. Berater sind unabhängig – oder sollten es zumindest sein. Berater verkaufen nicht, sie beraten und empfehlen. Dahingegen sind Anzeigenverkäufer Repräsentanten ihres Medienunternehmens, ihrer Publikation. Es wird von ihnen erwartet, die Vorzüge ihrer Publikation darzustellen und dabei den größtmöglichen Kundennutzen herauszuarbeiten. Es ist ihre Aufgabe, die Unterschrift des Kunden unter den Anzeigenauftrag zu bringen, ob als angestellter Anzeigenverkäufer oder freier Handelsvertreter. Der Anzeigenverkäufer ist die Schnittstelle zum Kunden, zum Innendienst, zur Produktion, zur Technik, zur Buchhaltung und zur Geschäftsführung. In allen Belangen des Kunden ist er stets die erste Kontaktperson. Ein offizielles Berufsbild gibt es bis dato nicht. Allerdings gibt es einige Qualifizierungsmaßnahmen. Die Anbieter scheuen aber zumeist die Bezeichnung Anzeigenverkäufer. Stattdessen kommen Bezeichnungen wie Anzeigenberater, Verlagsrepräsentant, Mediaberater usw. zum Einsatz. Diese klingen weniger „verkäuferisch" und sind es dann letztendlich auch.

Kann jeder ein Anzeigenverkäufer werden?

Die Antwort ist ein klares Nein, auch wenn das ganze berufliche wie auch große Teile des gesellschaftlichen und sozialen Lebens im Prinzip aus Ein- und Verkaufen bestehen. Kinder feilschen um Taschengeld. Erwachsene versuchen zum Beispiel, die Restaurants und Kinofilme ihrer Wahl zu „verkaufen", versuchen, den anderen für die eigenen Ideen zu gewinnen. Dazu gibt es Gehaltsgespräche, Vorstellungsgespräche, Vereinssitzungen usw. Immer werden Ideen, Vorstellungen und Überzeugungen von dem einen verkauft und von dem anderen eingekauft.

Ein altes chinesisches Sprichwort sagt: „Der Lehrer erscheint, wenn der Schüler bereit ist." Es gibt aber viele, die sich förmlich in den Verkauf zwingen. Sei es aus beruflichen Notwendigkeiten („da war eine Position frei") oder weil die Hoffnung auf schnelles Geld sie lenkt. Bereit im Sinne des obigen Sprichworts sind sie damit aber nicht, sondern lediglich gezwungen. Nicht jeder, der beraten kann, beherrscht auch das Verkaufen. Produktkenntnisse alleine machen auch noch keinen Verkäufer aus. In diesem Fall passt die Redensart: Fachidiot schlägt Kunden tot. Das ist auch der Grund, warum es Berater, Spezialisten und Verkäufer gibt. Leider haben die meisten (typischen) Vertriebsmitarbeiter zwei Dinge gemeinsam: Zum einen glauben sie, sie hätten das Verkaufen mit Aufnahme der Muttermilch erlernt (die geborenen Verkäufer), und zum anderen sind die meisten Vertriebsmitarbeiter absolutes Mittelmaß und somit meist eher Ärgernis als Hilfe für den Kunden. Diese Mitarbeiter sind noch nicht bereit, sich mit den Feinheiten des Anzeigenverkaufs auseinanderzusetzen, und man findet sie auch eher selten auf Seminaren. Wenn doch, dann wurden sie von ihren gut meinenden Vorgesetzten geschickt, wissen aber nicht, was sie dort sollen oder noch lernen könnten. Da diese „Verkäufer" auch keine Bücher lesen, werden sie diese Zeilen auch nicht lesen.

Anzeigenverkäufer sind, oder sollten es zumindest sein, die klassischen „eierlegenden Wollmilchsäue". Neben ihrem Fachwissen sind sie als Marktforscher, Soziodemograf, Werber, Marketingfachmann, Unternehmer und natürlich als Verkäufer gefordert. Sich bewusst dafür zu entscheiden, nicht aufhören wollen zu lernen, seine eigenen Fähigkeiten zugunsten der Kunden stetig zu verbessern, ist der entscheidende Schritt zum Erfolg im Anzeigenverkauf. Das schafft aber leider nicht jeder und so hat eben auch nicht jeder das Zeug zu einem guten Anzeigenverkäufer.

Mit dem Thema „Anforderungsprofil" für Verkäufer haben sich schon viele beschäftigt. Es ist schwierig, den Begriff „Profil" aussagekräftig zu füllen. Den idealen „Einheitsverkäufer" gibt es nicht, sondern nur den, der zu einem bestimmten Kunden passt. Idealerweise gelingt es einem sehr guten Anzeigenverkäufer, sich auf möglichst mehrere Kundenprofile einzustellen. Aber alles hat seine Grenzen. So wird ein extrovertiert veranlagter Verkäufer mit einem introvertierten Einkäufer mehr Schwierigkeiten haben, einen gemeinsamen Nenner zu finden, als ein vom Naturell her eher zurückhaltender Verkäufertypus.

Ein klassischer Weg zur Erstellung eines Anforderungsprofils ist die Auswertung einer möglichst hohen Zahl von Stellenanzeigen (z. B. aus Online- und Printmedien). Im Rahmen einer solchen Analyse haben wir zwischen dem Verkauf im Allgemeinen und dem Verkauf von Werbung (Anzeigen) im Speziellen unterschieden. Im zweiten Quartal 2009 wurden hierfür von uns die Stellenanzeigen der Zeitschriften w&v, horizont, aquisa, sales business, FAZ und Süddeutsche Zeitung (jeweils Print und Online), sowie der Online-Jobbörsen stepstone.de, placement24.com und monster.de ausgewertet.

Tabelle 1: Anforderungen an Verkäufer und Anzeigenverkäufer

Allgemeine Anforderungen an Verkäufer	Zusätzliche Anforderungen an Anzeigenverkäufer
▸ Produkt- und Präsentationskenntnisse	▸ Mediadaten und Studienkenntnisse
▸ Markt- und Branchenwissen	▸ Spezifisches Marketingwissen
▸ Gespür für Kundenprobleme	▸ Grundkenntnisse Layout/Gestaltung
▸ Kundenorientierung und Nischendenken	▸ Grundkenntnisse Druck
▸ Permanente Lernbereitschaft	▸ Grundkenntnisse Werbung
▸ Verkaufspsychologische Kenntnisse	▸ Spezialwissen Werbeforschung
▸ Rhetorik- und Etikette-Kenntnisse	▸ Hohes Abstraktionsvermögen
▸ PC und Texterkenntnisse	▸ Hohe Kreativität
▸ Follow-Up-Qualitäten	▸ Hohe Sozialkompetenz
▸ Unternehmerisch, strategisches Denken	
▸ Disziplin	
▸ Interne und externe Diplomatie	
▸ Mobilität und Flexibilität	

Das Ergebnis zeigt die erhöhten Ansprüche, die an Anzeigenverkäufer gestellt werden. Neben den allgemeinen Anforderungen, die für alle Verkäufer gefordert werden, gibt es zahlreiche Zusatzqualifikationen, die Anzeigenverkäufer „mitbringen" sollten. Neben dem vorauszusetzenden spezialisierten Branchenwissen sind vor allen die Bereiche Abstraktionsvermögen, Kreativität und soziale Kompetenz gefragt.

Der erfolgreiche Anzeigenverkäufer fühlt sich auf allen medialen Spielfeldern zu Hause. Denn nur wer sein Medium auch effektiv gegen andere Medien abgrenzen und die Vorteile argumentieren kann (z. B. Print gegen Online und umgekehrt), gehört zu den Profis seiner Zunft. Immer häufiger ist der einzelne Anzeigenverkäufer nicht mehr nur auf ein Medium fixiert. Viele Medienanbieter (Verlage) verfolgen mittlerweile ein konsequentes Cross-Media-Angebot: Sie bieten verschiedene Werbeträger in Kombination an und versuchen so zum Beispiel, die Vorteile von gedruckten und elektronischen Medien zu bündeln und im Paket anzubieten. Darüber hinaus sind bei den wenigen Profis die „Generalisten-Fähigkeiten" wie Disziplin, Leistungsbereitschaft, Zielstrebigkeit und Teamfähigkeit gepaart mit Entscheidungskompetenz, Kommunikationsstärke, Fairness und Selbstbewusstsein.

Die Umfrage eines großen, deutschen Studentenmagazins hinsichtlich der Berufsziele von über 10.000 Universitätsabsolventen zeigte, dass der Verkauf mit lediglich drei Prozent der Nennungen für diese Zielgruppe kein attraktives Berufsziel darstellt. Auch in der Praxis zeigt sich immer wieder, dass der Berufstand der Verkäufer von Quereinsteigern lebt und dominiert wird.

Verdienstmöglichkeiten

Für viele Anzeigenverkäufer sind die teils verlockenden Verdienstmöglichkeiten ein wichtiges Kriterium bei der Berufsauswahl. Dabei sind diese Möglichkeiten so unterschiedlich wie die Publikationen, die auf dem Markt verfügbar sind. Die meisten der angestellten Anzeigenverkäufer bekommen ein Gesamtbruttogehalt, das zwischen 40.000 und 60.000 Euro pro Jahr liegt. Einige wenige schaffen es, über 100.000 Euro zu verdienen.

Die Vereinbarungen bezüglich des festen (fixen) und des erfolgsabhängigen (variablen) Gehaltsanteils sind sehr unterschiedlich. Während bei so manchem Großverlag der Anteil der variablen Gehaltssumme nicht 20 Prozent erreicht, gibt es bei anderen mittleren und kleineren Verlagen bis zu 80 Prozent in Abhängigkeit von der vereinbarten Zielerreichung. Bei den Einteilungen spielt des Verhältnis zwischen zu betreuenden Stammkunden und zu gewinnenden Neukunden eine wichtige Rolle, genauso wie die finanzielle Stärke des Verlags. Die Angebote, zu 100 Prozent auf Provision zu arbeiten, sind ungezählt, richten sich aber zumeist an freie Anzeigenverkäufer. Die Entscheidung dafür oder dagegen hängt von einigen Faktoren ab:

1. Wie sehr glaubt der Anzeigenverkauf an seine Chance im Markt?
2. Wie plausibel erscheinen dem Anzeigenverkauf die Erklärungen des Verlags, warum es eine hundertprozentige Provisionsregelung geben soll?
3. Ist es das einzige Standbein, oder hat der Anzeigenverkauf noch andere Objekte in der Vertretung?

Angestellter oder freier Anzeigenverkäufer?

Sofern sich die Frage überhaupt stellt, empfiehlt es sich einen Blick auf die Vorteile und auf die Nachteile der Varianten „angestellter Anzeigenverkäufer" und „freier Handelsvertreter" zu werfen. Die Pros und Contras haben jeweils bezogen auf den Blickwinkel (den des Verlags oder des Verkaufs) unterschiedliche Bedeutung und Relevanz.

Freie Handelsvertreter ...
- bekommen nur Geld, wenn sie etwas verkaufen.
- sind schwerer zu steuern als angestellte Verkäufer.
- sind meist nicht in der Nähe des Verlags ansässig, kurze Informationswege sind eher selten.
- verfolgen eigene, unternehmerische Ziele.
- sind meist „Bauchladen-Verkäufer", haben ein Portfolio unterschiedlicher Magazine/Verlage im Angebot.
- arbeiten nach dem Mini-Max-Prinzip und bevorzugen den Verkauf leicht verkäuflicher Titel.
- orientieren sich bei ihren Bemühungen auch an den jeweiligen Provisionssätzen.
- sind im Punkt Reporting und Controlling für den Verlag schwieriger als angestellte Verkäufer zu handeln.
- sind für die Werbekunden nicht als Vertreter spezieller Publikationen identifizierbar.
- bekommen manchmal schneller Termine, da sie mehrere Publikationen in einem Termin abhandeln können.

- haben zusätzliche kaufmännische Tätigkeiten zu erledigen (Buchhaltung, Steuern, Abschlüsse, Fuhrpark …).

Angestellte Anzeigenverkäufer
- sind ganz klare Repräsentation ihrer Publikationen und Verlage.
- kosten immer Geld, egal ob sie etwas bringen oder nicht.
- identifizieren sich mit ihren Titeln.
- kämpfen auch für kleinere Titel.
- haben eine direkteren Draht zu den anderen Abteilungen im Verlag (Vertrieb, Innendienst, Marketing …).

Stellenwert des Anzeigenverkaufs

Der Verkauf von Anzeigen nimmt seit jeher eine bedeutende Stellung innerhalb der einzelnen Medien ein. Die Bedeutung beruht auf drei einfachen Tatsachen.

1. Der Anzeigenverkauf ist, neben etwaigen Vertriebs-/Lizenzerlösen, die Haupteinnahmequelle der meisten Verlage. Zum Teil sind es über 50 Prozent, die Anzeigen zum Ergebnis beitragen.
2. Der Anzeigenverkauf ist eines der besten und verlässlichsten Marktforschungsinstrumente. Kein anderer Unternehmensbereich ist näher am wirklichen Bedarf der Kunden. Kein anderer Bereich erhält eine so unmittelbare Rückmeldung vom Kunden.
3. Der Anzeigenverkauf ist das Kundenbindungsinstrument schlechthin und damit das wichtigste Mittel zur Wettbewerbsdifferenzierung.

Kein Job fordert eine höhere soziale Kompetenz, und kein Job ist in punkto Leistung transparenter. Im Verkauf im Allgemeinen und im Anzeigenverkauf im Speziellen gibt es kein „Verstecken". Anzeigen zu verkaufen, fordert und fördert Persönlichkeiten. Er ist auch der beste und im Regelfall die einzige wirkliche USP (Unique Selling Proposition) eines Verlags. Fast alles kann – mit den entsprechenden finanziellen Mitteln – kopiert werden. Jede Studie, jedes Redaktionskonzept, jeder Vertriebskanal, jede Werbekampagne, jede Positionierung, jede Präsentation, jedes Verkaufsmaterial. Mal besser, mal schlechter, aber machbar ist es immer.

Das Anzeigenverkaufsteam ist dahingegen, für sich genommen, immer einmalig. Je größer die Vergleichbarkeit der Medien wird, umso wichtiger und entscheidender wird die Persönlichkeit des Anzeigenverkäufers und dessen persönliche Beziehung zu den Kunden und Agenturen.

Aktuell findet ein immer stärkerer Wandel vom Verkäufer- zum Käufermarkt statt. Die Veränderung im Bedeutungsverhältnis von Produktqualität zur Beraterqualität haben wir im Rahmen einer Studie ermittelt. Es wurden 78 Entscheider aus dem Bereichen Buchungsagenturen und aktive Werbekunden schriftlich befragt. Das Ergebnis zeigt eine signifikante Steigerung der Bedeutung des persönlichen Kontakts zum Verkäufer. Waren es 2003 noch knapp 10 Prozent der Befragten, die angaben, dass für sie die Beziehung zu einem Anbieter kaufentscheidend sei, waren es 2008 bereits 46 Prozent. Das Ergebnis ist auch deswegen beachtenswert, da es doch heutzutage eine offensichtlich immer größere Vergleichbarkeit der Angebote über die modernen Medien gibt. Das würde ja dafür sprechen, immer mehr Entscheidungen ohne persönlichen Kontakt zu treffen. Trotzdem gewinnt der Anzeigenverkauf zunehmend an Bedeutung. Die Unterscheidung zwischen der Person des Anzeigenverkäufers und der Firma ergab zudem einen um sieben Prozentpunkte höheren Wert für die Verkäufer (35 Prozent) im Vergleich zur Firma (28 Prozent). Die Kombination aus Verkäufer und Firma belegt – wenig überraschend – mit 41 Prozent einen klaren ersten Platz.

Daraus lässt sich eine eindeutige Schlussfolgerung ziehen: Die Person des Anzeigenverkäufers ist das „Zünglein an der Waage". Sie ist mehr als alles andere für den positiven und den negativen Verkaufserfolg verantwortlich.

Aufbau einer Anzeigenabteilung

In Bezug auf die Positionierung des Anzeigenverkaufs innerhalb des Verlags stellen sich zwei entscheidende Fragen: In welchem Umfeld agiert ein Anzeigenverkäufer, und welche Funktion übernimmt er in der Anzeigenabteilung?

Wie in jeder anderen Abteilung bedarf es natürlich auch in der Anzeigenabteilung einer Hierarchie und eines funktionierenden „Workflows". Das heißt, die einzelnen Prozesse müssen in einer möglichst logischen und effektiven Weise miteinander verbunden sein. Ein klassischer, hierarchischer Aufbau kann wie folgt aussehen (siehe Abbildung 2).

Abbildung 2: Hierarchiebeispiel für den Anzeigenverkauf

Neben der Hierarchie kommt dem „Workflow", also dem organisierten Arbeitsablauf innerhalb einer Abteilung, eine wesentliche Bedeutung zu. Wer informiert wen, wann und wie? Auf welche Ressourcen kann zurückgegriffen werden? Wer kann wen vertreten, wo sind die Informationen zu finden? Ein Beispiel für einen „Workflow" innerhalb einer Anzeigenabteilung zeigt Abbildung 3.

Abbildung 3: Workflowbeispiel für den Anzeigenverkauf

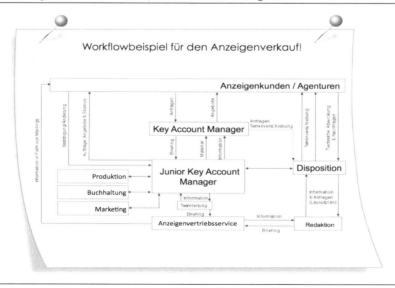

Eine wirkungsvolle Kommunikation zwischen dem Anzeigenverkauf und den Kunden beruht im Wesentlichen auf zwei Voraussetzungen:

1. Die funktionalen Informationsabläufe müssen theoretisch gegeben sein (Prozess- und Ablaufsystematiken) und zudem natürlich auch praktisch funktionieren, also umgesetzt werden.
2. Die Grundlagen der zwischenmenschlichen Kommunikation sollten allen Mitarbeitern bekannt sein und entsprechend angewandt werden. Häufig scheitern gute Strukturen an der Unfähigkeit oder dem Unwillen der Mitarbeiter, die Regeln des respektvollen und gekonnten Umgangs miteinander umzusetzen. Regelmäßiges Training ist auch an dieser Stelle unverzichtbar, denn wie immer gibt es eine große Diskrepanz zwischen Kennen und Können.

Neue Herausforderungen meistern

Es ist sicher leichter, die berühmte „Die Katze im Sack" zu verkaufen als eine Anzeige. Im ersten Fall gibt es zumindest ein Produkt. Obwohl der Käufer den Inhalt anfangs noch nicht sehen kann, so doch zumindest dann nach dem Öffnen des Sacks. Der Käufer einer Anzeige muss auf dieses Kauferlebnis, sofern es ihm überhaupt vergönnt ist, oftmals lange warten. Die Wirkung einer Anzeige kann niemals exakt vorhergesagt werden. Es ist sogar nur mit erheblichen Einschränkungen und einem nicht zu unterschätzenden Aufwand (Zeit, Ressourcen und Geldmittel) möglich, die Wirkung im Nachhinein zu belegen. Wie ist es also möglich, ein bedrucktes Stück Papier für bis zu 100.000 Euro und mehr zu verkaufen?

Der Anzeigenverkauf verkauft ein sehr schwer (be-)greifbares Produkt. Daraus resultiert immer wieder ein großer Erklärungsbedarf und der verständliche Wunsch des Werbekunden nach aussagekräftigen Wirkungs- und Leistungsbeweisen. Des Weiteren spielt es eine wichtige Rolle, dass der Verkauf einer Anzeige, an ein und den selben Kunden, in regelmäßigen Abständen, immer wieder erfolgt (abhängig von den Erscheinungsweisen der Publikation). Dabei sind die Zeitabstände zwischen den Kontakten oder Leistungspunkten, zum Beispiel bei Tageszeitungen, mitunter sehr kurz. Selbst im Fall von Rahmenverträgen (Abschluss mehrerer Anzeigenbuchungen in einem bestimmten Zeitraum), erfolgt quasi mit jeder einzelnen Veröffentlichung ein Teilverkauf. Die Leistung muss stimmen und sich jedes mal aufs Neue beweisen. Sie muss belegt und kommuniziert werden und die

Fragen sowie etwaige Reklamationen müssen zuverlässig und zeitnah bearbeitet werden. Die damit verbundenen hohen Anforderungen an den Verkauf sind nicht leicht zu erfüllen.

Was wird eigentlich verkauft?

Die Beantwortung der Frage, was der Anzeigenverkauf tatsächlich verkauft, ist von entscheidender Bedeutung für den Verkaufserfolg. Was ist es, was der Anzeigenverkauf offeriert?

1. Der Platz, das Umfeld oder der Raum in einer Publikation, um dort eine Werbeanzeige zu platzieren.
2. Der direkte Zugang zu einer bestimmten, vom Anzeigenkunden gesuchten Zielgruppe.
3. Die Aufmerksamkeit des Lesers, der durch die Themenauswahl, Qualität und Gestaltung durch die Publikation geführt wird.
4. Einen schnellen, unkomplizierten und günstigen Weg zur werblichen Kommunikation.

Die Schneemanntheorie besagt, dass lediglich fünf Prozent der Entscheidungsfindung auf rationalen Faktoren beruht, also auf Fakten, Daten und Zahlen. Wie beim Schneemann, ist der Bauch das tragende Element, welches zu 95 Prozent die Entscheidung beeinflusst. Wohlgemerkt handelt es sich hierbei um ein sehr, sehr stark vereinfachtes Modell, welches in erster Linie dazu dient, den großen, kausalen Zusammenhang zwischen Kopf- und Bauchentscheidung zu verdeutlichen. Die Prozentzahlen sind lediglich Richtungsangaben. Es kann gar nicht oft genug wiederholt werden: Nicht das Produkt, sondern einzig der Gewinn (Nutzen, Problemlösung …) ist für den Kunden entscheidend. Wer im Anzeigenverkauf die Frage beantworten kann, was der Werbekunde durch eine Schaltung in der angebotenen Publikation gewinnt, der wird verkaufen. Die Werbung verbindet schon seit jeher das Produkt mit zum Teil konstruierten Gefühlsgewinnen. Einige der prominenten Beispiele sind in Tabelle 2 aufgelistet.

Tabelle 2: Produkt und Gefühlsgewinn

Produkt	Was gekauft wird
▶ Marlboro Zigaretten	Gefühl von Freiheit und Abenteuer
▶ Lambert-Möbel	Lebensgefühl und Kunst
▶ Bang & Olufsen	Design und Harmonie
▶ Ramazotti	Italienisches Lebensgefühl
▶ Haribo Gummibärchen	Gute Laune und Freude
▶ Nutella	Geschmack und Energie
▶ Red-Bull Energydrink	Energie und Durchhaltevermögen

Die Zukunft des Anzeigenverkaufs

Kindle, iPad, E-Reader, Onlinezeitungen (gratis- oder paid Content), Blogs, Soziale Netzwerke (privat und/oder geschäftlich), InGameAdvertising, iPhone-Applications, Twitter & Co – keine Frage, wir stecken mitten in der digitalen Revolution. Im September 2009 erschien die US-Zeitschrift „Entertainment Weekly" erstmals mit einem Millimeter dünnen, digitalen Display, auf dem die Neuheiten des Jahres 2010 aus dem Hause des TV-Senders CBS zu sehen waren. Noch klein, in Handarbeit hergestellt und mit wenig überzeugendem Sound aber bereits als Schaufenster der Zukunft. Zudem lassen sich schon heute komplexe Informationen und komplette Schaltkreise auf Papier drucken. Derartige Karten finden zurzeit rege Anwendung im Spielwarenbereich. Hauchdünne Displays, die sich zusammenrollen lassen, der Beamer im Handy und das eventuell anstehende iPhone mit großem Zehn-Zoll-Touchscreen von Apple sind aktuell weitere Medien, die den gedruckten Publikationen den Rang streitig machen können.

Doch gleichgültig, ob wir schon heute, morgen oder erst in naher Zukunft unsere Informationen auf digitalem Wege beziehen, die Werbefinanzierung der Inhalte wird eine tragende Säule der überwiegenden Mehrheit der Geschäftsmodelle sein. Und ganz gleichgültig, wie digital die Bezugsquellen sein werden, die Geschäfte werden von Menschen mit Menschen gemacht. Die reinen Preiskäufer gab es auch schon zu Zeiten, in denen noch Telegramme geschickt wurden und die Geschäftsreisen mit der Dampflok gemacht wurden. Daher sind alle in diesem Buch beschriebenen Aspekte auch für den Verkauf digitaler Werbeformen einsetzbar. Lediglich in den Bereichen Recht und Studien bedürfte es entsprechender Anpassungen.

2. Nicht ohne Fachwissen

Das 21. Jahrhundert ist geprägt durch ein Überangebot an Produkten und Dienstleistungen, die sich kaum bis gar nicht voneinander unterscheiden lassen. Dieser Umstand führt zu einer extremen Austauschbarkeit der Leistungen. Die Verunsicherung im Hinblick auf den Mitteleinsatz (Werbebudgets) und die damit unzureichend abschätzbaren Resultate beruht zumeist auf der Unkenntnis der eigenen Werbeziele. Wenn die Ziele klar definiert sind, kann auch die Anzeige ihre Aufgaben erfüllen. Werbung will natürlich in erster Linie immer verkaufen. Aber wie kann sie das? Welche Ansätze werden dabei verfolgt und welche Argumente sprechen für die Anzeige? Um diese Fragen beantworten zu können, beschäftigen wir uns im Folgenden mit den Argumentationen und Pluspunkten der Anzeige, den Anzeigenkonkurrenten sowie den Medien, die im direkten Wettbewerbsumfeld der Anzeigen stehen.

Werbung im Allgemeinen und Anzeigenwerbung im Besonderen

Der Anzeigenverkauf agiert im Werbemarkt und ist damit ein Teil dessen, was gemeinhin als Werbung bezeichnet wird. Das Wort Werbung hat seinen Ursprung im Althochdeutschen (hwerban) und bedeutet „sich drehen". Werbung ist ein Teil der betriebswirtschaftlichen Unternehmenskommunikation. Neben dem persönlichen Verkauf, der Public Relation und der Verkaufsförderung ist die Werbung die tragende Säule in der Kommunikation mit dem Kunden. Ihre wesentliche Aufgabe besteht in der Bekanntmachung neuer und der Aufrechterhaltung der Markenbekanntheit bestehender Angebote.

Einer allgemeinen Definition entsprechend ist das Ziel der Werbung die bewusste Beeinflussung von Menschen zu kommerziellen Zwecken. Sie ist damit auch eine Form der Manipulation. Sie ist allgegenwärtig und dies hat auch einen guten Grund: Werbung funktioniert. Allerdings weiß keiner wirklich wie, denn ansonsten wären Werbeerfolge beliebig wiederholbar. Dass dem aber nicht so ist, liegt vor allem daran, dass die Wissenschaft bis heute vielleicht nur ungefähr 30 Prozent der Arbeitsweise des menschlichen Gehirns erklären kann. Was im Unbewussten passiert, lässt sich in vielen Fällen nur erahnen. Dennoch ist Werbung ein Multi-Milliarden-Euro-Geschäft, dem sich keiner entziehen kann: Es übt zudem eine große Faszination auf sehr viele Menschen aus.

Jeder von uns sieht sich heutzutage einer Vielzahl von Umwerbungen ausgesetzt. Täglich können es mehrere Tausend sein und die meisten kommen von den über 60.000 Markenartikeln, die Tag für Tag um die Aufmerksamkeit des Konsumenten kämpfen. Aber (immer) mehr Werbung bedeutet auch immer mehr zu vergessen. Werbung wird zunehmend schnelllebiger und schriller, immer interaktiver und auch immer unbeliebter. Die Anzeige ist eine der ältesten Kommunikations- und Werbeformen. Weil sie bewusst und gewollt „konsumiert" wird, ist sie eine wirklich Ausnahme unter den Werbemitteln. In vielen Fällen ist die Anzeige die – mit Abstand – beste Wahl unter den Werbemitteln. Kunden lieben zudem Mehrwerte. Es sind die Mehrwerte von Produkten, die Kunden in der modernen Welt kaufen. Marken leben von Mehrwerten und Anzeigen transportieren genau diese Mehrwerte effektiv und effizient. Das Ziel des vorliegenden Buches ist es, den Anzeigenverkauf nachhaltig zu stärken.

Definition Anzeigenwerbung

Die Definitionen zur Begrifflichkeit der Anzeige sind sehr vielfältig. In allen Fällen handelt es aber sich um deutlich mehr als um das bereits im Vorwort erwähnte „simple" Stück Papier. Das Anzeigenlexikon des VDZ definiert Anzeigenwerbung folgendermaßen:

> „Eine Anzeige, auch Annonce oder Inserat genannt, ist eine Veröffentlichung in einer Druckschrift außerhalb des redaktionellen Teils – in der Regel gegen Entgelt – zum Zwecke der werblichen Kommunikation. Inhalt und Gestaltung der Anzeigen unterliegen presserechtlichen und wettbewerbsrechtlichen Bestimmungen."

Auf den Punkt gebracht, lässt sich aus dieser Definitionen ableiten: Anzeigenwerbung bedeutet Leistung gegen Geld. Sie ist somit planbar und kalkulierbar! Daraus ergeben sich für den Werbetreibenden, in Bezug auf Anzeigen, eine ganze Reihe unterschiedlicher Nutzenargumente, die wir im Folgenden beleuchten werden.

Geschichte der Anzeige

„Schehm verzweifelt gesucht", soll unbestätigten Quellen nach die erste „Anzeige" in der Geschichte der Menschheit gewesen sein. Aufgegeben hat sie demnach ein Patrizier im alten Rom, der seinen Sklaven „Schehm" vermisste. Im Grunde also eine Vermisstenanzeige.

Etwas fundierter lässt sich die Geburtsstunde der Anzeige auf das 17. Jahrhundert taxieren, also in Zeiten der ersten Zeitungen, die sich ab 1609 ihre Leser suchten. Dokumentiert ist die regelmäßige Veröffentlichung von Anzeigen in Deutschland ab dem Jahr 1665. Während es bezüglich des ersten Werbeträgers unterschiedliche Auffassungen gibt, besteht hinsichtlich der ersten Inserenten Einigkeit. Es waren die Drucker der Zeitungen selbst, die Anzeigen nutzten, um auf ihre weiteren Druckerzeugnisse (zumeist wissenschaftliche Literatur) aufmerksam zu machen. Ab dem Jahr 1754 nutzen dann auch andere Unternehmen das Werbemedium Anzeige, wobei die damalige staatliche Kontrolle einem freien Wettbewerb noch im Wege stand. Mit der Gründung der ersten Werbeagentur (Annoncen Expedition) in London im Jahr 1800 unter dem Namen R.F. White & Son entstand das Anzeigengeschäft, wie wir es heute kennen. Im weiteren Verlauf wurde dann auch die Agenturprovision eingeführt (AE-Provision), da die Druckereien keine eigenen Anzeigenverkäufer hatten und somit die Arbeit der Agenturen mit 15 Prozent vergüteten, da diese die Kunden zur Druckerei brachten.

Aber erst die Industrialisierung des Druckgewerbes und die damit möglichen hohen Auflagen der Druckerzeugnisse verhalfen der Anzeige zu der wirtschaftlichen Bedeutung, die sie für die Verlage bis heute hat. Sie leistet einen Teil der Refinanzierung.

Definition Anzeigenverkauf

Genau genommen lassen sich Anzeigen „an sich" gar nicht verkaufen. Verkauft wird der Platz zum Abdruck in einem Werbeträger und dessen spezifische Leistungsdaten (Auflage, Leserkreis ...). Anzeigen können aktiv und passiv verkauft werden. Beim aktiven Verkauf verfolgt der Verlag eine spezifische und konsequente Anzeigenvertriebsstrategie und arbeitet mit internen und/oder externen Anzeigenverkäufern zusammen. In Falle des passiven Anzeigenverkaufs (eher selten) erwartet der Verlag, dass potenzielle Kunden sich von sich aus melden. Das kann durch Anzeigenmarketing unterstützt werden. Allerdings sind zum Schluss auch wieder Anzeigenverkäufer gefragt, um den Auftrag unterschriftsreif auszugestalten.

Der Zeitschriften- und Zeitungsmarkt

Der Dachverband der Deutschen Zeitschriftenverlage ist der VDZ, der Verband Deutscher Zeitschriftenverleger.

Der Zeitschriftenmarkt in Deutschland besteht aus drei Segmenten:
1. Publikumszeitschriften – wie zum Beispiel TV-Programmzeitschriften, Illustrierte, Frauen- oder Männermagazine usw. – also alle Titel mit einem breiten Themenspektrum, das primär der Unterhaltung dient.
2. Periodische Fachzeitschriften, also alle fachspezifischen Titel, die sich an bestimmte Berufsgruppen (zum Beispiel Unternehmer oder Interessensgruppen wie Computerspieler) richten.
3. Konfessionelle Zeitschriften: Hierunter fallen Zeitschriften für religiöse Zielgruppen, zum Beispiel Bistumsblätter, Kolpingblatt, Lenz ...

Den größten Anteil an den im Jahr 2008 erschienen Zeitschriften haben mit knapp 3.900 Publikationen die Fachtitel, gefolgt von knapp 2.200 Publikumstiteln. Insgesamt werden jährlich rund 600 Millionen Zeitschriften verkauft, und es kommen durchschnittlich über 30 Titel pro Jahr hinzu. Mit 20 Prozent der Titel werden ca. 80 Prozent der Werbeumsätze realisiert, und diese 20 Titel stammen wiederum von den vier Großverlagen Bauer, Burda, Gruner&Jahr und Springer.

Im Durchschnitt liegt der Anteil der Anzeigen – im Vergleich zu den redaktionellen Seiten – bei knapp 25 Prozent. Dabei sind die vierfarbigen Anzeigen mit einem Anteil von über 80 Prozent die klaren Favoriten. Sonderwerbeformen wie Beihefter liegen unter 10 Prozent. Ein Blick auf die Auflagenstruktur zeigt zum Beispiel bei den Publikumszeitschriften, dass um die 45 Prozent der Auflage über Abonnements verkauft werden, wohingegen der Einzelverkauf unter 39 Prozent liegt. Die restliche Auflage verteilt sich hier auf Lesezirkel und sonstige Verkäufe. Fachzeitschriften werden eher selten spontan gekauft. Nur jeder zehnte Titel ist als Spontankauf zu klassifizieren. Weitere Informationen zum Zeitschriftenmarkt sind auf den Internetseiten www.vdz.de, www.pz-online.de, www.ivw.de zu finden.

Die Zeitungsverlage sind organisiert im BDVZ, dem Bundesverband Deutscher Zeitungsverleger. Aktuell gibt es über 350 Tageszeitungen (lokale und regionale Abonnementzeitungen, überregionale Zeitungen und Straßenverkaufszeitungen), die um 28 Wochenzeitungen und sechs Sonntagszeitungen ergänzt werden. Die Gesamtauflage beläuft sich auf über 25 Millionen Zeitungen. Im Durchschnitt wird eine Tageszeitung 36 Minuten gelesen. Noch heute gelten die Zeitungen als der Werbeträger Nummer eins, was sie mit Netto-Werbeeinnahmen in einer Größenordnung von ca. 4,8 Millionen Euro jährlich untermauern. Zudem ist Werbung in Tageszeitungen sehr willkommen. Während knapp 80 Prozent der Fernsehzuschauer angeben, auf Werbung verzichten zu können, sind es im Falle der Tageszeitung nur 38 Prozent. Oder anders formuliert, wünschen sich 62 Prozent der Leser von Tageszeitungen Werbung. Der größte Trumpf der meisten Tageszeitungen ist ihr Lokalteil, der von mehr als 80 Prozent der Leser immer gelesen wird. Auch die internationale Tagespresse erfreut sich in Deutschland größter Beliebtheit. Um die 130 fremdsprachige Tageszeitungen werden hierzulande angeboten. Weitere Informationen zum Zeitungsmarkt sind auf den Internetseiten www.bdvz.de, www.zmg.de, www.die-zeitungen.de, www.pressekatalog.de, www.media-tor.de, www.ivw.de zu finden.

Vertriebswege

In Deutschland finden Printmedien über verschiedene Kanäle ihren Weg zum Kunden (Leser). In den meisten Fällen werden von den Verlagen die sogenannten Nationalvertriebe mit der „Verteilung" der Medien beauftragt. Diese Vertriebsorganisationen kümmern sich dann als „Fullservice-Anbieter" um die Belieferung der Absatzkanäle. Die zwei Anbieter sind die Grossisten und der WBZ.

1. 91 Presse-Grossisten beliefern ihrerseits die jeweiligen Einzelhändler. Letztere machen mit 120.000 Einzelverkaufsstellen mehr als 50 Prozent des Gesamtmarktanteils aus.
2. Der Bundesverband des werbenden Buch- und Zeitschriftenhandels e.V. (WBZ) ist zuständig für
    ▶ die Zeitschriftenwerbung (Abonnementverkauf) im Tür-zu-Tür-Geschäft,
    ▶ die Verkaufsstellen im Ausland,
    ▶ den Bahnhofsbuchhandel mit seinen 500 Verkaufsstellen, die mehr als 1.000 Titel führen, über 100 Stunden pro Woche geöffnet haben und damit einen 0,4-prozentigen Anteil an den Verkaufsstellen und zehn Prozent Anteil an den Einzelhandelsumsätzen haben,

- den Lesezirkel, der mit 150 Unternehmen ca. 500.000 Privat- und 200.000 Geschäftskunden mit unterschiedlichen Zeitschriftentiteln (ca. 260 Titel) beliefert,
- die Belieferung der Abonnenten.

Wirtschaftliche Bedeutung der Anzeigen

Die gängige und grobe Einteilung stimmt auch heute noch. Laut ihr stammen rund 50 Prozent der Gesamterlöse bei den Zeitschriften aus dem Anzeigenverkauf. Im Detail ist der Einfluss der Anzeigen im Jahr 2008 sogar mit 52 Prozent um vier Prozentpunkte höher als der Anteil aus den Vertriebserlösen. Insgesamt erwirtschaften die deutschen Zeitschriftenverlage jährlich über vier Milliarden Euro mit dem Verkauf von Anzeigen.

Sonderfall Abonnement

Unter einem Abonnenten versteht man einen Leser, der eine Reihe von in der Zukunft erscheinenden Ausgaben einer Publikation zu einem festgelegten, meist deutlich vergünstigten Preis erwirbt und diesen im Voraus bezahlt. Daraus ergeben sich für ihn ein vergünstigter Bezugspreis sowie eine pünktliche bzw. vorzeitige Lieferung frei Haus.

Das Abonnement ist unter den Vertriebskanälen ein Sonderfall. Im Gegensatz zum Einzelverkauf sind die Abonnements eine relativ verlässliche Kalkulationsgrundlage für Verlage, da sie kaum schwanken und der Geldeingang vorab erfolgt. Zudem verdient der Verlag an einem Abonnement in der Regel deutlich mehr. Es entfallen für ihn die Kosten für den regulären Vertrieb, die im Schnitt 50 Prozent des Verkaufspreises ausmachen, und die damit verbunden Kosten für die Remission (Rückholung und/oder Vernichtung der nicht verkauften Auflage). Dem stehen die Kosten für den postalischen Versand und die Kosten für die Abonnementengewinnung (Abo-Prämien) und Verwaltung gegenüber. In Bezug auf den Preisvorteil, den ein Abonnement im Vergleich zum Verkaufspreis erhalten kann, hat der Gesetzgeber eine Obergrenze von 14,9 Prozent gesetzt. Der Anteil der Abonnements an der Gesamtauflage liegt bei einigen Fachzeitschriften bei annähernd 100 Prozent. Bei Tageszeitungen liegt der Anteil im Schnitt bei etwas über 60 Prozent.

Das Wettbewerbsumfeld der Anzeige

Alte und neue Werbeformen „buhlen" um den gleichen Werbe- bzw. Marketingtopf, die gleichen Werbegelder. So stehen Anzeigen nicht nur mit den direkten Mitbewerbern im Wettstreit um die Investitionen der Werbeindustrie, sondern auch mit TV, Radio, Außenwerbung, Kino, Online, Mobile und Co. Jedes Medium hat seine spezifischen Vorteile, seine Stärken. Diese jeweils herauszuarbeiten und gegeneinander abgrenzen zu können, gehört zu den wesentlichen Aufgaben des Anzeigenverkaufs. Zu den wichtigsten Wettbewerbern der Printmedien gehören:

- TV-Spots
- Radio-Spots
- Kino-Spots
- Plakate
- Onlinebanner/Pop-ups/Interrupts (z. B. Internet, CD ...)
- Direkt-Mailings (Briefe, Faxe, E-Mails)
- Messeaktivitäten
- bezahlte PR/Redaktion (z. B. Who is Who ...)
- Promotion (besondere Anzeigen/kleiner Vermerk Anzeige oder Promotion, Postkarten ...)
- Point of Sale (POS-)Aktivitäten
- Telefonmarketing
- Sponsoring (z. B. Musik, Sport ...)
- Handzettel und Wurfsendungen
- Mund-zu-Mund-Propaganda
- Werbung auf DVDs und CDs
- Public Relations

Die Vor- und Nachteile der einzelnen Print-Wettbewerber werden auf den nächsten Seiten ausführlich analysiert und hinsichtlich ihrer Bedeutung für den Werbekunden beurteilt.

Leistungsargumente für Anzeigen

Der Terminus Werbung wurde erstmals in den Zwanzigerjahren eingesetzt. Zuvor sprach man von Reklame und meinte damit bereits „Aufmerksamkeit/Interesse wecken" und bis zu einem gewissen Grad auch die Beeinflussung der Umworbenen. In der heutigen Werbetheorie wird die Anzeigenwerbung als eines von mehreren, zielgerichteten Kommunikationsmitteln bezeichnet, welche das Verhalten der Konsumenten beeinflussen will. Dabei vermittelt sie die dazu notwendigen Informationen auf sachlicher und/oder auf emotionaler Ebene.

Anzeigen zu schalten bedeutet für den Kunden auch immer ein erhebliches finanzielles Investment und wie bei jedem Investment bedarf es für einen solchen Entscheid meist (einige Titel gerade aus dem „Hochglanzbereich" lassen sich auch ohne echte Leistungsargumente verkaufen) einer Reihe von stichhaltigen Nutzen- und Leistungsargumenten. Für die Anzeige gibt es eine ganze Reihe solcher Argumente, die so und in dieser Form von keinem anderem Werbeträger geboten werden (können).

Anzeigennutzenargumente aus Kundensicht:
- Die eigene (die vom Kunden), unverfälschte Werbeaussage wird transportiert.
- Die Gestaltung ist vom Kunden frei wählbar und das in „True-Colour".
- Größe/Umfang sind vom Kunden selbst bestimmbar (keine Kapazitätsbeschränkung).
- Der Kunde hat die freie Wahl des Mediums.
- Der Kunde hat die freie Wahl über den Zeitpunkt der Werbeschaltung.
- Die Produktionskosten sind im Verhältnis und auch absolut gering.
- Hoher, kreativer Spielraum aufgrund zahlreicher Sonderwerbeformen.
- Leistungsnachweis durch eigene Erfahrung möglich sowie durch Institutionen.
- Alle Zielgruppen sind präzise erreichbar.
- Raum sowie Wiederholbarkeit ermöglichen den Transfer komplexer Botschaften.
- Durch die Verarbeitung/Veredelungsmöglichkeiten liefern Anzeigen Anmut sowie Qualität.
- Die Anzeige hat mit die längste „Lebensdauer" beim Leser.
- Anzeigen sind meist sehr kurzfristig verfügbar und dennoch sehr genau zu planen.

Anzeigen stehen für qualitativ hochwertige und zugleich glaubwürdige Werbung. Wesentliche Aspekte sind in diesem Zusammenhang die Ruhe und die Konzentration, die mit dem Lesen in unmittelbarer Verbindung stehen. Print hat Zeit. Solange der Leser Interesse hat, kann er die Publikation und damit auch die Anzeige nutzen und nach Belieben immer wieder darauf zurückgreifen. Zudem gilt die Leser-Blatt-Bindung, die die Publikationen zu ihrer sehr spezifischen Zielgruppe haben, in Fachkreisen als die stärkste aller Konsumentenbindungen. Für den Leser und für den Werbekunden hält die Anzeige weitere, erstklassige und schwer bis gar nicht zu kopierende Leistungsargumente bereit.

Leistungsargumente für Anzeigen:

- Die Anzeige bestätigt früher getroffene Entscheidungen und schafft so Markentreue.
- Die Anzeige hält das Bekanntheitsniveau und stärkt Marke und Image.
- Die Anzeige erhöht den emotionalen Wert des Produktes.
- Die Anzeige schafft einen Produktmehrwert (Pulver → Perlen).
- Die Anzeige kann schnell und direkt verkaufen.
- Die Anzeige macht Unbekanntes bekannt, hat einen positiven Neuigkeitswert.
- Die Anzeige kann Investitionen blocken (Vorankündigungen, Standards setzen ...).
- Die Anzeige ist ein wesentlicher Motor unserer Wirtschaft.
- Die Anzeige verbindet Angebot und Nachfrage.
- Die Anzeige kann Emotionen und positive Gefühle aufbauen.
- Die Anzeige kann Image aufbauen und Marken bilden (Depotwirkung).
- Die Anzeige schafft Vertrauen und gibt Sicherheit (Schwarz auf Weiß).
- Die Anzeige steht dem Konsumenten 24 Stunden zur Verfügung.
- Die Anzeige erscheint in einem „spam- und zappfreien" Umfeld.
- Die Anzeige hat eine Art Touchscreen (siehe Ad Specials).
- Die Anzeige ist uneingeschränkt mobil und unabhängig von Energiequellen.
- Die Anzeige erreicht ihre Leser präzise, ist intensiv und gewollt.
- Die Anzeige erreicht mehr Menschen als jedes andere Medium.
- Die Anzeige steht in einem Umfeld, dessen Nutzung auf hohem Niveau stabil ist.
- Die Anzeige ist Masse mit Klasse.
- Die Anzeige erreicht die Meinungsmacher (Readers are Leaders).
- Die Anzeige steht im Rahmen echten „Paid Contents" (der Kunde zahlt gerne).
- Die Anzeige wird umrahmt von professionell recherchiertem Wissen.
- Die Anzeige kann im Rahmen eines Statussymbols stehen (ausgelegten Medien).
- Die Anzeige wird konzentriert konsumiert.
- Die Anzeige wird intensiv und mehrfach genutzt.
- Die Anzeige wird durch Ad Specials sympathisch und sinnlich.
- Die Anzeige steht im Umfeld der höchsten Glaubwürdigkeit.
- Die Anzeige erzeugt Mehrfachkontakte (vereinfacht: 1 Leser = 2 Kontakte).
- Die Anzeige liefert den entscheidenden Kaufanstoß (z. B. 16 Prozent Zeitschrift zu 7 Prozent Online).

Eine Anzeige kann nicht ausgleichen oder auffüllen, was nicht oder nicht in ausreichendem Maße bei der beworbenen Leistung vorhanden ist. Häufig kommt es in diesem Zusammenhang zu kontroversen Gesprächen zwischen den Werbekunden und dem Anzeigenverkauf. Für Letzteren ist es hilfreich, die unterschiedlichen Einflussfaktoren für den Werbeerfolg zu kennen. So kann er die Schaltung in Relation zu den anderen Faktoren stellen und gemeinsam mit dem Kunden die Wirkung verbessern. Im Einzelnen sind es diese Punkte:

- Gesamtwerbekampagne
- Anzeigenmotive
- Anzeigenfrequenz
- Produktpreis
- Distribution
- Kundenservice
- Produktqualität
- Produktdesign
- Verpackung

Grundsätzlich sind diese Punkte auch zu beachten, wenn es um folgende Verträge geht: CpO (Cost per Order), CpL (Cost per Lead) oder CpI (Cost per Interest). In diesen Fällen will der Kunde nur dann zahlen, wenn es aufgrund der Anzeige zu einem Auftrag (Order), einem neuen potenziellen Kundenkontakt (Lead) oder einem neuen, allgemeinen Interessenten (Interest) kommt. Häufig trägt der Verlag das ganze Kampagnenrisiko, obwohl er nur einen geringen Einfluss auf die gesamten Werbewirkungsfaktoren hat. Die immateriellen Werbewerte (Imagesteigerung, Botschaftswiederholung ...) finden keine Berücksichtigung bei dieser Form der Anzeigengeschäfte. Es ist daher immer zu empfehlen, einen Sockelbetrag für jede der obigen Verrechnungsformen zu definieren, einen Betrag also, der auf jedem Fall vom Werbekunden zu bezahlen ist. 30 Prozent des Listenpreises scheinen realistisch. Ob dieser Sockelbetrag später wieder mit den anderen Beteiligungsmodalitäten verrechnet werden soll, ist Verhandlungssache. Gleiches gilt für die Übererfüllung: Wenn also durch das Modell aus Sicht des Verlags mehr erwirtschaftet werden sollte, als dies im Falle einer regulären Anzeigenschaltung geschehen wäre.

Wer die Möglichkeiten der Anzeige kennt, hat die besten Chancen, auch seine Kunden kompetent und erfolgreich zu beraten. Gerade dann, wenn die Wirkung von Werbung an sich angezweifelt wird. Im Sport gilt: *„Es ist egal, ob mit einer Hundertstelsekunde oder mit einer Stunde Vorsprung gewonnen wird. Gewonnen ist gewonnen."* So ist es auch bei der Kaufentscheidung für oder gegen ein Produkt. Der kleinste Vorsprung reicht aus. Je mehr Argumente für die Anzeige sprechen und beim Kunden verankert werden können, desto größer die Wahrscheinlichkeit eines entsprechenden Auftrags.

Stärken und Schwächen von Anzeigen

Ergänzend zu den Nutzenargumenten muss der Anzeigenverkauf die expliziten Stärken und Schwächen seines Mediums kennen. „Betriebsblindheit" ist an dieser Stelle nicht mit grundsätzlicher Angebotsüberzeugung zu verwechseln. Erstere wird vom Kunden nicht honoriert, zweite hingegen erwartet.

Tabelle 3: Stärken und Schwächen des Printmediums

Stärken	Schwächen
▸ Lesen ist ein gewachsenes Kulturgut	▸ Geringere Emotionalität
▸ Print gilt noch immer als Basismedium	▸ Häufig nur Quartalszahlen (IVW) verfügbar
▸ Magazine sind ein Kanalisationsmedium	▸ Begrenztere regionale Aussteuerung
▸ Schwarz auf Weiß = höchste Glaubwürdigkeit	▸ Zum Teil längere Vorlaufzeiten
▸ Immer und überall lesbar	▸ Etwas langsamerer Reichweitenaufbau
▸ Verhältnismäßig geringe Produktionskosten	▸ Eingeschränkte (Nachweis-)Transparenz
▸ Anzeigen konzentrieren sich auf das Wesentliche	
▸ Keine Ablenkung durch wechselnde Umfelder	
▸ Lesen = bewusst, zielgerichtet, geplant	
▸ Langfristige Botschaftsverankerung mit Details	
▸ Mehrmalige Kontaktchance	
▸ Anzeigen haben eine hohe Wirtschaftlichkeit	
▸ Starke Visualisierungseffekte, hohe Affinität	
▸ Auch komplexe Sachverhalte darstellbar	
▸ Sehr gute Verfügbarkeit von Werbeplätzen	
▸ Anzeigen stehen in einem gewünschten Umfeld	
▸ Print ist ein Primärmedium	
▸ Print ist unabhängig von Strom, Festplatten …	

Beispiele für erfolgreiche Anzeigenwerbung

Seit Bestehen der bewusst eingesetzten Werbung ist die damit zu erzielende Wirkung der Dreh- und Angelpunkt aller Bestrebungen. Henry Ford, der amerikanische Auto-Tycoon formulierte es wie folgt: *„Die Hälfte der ausgegebenen Werbegelder wird zum Fenster hinausgeworfen. Leider ist es unklar, um welche Hälfte es sich dabei handelt."* Und nicht nur das. David Oglivy, Mitbegründer von Oglivy & Mather, äußerte in einem Interview: *„Die meiste Werbung ist beschämend unwirksam."*

Werbung schafft Bekanntheit und Bekanntheit verkauft. Durch die Wiederholung der Werbebotschaft wird das beworbene Produkt bekannt. Unbekanntes hingegen löst erst einmal Skepsis aus. Somit steigt die Chance eines Produkts, vom Konsumenten gekauft zu werden, wenn er es kennt oder glaubt zu kennen. In Zeiten des steigenden Controllings und des Shareholder-Value wird der Werbeeffizienz eine noch höhere Bedeutung beigemessen. *„Der Faktor Return on Investment (RoI) gewinnt auch in den Agenturen einen immer höheren Stellenwert"*, ist eine der Kernaussagen der Umfrage der GWA, des Gesamtverbandes Werbeagenturen. Die Grundlagen der Werbewirkung nach Gattung lassen sich – stark verallgemeinert – auf die folgenden Punkte reduzieren:

- TV & Tageszeitungen wecken Produktinteresse – Printmedien (FZ, SIZ ...) befriedigen es.
- Elektronische Medien schaffen Kaufanstöße (schnelle, aber instabile Effekte).
- Elektronische Medien bewirken so die Wiedererkennung im Regal.
- Printmedien wirken langsamer, aber mit deutlich höherem Überzeugungswert.

Die qualitativen Vorteile von Anzeigen lassen sich gar nicht hoch genug bewerten. Qualität ist die entscheidende Komponente für den nachhaltigen Werbeerfolg. Die Werbewirkungsforschung hat viele Erkenntnisse zutage gefördert. Die wichtigsten Erkenntnisse lauten:

- Eine Media-Mix-Strategie ist einer Mono-Media-Strategie immer überlegen (auch bei kleinen Etats).
- Das Produktinteresse steuert die Aufmerksamkeit und Wahrnehmung.
- Der Share of Voice definiert die eigene Awareness.
- Der erste Kontakt ist „fast" wertlos, der elfte überflüssig.
- Nur die Erinnerung bringt messbare Wirkung.
- Werbewirkung setzt mit einem Zeitverzug von vier bis sechs Wochen ein.
- Kurzfristige Werbung wirkt auch nur kurzfristig.
- Kontinuierliche Werbung ist der kurzfristigen Werbung überlegen.

Für den Anzeigenverkauf ist es eine wichtige Erkenntnis, dass Werbewirkungsbeweise sehr individuell, aber auch gezielt erreicht werden können. Die Wirkung von Anzeigen wird immer wieder in Frage gestellt, dabei gibt es einen einfachen Beweis. Vor dem Beweis der Anzeigenwirkung bedarf es der Analyse dessen, was Werbung unter keinen Umständen zu leisten vermag.

Werbung kann nicht ...

- aus unverkäuflichen, marktfernen Produkten Kassenschlager machen.
- Fehler in der Unternehmenspolitik (z. B. Preisfindung, Positionierung...) ausbügeln.
- als alleinige Maßnahme Marketing, PR und weitere Verkaufsförderungsaktivitäten ersetzen.

Potenzielle Kunden, die prinzipiell an der Wirkung der Anzeigenwerbung zweifeln, könnten unter Umständen mit folgendem Vorschlag gewonnen werden. Sie werden aber auf jeden Fall ins Grübeln kommen: Der Kunde bekommt eine Anzeige geschenkt! Den Text liefert aber der Anzeigenverkauf, inklusive der Garantie, dass die Telefone des Kunden nicht mehr still stehen werden. Zum Beispiel könnte der Text ja anbieten, jedem Anrufer zwei Gratiskarten fürs Kino zu spendieren oder Freibier oder Ähnliches! Es ist kein Fall dokumentiert, in dem sich ein Kunde auf ein solches Experiment eingelassen hat, ganz abgesehen davon, das es noch rechtliche Einwände gäbe. Die Wirkungsmöglichkeit der Anzeige ist mit diesem Modell allerdings noch immer belegt worden.

Alternativ besteht die Möglichkeit, das gleiche Modell auf ein sehr attraktives Gewinnspiel zu übertragen. Sehr gute Erfahrungen wurden auch mit Gewinnspielankündigungsanzeigen gemacht. Mit einem etwas günstigeren Preis als für eine reguläre Anzeige informieren sie den Leser bereits eine Ausgabe vor dem Gewinnspiel über die kommende Aktion. Mit dem eigentlichen Gewinnspiel und der Veröffentlichung der Gewinner ist der Kunde dreimalig präsent, der Verlag hat ein attraktives Umfeld geschaffen, Einnahmen generiert und eventuell einen neuen, begeisterten Kunden gewonnen. Es kommt natürlich auf die Art und Weise an, wie das „Gratis-Modell" vorgestellt wird. Aber mit einem Zwinkern in den Augen, verfehlt es sicherlich nicht sein Ziel und stellt noch einmal in aller Deutlichkeit heraus, dass Anzeigen wirken und einzig und allein der Inhalt den Unterschied zwischen Erfolg oder Misserfolg bestimmt. Alle weiteren Maßnahmen (Platzierung, Farben, Bild- Textanteil) sind nur „kosmetische" Optimierungen.

Eine weitere interessante Frage für den Anzeigenverkauf und auch den Kunden ist, inwieweit Leser überhaupt Anzeigenwerbung als ernst zu nehmenden Heftbestandteil ansehen. Wird sie als informativ und somit als notwendiger Bestandteil der Magazine betrachtet oder nur geduldet, da sie dazu beiträgt, die Verkaufspreise der Magazine zu senken? Ist Letzteres überhaupt bekannt? Der Studie eines auf Jugend und Entertainmenttitel spezialisierten deutschen Medienhauses zufolge sind 61 Prozent aller Leser der abgefragten Magazine der Werbung gegenüber aufgeschlossen, bzw. sehr aufgeschlossen. Das Anzeigeninteresse wird dabei primär von den Lesern mit dem Informationsgehalt, der Preisinformation der Gestaltung oder einem etwaigen Preisausschreiben mit attraktiven Gewinnen begründet. Interessante Ergebnisse in Bezug auf die Einstellung zur Werbung liefern auch andere Studien deutscher Verlage. Bringt man die Methodik auf einen Nenner und mittelt die einzelnen Ergebnisse, sind die folgenden Einstellungen zur Werbung und im Speziellen zu Anzeigen unter den 12- bis 21-Jährigen am häufigsten vertreten.

Tabelle 4: Einstellung zur Werbung

Meinung zur Werbung	Prozent
▶ Kann unterhaltsam sein	▶ 81%
▶ Schafft Kultmarken	▶ 71%
▶ Bringt gute Tipps	▶ 63%
▶ Hilft bei der Auswahl	▶ 63%
▶ Gibt Hinweise auf Trends	▶ 58%
▶ Verteuert Produkte	▶ 36%
▶ Hält Verbraucher für dumm	▶ 31%
▶ Habe Werbung ganz gern	▶ 31%

QUELLE: SZAMEITAT & ASSOCIATES GMBH, SELLING PRINT STUDY, ALTDORF 2009, SEITE 13

Die Einstellung zur Werbung ist gemäß dieser Ergebnisse und Erkenntnisse grundsätzlich und tendenziell positiv. Somit können Ängste und Vorurteile gegenüber Werbung im Allgemeinen und gegenüber Anzeigen im Speziellen abgebaut werden. Das Wissen um die Möglichkeiten der Beweisbarkeit der Anzeigenwirkung ist gerade im Gespräch mit unschlüssigen oder sehr TV- oder internetaffinen Kunden eine große Hilfe. Die einzelnen Modelle müssen natürlich auf das eigene Medium übertragen werden, oder sie können als generalisierende Beispiele eingesetzt werden.

Das Auge ist das zentrale Sinnesorgan zur Erfassung von Anzeigen. Mithilfe einer sogenannten Augenkamera kann der Blickverlauf getestet werden. Die Augenkamera hält den Blickverlauf einer Testperson beim Betrachten einer Anzeige, eines Werbeplakats oder eines Schaufensters fest. Auf diese Weise lässt sich die Wirkung von Eyecatchern, Farben, Texten und Bildern minutiös aufzeichnen und auswerten. Diese Augenkameras gibt es mittlerweile auch mit Funkanbindung. Damit kann der Proband sich dann frei im Raum bewegen und noch besser auf die jeweiligen Werbereize reagieren. Sehr stark vereinfacht lässt sich der Verlauf, dem das Auge „automatisch" bei der Betrachtung einer Anzeige folgt, mit einer Zickzackkurve beschreiben. Beginnend im oberen linken Eck, bewegt sich der Blick in Richtung Heftmitte, um unten rechts auf der Seite zu stoppen. In jüngster Zeit gewinnt das Neuromarketing hinsichtlich der Optimierung der Werbeleistung immer mehr an Bedeutung. Vereinfacht gesagt, nutzen die „Hirnscanner" den Umstand, dass das Gehirn bei Aktivität mehr Sauerstoff „verbraucht" und dieses Mehr in den unterschiedlichen Regionen des Gehirns am Bildschirm dargestellt werden kann. Kritik ist an beiden Methoden dahingehend angebracht, dass sowohl die Augenkamera als auch die Magnet-Resonanz-Tomografen keine für den Konsum von Anzeigen realistische Umgebung erzeugen.

Der Verband deutscher Zeitschriftenverleger (www.vdz.de) hat in seiner Funktion als Dachverband die wichtigsten, weltweit durchgeführten Studien zur Werbewirkung von Anzeigen zusammengefasst.

Beweis 1: Briaghi Käse

Einen der erfolgreichsten Beweise für die Wirksamkeit von Anzeigenwerbung hinsichtlich der Absatzsteigerung erbrachte die Firma Briaghi Cheese. Die gesamte Mediakampagne des Käseherstellers war einzig und allein auf den Werbeträger Anzeigen ausgelegt. Als Kampagnendauer wurde ein Zeitraum von neun Monaten festgelegt, in dem 1.000 Anzeigen in insgesamt 120 Printtiteln geschaltet wurden. Dabei handelte es sich um eine ungewöhnliche Vielzahl von äußerst kreativen Anzeigenmotiven. Die kreative, frequenzstarke Anzeigenkampagne von Briaghi Cheese brachte 80 Prozent Absatzplus.

Beweis 2: Gillette Sensor Excel

Eine der großen und bedeutenden Fallstudien zur Überprüfung der Steigerung von Kaufabsicht und Awareness im Hinblick auf den Einsatz von Anzeigen ist die Fallstudie zur Produktneueinführung des „Gillette Sensor Excel" Rasierers. Diesbezüglich entschied sich die Firma Gillette, die geplante umfangreiche TV-Kampagne durch eine entsprechende Test-Printkampagne zu unterstützen bzw. zu ergänzen. Die Printkampagne lief genau drei Tage und beanspruchte 20 Prozent des gesamten Werbeetats zur Startphase. Die Ergebnisse dieser drei Tage wurden zwei Tage später analysiert. Die gesamte Zielgruppe (alle Männer im „rasierfähigen" Alter von 16 bis 50 Jahren) wurden im Rahmen der Ergebniserstellung in vier Kontaktkategorien unterteilt.

Das erste Ergebnis zielte auf die sogenannte Werbeerinnerung ab. 71 Prozent der Zielgruppe, die über TV und Print erreicht wurden, kannten das Produkt. Bei „Mono-TV", also dem Teil der Zielgruppe, die nur über TV, nicht aber über Print angesprochen wurden, waren es 48 Prozent, bei „Mono-Print" 46 Prozent. Beachtet man vor allem den relativ kleinen Anteil der Printwerbung am Gesamtbudget, brachte sie eine Verstärkung der Ergebnisse des TV-Launches um + 50 Prozent. Das zweite Ergebnis beschäftigt sich mit der direkten Kaufabsicht. In der Zielgruppe derjenigen, die sich bereits nass rasieren, stieg die Kaufabsicht bei der Kombination TV und Print um 83 Prozent im Vergleich zu der „Mono-TV-Zielgruppe".

Gerade die erzielten Werte in Bezug auf die Kaufabsicht (TV + 29 Prozent, TV & Print + 53 Prozent) belegen eindrucksvoll, wie wirksam Anzeigen sind und wie hervorragend sie – im Zusammenspiel mit TV – die Werbeziele der Kunden realisieren können. Nach diesen Ergebnissen ist im Zweifel eine „Mono-Print"-Strategie, gemessen am notwendigen finanziellen Mitteleinsatz, sogar Erfolg versprechender als eine „Mono TV"-Kampagne.

Beweis 3: Jacobs Krönung Light

Am Beispiel der Kaffeesorte „Jacobs Krönung Light" lässt sich sehr anschaulich belegen, welchen Einfluss Anzeigenwerbung auf den Markenwert und die Bekanntheit haben kann. Der VDZ hat in Zusammenarbeit mit den Jacobs-Kaffeewerken eine vielbeachtete Anzeigenwirkungsanalyse durchgeführt und veröffentlicht. Die Ergebnisse wurden in der Broschüre „Erfolgskonzept Media-Mix – Fallstudie Jacobs Krönung Light" veröffentlicht, die beim VDZ (www.vdz.de) zu beziehen ist. Die Firma Jacobs hatte sich im Rahmen dieser Fallstudie drei Ziele gesetzt, deren Erreichung, respektive Umsetzung, mittels der Fallstudie zu klären und zu beweisen waren:

Zielsetzungen der Fallstudie:
1. Erhöhung des Markenwerts (auch in Richtung Dachmarkenwert)
2. Verjüngung der Markenzielgruppe (angepeilte Zielgruppe: 20 bis 39 Jahre)
3. Optimierung der effektiven Reichweite und der zeitlichen Einsatzstrategie

Die aus der Fallstudie abgeleiteten Ergebnisse waren sehr vielfältig und sind erneut ein Indiz für die Ausnahmestellung der Anzeigen im Medien- und Marketingmix.

Die Fallstudie kam zu den folgenden wesentlichen Ergebnissen:

- Anzeigen verbessern im Mix mit TV die Ergebnisse signifikant.
- Die Aufmerksamkeit wurde im Rahmen des Mediamix generell positiv bewertet.
- Der Werbeauftritt (jung, modern, originell) trug erheblich zur Akzeptanz bei.
- Der Werbeauftritt erzeugte sehr positive Motivationspotenziale.
- Erhöhung der effektiven Reichweite.
- Anzeigen wirken zeitverzögert (ca. zwei bis drei Wochen).
- Die Werbewirkung von Print ist lang anhaltend und gerade für Dachmarken geeignet.
- Der zeitliche Einsatz von Anzeigen zwischen zwei TV-Flights erscheint optimal.
- Marktanteilssteigerung '98 mit einer modifizierten Kampagne von 0,2 Prozent auf 2,9 Prozent.

Anzeigen sind das Ergänzungsmedium zu TV. Anzeigenwerbung ist zudem gleichzusetzen mit Qualitätswerbung (= lange im Bewusstsein, hohe Glaubwürdigkeit ...).

Beweis 4: Kemco Instant Coffee

Die Firma Kemco verfügt im Zusammenhang mit ihrem Instant Coffee über einen beispielhaften Werbewirkungstest. Im Rahmen dieses Tests wurden insgesamt 25 Prozent des gesamten Mediabudgets in Anzeigen investiert. Im Detail bedeutete dies eine achtmonatige Anzeigenkampagne in insgesamt 14 Magazinen. Die Anzeigenmotive waren sehr „bildlastig" und folgten immer dem Ansatz, das Instantkaffee-Glas als zentralen Bestandteil des Kaffeegenusses zu platzieren. Im Mix wurden 1.775 GRPs (GrossRatingPoints) realisiert, davon allein 600 über Anzeigen. Parallel ergaben sich im Testgebiet für TV 1.415 GRPs, was einer Steigerung des Marktanteils von 28 Prozent durch Werbung mit Anzeigen entspricht.

Beweis 5: Nestlé Pretzel Flips

Werbung und Wahrnehmung stehen schon seit jeher im Fokus der Forschung. Mit der Fallstudie „Nestlé Pretzel Flips" kann eindrucksvoll belegt werden, wie sich die Awareness eines Produkts in kürzester Zeit mittels Anzeigen steigern lässt. Die Aufmerksamkeit (Beachtungswerte) ließ sich mit der Anzeigenkampagne zu den Nestlé Pretzel Flips um eindrucksvolle 32 Prozent steigern. Anzeigen wirken auch sehr kurzfristig auf die Produktbekanntheit bzw. Produktwahrnehmung.

Beweis 6: New York Times Brand Study

Verbraucherniveaus stehen immer wieder im Fokus des Interesses von Werbekunden. Was bewirken Anzeigen bei Produkten, die zum ersten Mal in einer Zeitung beworben werden? Ausschlaggebend für die Studie „New York Times Brand Study" war der Vergleich der Markenverbrauchsintensität der Leser der New York Times, im direkten Vergleich zur Gesamtbevölkerung. Das angewendete STAS-Verfahren (Short Term Advertising Strength) ist ein analytisches Konzept, welches John Philip in seinem Buch „When Ads Work" erstmals vorstellte. Der analytische Ansatz besteht in der Relation zwischen kurzfristigen Marktanteilsveränderungen im Vergleich zu dem vorangegangenen Werbedruck. Da die Ergebnisse erstaunlich konstant waren, lässt die STAS auch einen Transfer auf die „NYT 16 Brand Study" zu. Die für die Studie ausgewählten 13 Marken aus den Bereichen Food, Food-Fertigprodukte, alkoholische Getränke und Computer konnten die Verbrauchsintensität durch Werbung in der NYT zwischen 4 Prozent und 223 Prozent steigern. Im Anzeigenverkauf kommt es häufig vor, dass sehr kurzfristig Werbekampagnen geschaltet werden sollen. Mithilfe der „NY - 16 Brand Study" lässt sich belegen, dass Anzeigen durchaus auch einen kurzfristigen Impact haben können und somit nicht ausschließlich langfristig wirken.

Beweis 7: Stefan Kappers

Mit „Stefan Kappers" wurde hinsichtlich der Wirkungsbeweise von Anzeigen erstmals der Ansatz „Markenbildung" über Anzeigen verfolgt. Ziel der Studie war es, einen völlig unbekannten Menschen durch das Werbemittel Anzeigen bekannt zu machen. Im Verlauf und am Ende der Kampagne variierten die Antworten der untersuchten Zielgruppe auf die Frage: „Wer ist eigentlich Stefan Kappers?" von: „Kenne ich" über „Kappers, nie gehört" bis hin zu: „Letztens erst getroffen". In den meisten Fällen gab es keinen erkennbaren kausalen Zusammenhang zwischen der Kenntnis des Namens und dem Wissen um die Person. Die „richtige" Antwort wurde zum Ende der Kampagne geliefert: Stefan Kappers war ein Fantasieprodukt. Ein Mensch, der einzig und allein als Anzeigenmotiv existierte. Die Stefan-Kappers-Anzeigen wurden über einen Zeitraum von zwölf Monaten in verschiedenen Publikumsmagazinen (Focus, Spiegel, Stern …), in Deutschland geschaltet. Dabei wurden immer wieder neue Motive gewählt, die neben dem Protagonisten auch eine Aussage oder ein Zitat von ihm beinhalteten. Mal ging es um die Fußballnationalmannschaft, mal um das Grün der Wiesen. Aber augenscheinlich immer ohne direkten Produktbezug. Dabei stand das wahre „Produkt" immer im Mittelpunkt.

Immer in weißen Hosen und blauem Hemd. Die Marke Stefan Kappers war die Botschaft und damit der Versuch, die Werbewirkung von Anzeigen zu beweisen.

„Wir haben bewiesen, dass Anzeigen erfolgreich Personen und Produkte bekannt machen können. Jeder vierte Bundesbürger kennt Stefan Kappers. In der Zielgruppe der 14- bis 49-Jährigen liegt der Bekanntheitsgrad bei 34 Prozent", so das Fazit des VDZ. Die wesentlichen Erfolgsfaktoren sind zum einen in der Frequenz zu sehen (zwölf Monate verschiedene, auflagenstarke Magazine) und zum anderen in der Verbindung mit einem Markenauftritt. Die Verwirrung seitens des Lesers („Für welches Produkt wird hier eigentlich geworben?") hat ihren Teil zum Erinnerungswert beigetragen. Die Kosten-Nutzen-Rechnung muss auf den jeweiligen Einzelfall abgestimmt werden und stand in dieser Kampagne nicht im Vordergrund. Einzig die Wirkung war entscheidend. „Stefan Kappers" leistete Überzeugungsarbeit, wo nicht an die Markenbildungsqualitäten von Werbung geglaubt wurde.

Beweis 8: TIM TAM Chocolate

Werbung kann verkaufen, und zwar nicht nur über Direktverkaufsanzeigen (Versandhandelsanzeigen). Dass Werbung auch über Produktanzeigen Abverkaufssteigerungen bewirken kann, wurde im Rahmen eines 15-wöchigen Printtests für Schokokekse belegt. Besondere Beachtung verdient dabei die Tatsache, dass die TIM TAM Chocolate zuvor noch nie über Anzeigen beworben wurde. Somit konnte der direkte Bezug zur Anzeigenwirkung abgeleitet werden. Die Zielgruppe der gesamten Kampagne waren Frauen im Alter zwischen 16 und 39 Jahren. Insgesamt wurden 30 Prozent des gesamten Media-Etats in Anzeigen investiert. Mit der Printkampagne zu TIM TAM Chocolate konnte der Abverkauf um 26 Prozent gesteigert werden und zwar bei Lesern und Nichtlesern. TIM TAM Chocolate liefert den direkten Beweis für die These: Anzeigen verkaufen! – auch oder gerade, wenn das beworbene Produkt zuvor noch nie über Anzeigen beworben wurde.

Beweis 9: Wallis Fashion Store

Der ROAI (Return of Advertising Investment) spielt eine wesentliche Rolle für den Anzeigenverkauf. Wie lässt sich am Beispiel einer erfolgreichen Kette von Modegeschäften belegen, dass Anzeigen einen positiven ROI bewirken? Ohne Werbung konnte Wallis ein jährliches Wachstum von zehn Prozent realisieren. Die Aufgabe der Werbeagentur bestand nun darin, diesen Erfolg noch zu steigern und das auch noch kurzfristig. Auf Basis der Marktforschung wurde das folgende Kampagnenziel definiert: Die Werbung muss auffallen und zum Gesprächsthema werden. Eine Prise schwarzer Humor sollte der Marke Witz verleihen. So zeigte jedes der vier Motive „männliche Opfer", die von den von Wallis eingekleideten Frauen wie gebannt waren und in der nächsten Sekunde augenscheinlich in einen Unfall verwickelt werden. Die Motive waren aus Kontrastgründen schwarz-weiß, das Werbebudget verhältnismäßig klein. Insgesamt wurden für die Kampagne sechs Monatstitel ausgewählt und in vier Monaten 41 Anzeigen geschaltet. Somit wurden 66 Prozent der Zielgruppe angesprochen bzw. erreicht (entspricht 7,4 Durchschnittskontakten).

Unterstützt wurde die Kampagne durch optisch gleichwertiges Point-of-Sale-Material in den Geschäften. Im Periodenvergleich legten die Verkäufe um 13 Prozent zu, während der Gesamtmarkt rückläufig war. Der Gesamtjahresumsatz konnte um 25 Prozent gesteigert werden. Bei einer Werbeinvestition von 850.000 Pfund ergab sich ein Gewinn von 511.000 Pfund, was einem ROI von 61 Prozent entspricht, und das in nur sechs Monaten. Nachfolgende Untersuchungen ergaben, dass die Kauffrequenz der Bestandskundinnen ebenfalls erhöht werden konnte. Das Fallbeispiel Wallis eignet sich gerade deshalb besonders gut zum Beleg der Anzeigenwirkung, da mit exakten Geldwerten belegt werden kann, wie sich der Einsatz einer Anzeigenkampagne und die damit verbundenen Werbeausgaben auf den ROI auswirken können. Diese Studie zeigt ebenfalls, wie wichtig die genaue Definition des Werbeziels ist und wie ausschlaggebend eine anspruchsvolle, zielgruppengerechte Umsetzung der Kampagne ist.

Beweis 10: Zeitungsmonitor

Die Luft für die Tageszeitungen ist dünner geworden. Auch wenn dem Internet keine wesentlichen Einflüsse auf das Kulturgut „Print" zugeschrieben werden, sind es doch vor allem die Tageszeitungen, die auf vier wesentlichen Anzeigenumfeldern dramatische Umsatzrückgänge verzeichnen müssen, weil sich das Internet hier einen beeindruckenden Marktanteil sichern konnte:

- Stellenanzeigen
- Immobilienanzeigen
- Kfz-Anzeigen
- Kontaktanzeigen/Heiratsmarkt

Im Jahr 2008 haben sich die Rückgänge auf 13,4 Prozent summiert. Freuen können sich darüber eigentlich nur die Firmen, die die freien Kapazitäten in den Druckereien jetzt nahezu zum Selbstkostenpreis einkaufen können. Seit Anfang 2002 betreibt die ZMG den Zeitungsmonitor (www.zeitungsmonitor.de). Dies ist eine Studie, die von den beteiligten Verlagen mit knapp vier Millionen Euro finanziert wird. Im Rahmen dieser Studie werden wöchentlich 350 Personen aus ganz Deutschland telefonisch hinsichtlich ihres Erinnerungsvermögens in Bezug auf die unterschiedlichsten Werbekampagnen befragt. Die Antworten werden nach den folgenden Kriterien aufgeschlüsselt:

▸ Bekanntheit der Unternehmen
▸ Markenbekanntheit
▸ Mediennutzung
▸ Einkaufsverhalten
▸ Einstellung zu Werbung im Allgemeinen

Zeitungen sehen sich mit grundlegenden Veränderungsprozessen konfrontiert. Ein Beispiel dafür ist die steigende Bedeutung von Beilagen. Die besten Ergebnisse werden für die klassischen Tageszeitungskunden (z. B. Aldi), ermittelt. Eine entsprechende Befragung erstreckt sich auf 2.500 repräsentativ ausgewählte Bundesbürger ab 14 Jahren.

Tabelle 5: Bedeutung von Beilagen

Aussage zur Beilagenbeachtung	Prozent der Antworten
▸ Nutze Beilagen häufig oder sehr häufig	▸ 65%
▸ Nutze Beilage gelegentlich	▸ 30%
▸ Schmeiße Beilagen grundsätzlich und ungelesen weg	▸ 5%

Quelle: ZMG. http://www.die-zeitungen.de/leistung/werbewirkung/werbung-mit-prospekten.html (Frankfurt a.M. 2009)

Die Nutzung der Beilagen ist zudem geschlechterspezifisch. Während 59 Prozent der Männer Beilagen nutzen, sind es bei den Frauen über 71 Prozent. Eine Ausnahme bilden hier die Elektronikbeilagen (z. B. Conrad-Electronic, Media Markt ...). Bezogen auf Tageszeitungen ergeben sich erstklassige Nutzungswerte für Beilagen, was in jeder Präsentation beim Kunden ein starkes Gewicht haben sollte. Gerade in Zeiten sich verschiebender Anzeigenetats.

Beweis 11: Print wirkt!

Es scheint einen gemeinsamen Nenner für wirksame Anzeigenwerbung zu geben: Konstanz! Konstanz bezogen auf die Werbehäufigkeit (Frequenz) und auf den klaren, optischen Auftritt der jeweiligen Anzeigen. Um diesen Umstand belegen zu können, entwickelte der VDZ eine Kampagne unter dem Titel „Print wirkt", die von McCann-Erickson umgesetzt wurde. Die konzipierten Anzeigen enthielten neben einem Motiv einzig und allein den Slogan „Print wirkt", so wie in 12 Punkt Schrift den Hinweis auf die Internetseite www.print-wirkt.de. Den grafischen Rahmen (Aufbau und Farbgebung) für die Anzeigen „spendierten" im ersten Teil der Kampagne Motive der Firmen Sixt, Mercedes und Lucky Strike. Das Ziel der Schaltungen in „stern", „Focus" und „Spiegel" bestand darin, allein über die Bildsprache einen Bezug zu den Originalkampagnen herzustellen. Daraus ergibt sich folgerichtig die Wirkungsbestätigung qualitativ hochwertiger Anzeigenkampagnen. Die Nutzung der Anzeigenmotive (Download unter www.print-wirkt.de) im Rahmen einer Kundenpräsentation kann für Aha-Effekte sorgen, da die Motive in ihrer Aussagekraft keinerlei Erklärung bedürfen. Auch und gerade als Abschluss einer Präsentation wirkt der Slogan „Print wirkt".

Warum soll ein bestimmter Titel gebucht werden?

Nachdem alle vorherigen Fragen beantwortet worden sind, stellt sich die entscheidende Frage: Warum soll die Anzeige gerade in diesem bestimmten Titel geschaltet werden? Für die Antworten auf diese Frage lohnt ein Blick auf die Werbemediennutzung (Classic und Non-Classic, siehe Tabellen 6 und 7):

Tabelle 6: Werbemediennutzung „Classic"

Medien	2009	2002
Fachzeitschriften	81%	80%
Publikumszeitschriften	77%	76%
Privat TV	64%	60%
Zeitungen	58%	62%
Hörfunk	50%	51%
Außenwerbung	44%	46%
O/R TV	36%	34%
Kino	23%	17%

QUELLE: SZAMEITAT & ASSOCIATES GMBH, SELLING PRINT STUDY, ALTDORF 2009, SEITE 21

Tabelle 7: Werbemediennutzung NON-Classic

Medien	2009	2002
Online	88%	68%
Messe	76%	77%
Direktwerbung	68%	64%
Sportwerbung	36%	38%
Kultur-Sponsoring	34%	32%
Product-Placement	26%	21%
Programmsponsoring	24%	21%
Umweltsponsoring	9%	7%

QUELLE: SZAMEITAT & ASSOCIATES GMBH, SELLING PRINT STUDY, ALTDORF 2009, SEITE 21

Die Kenntnis der Wettbewerber alleine hilft allerdings nur bedingt. Wichtig ist es, die Abgrenzungen und die Vor- und Nachteile des jeweiligen Werbeträgers zu kennen. Somit lässt sich dann geschickter argumentieren. In Sunzis Strategieklassiker: „Die Kunst des Krieges" heißt es, nur wer seinen Feind kennt, kann ihn auch schlagen. Den „Feind" kennen heißt ihn besiegen können. In den meisten Fällen ist eine Monostrategie (nur Anzeigen) einer Mixstrategie (mehrere Medien) unterlegen. Die Basis sollten aber aufgrund der hohen Glaubwürdigkeit (schwarz-auf-weiß) und des informativen Charakters immer Anzeigen bilden.

Anzeigenverkaufsargumente für einen speziellen Titel

Der wahrscheinlich wesentlichste Baustein des effektiven, ergebnisorientierten Anzeigenverkaufs ist eine bestechende Leistungsargumentation. Je mehr Argumente für einen Titel sprechen, desto größer ist die Möglichkeit, den Bedarf des Kunden genau zu treffen. Aus der folgenden Liste lassen sich die jeweils besten Argumente einfach zusammenstellen. Fast zu jedem Argument gibt es auch ein passendes Gegenargument, womit klar wird, dass niemals alle Argumente auf einen Titel zutreffen können. Sämtliche gemachten Superlative beziehen sich immer auf den belegbaren Vergleich mit dem Mitbewerb. Für einen einzelnen Titel empfiehlt es sich, die Checkliste zu kopieren und die zutreffenden Merkmale anzukreuzen:

Tabelle 8: Checkliste Werbemediennutzung „Classic"

Leistungsmerkmale/Alleinstellungsmerkmale für Medien	
▶ Sehr spitze, stark spezialisierte Zielgruppe mit einem klaren Interessensschwerpunkt	☐
▶ Titel mit einer extrem breiten Zielgruppe	☐
▶ Vertrauenswürdiger Titel durch belegbare Leistungswerte (IVW, Studien ...)	☐
▶ Kultstatus des Magazins oder einzelner Rubriken in der Zielgruppe	☐
▶ Einziger Titel, der diese spezielle Zielgruppe bedient	☐
▶ Marktführerschaft nach IVW, AWA, MA – und sei es nur in einem Teilsegment	☐
▶ Titel mit dem besten Image (Beleg aus Studien, Presseberichten ...)	☐
▶ Titel mit unglaublichem Leserfeedback (Beleg über gesammelte Leserstimmen)	☐
▶ Titel mit tadelloser Reputation (Beleg über Stimmen aus der Industrie/von Anzeigenkunden	☐
▶ Titel mit einem einzigartigen redaktionellen Konzept	☐
▶ Titel mit aufwendigen Tests, zahlreichen Erstveröffentlichungen/ Exklusivgeschichten	☐
▶ Sehr wirtschaftlicher Titel, mit einem entsprechenden Tausender-Kontaktpreis	☐
▶ Titel mit den umfangreichsten Hintergrundgeschichten (Textlänge)	☐
▶ Erster Titel am Markt	☐
▶ Neuester Titel am Markt	☐
▶ Titel, der am häufigsten von anderen Medien zitiert wird	☐
▶ Titel mit der höchsten Abonnentenzahl	☐
▶ Titel mit dem höchsten Zusatznutzen (Redaktionsbeilagen, CD, DVD, Poster ...)	☐
▶ Titel mit der höchsten Glaubwürdigkeit (Beleg über Studien, Kundenaussagen ...)	☐
▶ Titel mit den meisten Auszeichnungen (Presse-Awards, Leserwahlen ...)	☐
▶ Titel mit Vorreitercharakter = Innovationstitel (Belege, wer was wann kopiert hat)	☐
▶ Titel mit namhaften Redakteuren (ev. Preisträger, Buchautoren ...)	☐
▶ Titel mit den einkommensstärksten Lesern	☐
▶ Titel mit den meisten Lesern/größten Reichweite in der „werberelevanten" Zielgruppe	☐
▶ Titel mit dem besten/größten Vertriebsverteiler	☐
▶ Titel mit besten Kontakten zur entsprechenden Industrie bzw. zum entsprechenden Themenkreis	☐
▶ Titel mit der aufwendigsten, opulentesten Optik (designorientiert)	☐
▶ Titel mit der konsequent sachlichsten und somit schnellsten Informationsdarbietung	☐
▶ Titel mit einer einzigartigen Positionierung (grafischer Beleg über ein Positionierungskreuz)	☐

- ▶ Titel mit den meisten redaktionellen Seiten, der größten Kompetenz ☐
- ▶ Titel mit den meisten Anzeigen ☐
- ▶ Titel mit ausgesuchten Anzeigen (wenn es weniger als beim Mitbewerb sind) ☐
- ▶ Titel für den Margenmarkt ☐
- ▶ Titel für den Massenmarkt ☐
- ▶ Titel mit den meisten Exklusivlesern ☐
- ▶ Titel mit der höchsten Affinität für bestimmt Marken ☐
- ▶ Titel mit einzigartigen Sonderwerbeformen ☐
- ▶ Titel mit den meisten Ansprechpartnern in der Disposition ☐
- ▶ Titel mit den kürzesten Produktionszeiten (mit den spätesten Abgabeterminen) ☐
- ▶ Titel aus einem renommierten Verlagshaus ☐
- ▶ Titel aus einem jungen Verlagshaus ☐
- ▶ Titel mit/aus einem internationalen Netzwerk (Schwestertitel, Auslandskorrespondenten) ☐
- ▶ Titel mit der größten Redaktion ☐
- ▶ Titel mit den aufwendigsten Test-/Berichtsverfahren ☐
- ▶ Titel mit eigenem, sinnvoll ergänzendem Onlineauftritt ☐
- ▶ Titel mit eigener TV-Version ☐
- ▶ Titel mit eigener Onlineausgabe (z. B. für Abonnenten) ☐
- ▶ Titel mit eigenen Lizenzprodukten unter dem Titelnamen ☐
- ▶ Titel mit renommierten Partnerschaften (Messen, Veranstaltungen ...) ☐
- ▶ Titel mit höchster Leser-Verantwortung (nur zielgruppengerechte Anzeigen ...) ☐
- ▶ Titel mit der günstigsten Erscheinungsweise (täglich, wöchentlich, monatlich ...) ☐
- ▶ Titel mit dem größten Verbreitungsgebiet (Bayern, Deutschland, deutschsprachig ...) ☐
- ▶ Titel mit der höchsten Druckauflage, also der größten Kioskpräsenz ☐
- ▶ Titel mit den attraktivsten Zielgruppen-Kombinationsmöglichkeiten ☐
- ▶ Titel mit dem günstigsten Format für die Leser und Anzeigenkunden ☐
- ▶ Titel mit dem praktischsten Format ☐
- ▶ Titel mit den vielfältigsten Teilbelegungsmöglichkeiten ☐
- ▶ Titel mit dem einfachsten Rabattsystem ☐
- ▶ Titel mit der spätesten Beilagenanlieferungsmöglichkeit ☐
- ▶ Titel mit der modernsten Technik zur Anzeigendatenübermittlung ☐
- ▶ Titel mit eigener Kundenhotline ☐
- ▶ Titel mit eigener Leserhotline ☐
- ▶ Titel mit eigener Bildredaktion, eigenen Fotografen ☐
- ▶ Titel mit eigener Redaktions-CD/DVD ☐

- ▶ Titel mit eigenem Ton-, Aufzeichungsstudio für redaktionelle Beiträge auf DVD/CD ☐
- ▶ Titel mit jederzeitiger Möglichkeit zu Sonder- und Nachdrucken ☐
- ▶ Titel mit eigenem, flächendeckendem Anzeigenaußendienst ☐
- ▶ Titel mit eigenem Shop ☐
- ▶ Titel mit Nachbestellmöglichkeit ☐
- ▶ Anzeigenbelege bis zur Anzahl X werden ohne Berechnung verschickt ☐
- ▶ Keine Berechnung von kleinen Änderungen an den Anzeigendaten ☐
- ▶ Titel mit Urlaubsnachsendung ☐
- ▶ Titel mit Hörbuchausgabe ☐
- ▶ Titel mit Faxabruf- oder Downloadservice zu verschiedenen Themen ☐
- ▶ Titel mit Unterstützung bei der Anzeigengestaltung ☐
- ▶ Titel mit Schwerpunktthemen ☐
- ▶ Titel mit Themenfahrplan ☐
- ▶ Titel mit ständigem Fokus auf Neuheiten (wenn keine Themen vorgegeben werden) ☐
- ▶ Titel mit regelmäßigen Sonderheften ☐

Alle diese Merkmale sind für sich genommen noch unzureichend, da noch der Kundennutzen herausgearbeitet werden muss. Der jeweilige Kundennutzen, also was dieses Leistungsmerkmal explizit für den einzelnen Kunden und seine Anzeige, respektive seinen Mediaplan bedeutet, muss anschaulich aus ihnen abgeleitet werden. Ansonsten verfehlen sie einen Großteil ihres Wirkungspotenzials.

Grundlagen der Anzeigengestaltung

Wer Anzeigen verkaufen will, sollte auch über ein Mindestmaß an Fachwissen hinsichtlich der Anzeigengestaltung und der Wirkung verschiedener Anzeigenelemente verfügen. So kann der Kunde auf Wunsch immer mit profundem Wissen unterstützt werden, wenn er darauf Wert liegt. Zudem lassen sich mit diesem Wissen Wirkungsergebnisse zum Teil mit erklären. Die Frage nach der idealen Anzeige ist sehr eng verbunden mit der Frage nach den eingesetzten Gestaltungsmitteln. Obwohl immer subjektives Empfinden über Gefallen oder Nichtgefallen entscheidet, existieren einige, grundlegende Gestaltungsrichtlinien für Anzeigen.

„Deutsche Print-Werbung ist heute schlechter als früher. Der Grund: Kreative konzentrieren sich mehr und mehr auf TV", sagte Saatchi & Saatchi Chairman Ingo Kraus im Forum des Wirtschaftsmagazins „Capital". Woran lässt sich das festmachen? Was macht eine erfolgreiche Anzeigengestaltung aus? Die folgenden Grundüberlegungen sollten vor der Gestaltung getroffen werden und gelten sozusagen als Ausgangsbasis für die Gestaltungsüberlegungen – getreu der altern Seefahrerweisheit: „Wer nicht weiß, wohin er will, für den ist kein Weg der richtige":

- Qualitätsanspruch der Anzeige: eine Aussage, klarer Markenkontakt (einheitliches CD).
- Eine, eindeutige Zielgruppe, die es zu erreichen gilt.
- Aussagekraft der Anzeige: aussagekräftige Bilder, stimmiger Text/Grafik, Top-Headline.
- Kaufwunsch der Zielgruppe erzeugen: nicht auf automatische Schlussfolgerungen bauen.
- Aus potenziellen Kunden sollen Kunden, aus Kunden sollen Stammkunden werden.

Oft genug gab es aufwendige Werbekampagnen, die vor allem deshalb Aufmerksamkeit erhielten, weil man sie nicht verstand. „Wahres Genie zeigt sich in der Einfachheit", formulierte Jack Troud, Autor von „Die Macht der Einfachheit". Daher empfiehlt es sich auch heute noch, die KISS-Formel – Keep it simple and stupid – anzuwenden. In der Praxis wird das oftmals nicht beherzigt. Abkürzungen und Fremdwörter gehören eigentlich nicht in die Werbung. Allerdings sind viele USPs (Unique Selling Propositions = Alleinstellungsmerkmale) mit Kunstworten umschrieben, und ob Kindernahrung mit Cerealien beispielsweise wirklich den Eindruck der gesunden Ernährung erzeugt, wäre zu prüfen. Sich einfach und verständlich auszudrücken ist gar nicht so einfach, wie es sich anhört. Das gilt für die Werbung, für Angebote und Werbebriefe. Achten Sie auf Folgendes:

- Einfache und kurze Sätze in perfektem Deutsch.
- Keine Fremdwörter bzw. zielgruppenadäquate Sprache verwenden.

Eine klassische Anzeige besteht aus 13 Gestaltungsmerkmalen, wobei in der Praxis nicht jede Anzeige alle Merkmale aufweist. Das Ziel aller aufeinander abgestimmter Elemente ist die Kommunikation mit dem Leser/Betrachter der Anzeige.

- Die Ober- oder Dachzeile (Flyer) ist die oberhalb der Überschrift (Headline) liegende Textzeile.
- Die Überschrift (Headline) verfügt über eine exponierte Stellung (grafisch) und den größten Schriftgrad.
- Die Unter- oder Zwischenüberschrift (Subheadline) ist die Textzeile unterhalb der Überschrift (Headline).

- Der Copytext oder auch Bodytext ist der eigentliche (Informations-)Text der Anzeige.
- Der Eye-Catcher ist der grafische Blickfang der Anzeige (Grafik, Person, Symbol ...).
- Der Packshot ist eine Abbildung des beworbenen Produkts oder dessen Verpackung.
- Der Störer ist ein Text- und/oder Grafikelement, das der Grundtonalität der Anzeige widerspricht.
- Der Slogan ist ein kurzer, stark vereinfachter und einfach zu merkender Satz (Claim).
- Der Kundennutzen (Consumer Benefit) beschreibt den Nutzen, den das beworbene Produkt verspricht.
- Das Produkt oder Firmenlogo ist das ständig gleichbleibende Wiedererkennungselement.
- Der Ausdruck, Flair und/oder Tonalität sind die Gestaltungselemente zur Erreichung der Werbebotschaft.

Anzeigen müssen mit dem Ziel der schnellen Kommunikation gestaltet werden. Dabei scheint es von Vorteil, einen ausgewogenen Anteil zwischen Text und Bild zu wählen. Im Zweifel sollte dieser eher zugunsten des Bildanteils ausfallen. Die Einbindung von Menschen, die nicht in direktem Bezug zum beworbenen Produkt stehen, wie das zum Beispiel bei Modeanzeigen der Fall ist, bringt in der Regel keine höheren Erinnerungswerte. Ablenkungseffekte sollte daher immer vermieden werden. Der Aufbau der Anzeige sollte sich sehr stark an den Erkenntnissen der Augen- und Hirnforschung orientieren. Der Augenverlauf, also die Reihenfolge, in der das menschliche Auge Informationen aus Anzeigen aufnimmt, ist nahezu immer gleich. In der größten Vereinfachung geht es bei rechtsseitigen Anzeigen von oben rechts in die Seitenmitte nach unten rechts und dann Richtung Mitte links.

Analog zu den Ergebnissen diverser TV-Spot-Studien lässt sich für alle Werbeformen festhalten, dass sie idealerweise das Herz des Umworbenen erreichen sollen und ihm gleichzeitig knallharte Informationen liefern müssen. Geht das? David Ogilvy, „Papst" der Werbung und Gründer der Agentur Ogilvy & Mather, vertritt in seinem bemerkenswerten Buch „Geständnisse eines Werbemannes" die Theorie, dass Anzeigen vor allem informieren müssen. Im Gegensatz zu den „Aufreißermedien" wie Funk und TV hätten die Anzeigen die Möglichkeit und somit auch die Aufgabe, umfassend und detailliert zu informieren. Beispielhaft wird in der Fachliteratur immer wieder eine Anzeigenkonzeption für Rolls Royce herangezogen. Unter der Headline „Bei 100 km/h ist das Einzige, was Sie im neuen Rolls Royce hören, das Ticken der Uhr!", wurden reihenweise Detailinformationen zum Auto abgedruckt. Einen anderen Ansatz wählten Andreas Buchholz und

Wolfram Wördemann in ihrem Buch „Was Siegermarken anders machen". Sie haben 480 besonders wirksame Werbekampagnen aus aller Welt untersucht und die Ursachen der Wirksamkeit aller Kampagnen herausgearbeitet. Ergebnis waren fünf Motivationsfelder, die auf Anzeigenmotive bzw. deren Gestaltung übertragen werden können:

- Nutzen: Verbraucher kaufen, weil sie den größten Nutzen vermuten.
- Normen: Verbraucher bevorzugen Produkte, mit denen sie innere Konflikte vermeiden oder lösen können. Normen gehören zu den stärksten Auslösern.
- Konditionierung: Verbraucher greifen unbewusst zu Produkten, auf die sie konditioniert wurden.
- Identität: Verbraucher suchen Produkte, die ihrer Wunschidentität entsprechen.
- Emotionen: Verbraucher bevorzugen Produkte, die sie lieben (z. B. Zigarettenwerbung).

Zu wissen, was unter Umständen optimiert werden kann, hilft beim Kundengespräch und kann erklären, warum Anzeigen gut oder schlecht gelaufen ist. Der Grat zur Besserwisserei ist jedoch schmal und obige Thesen sind eben genau das: Thesen. Gäbe es ein Erfolgsrezept, würde sich einiges erübrigen. Oft sind die Ansätze auch noch sehr produktspezifisch. Was für das eine Produkt perfekt funktionierte, kann sich beim anderen als absoluter Flop erweisen. Nach welchen Kriterien kann eine Anzeige schnell und effektiv auf ihre Wirksamkeit hin überprüft werden? Bilder müssen, ähnlich wie Texte, redigiert werden. Im Vordergrund steht dabei, gemäß der Auffassung des Werbeexperten Gundolf Meyer Hentschel, immer die Betonung des Wesentlichen und der Verzicht auf Nebensächliches. Die wesentlichen Fragen bezüglich einer Anzeige lauten demzufolge:

- Kann man innerhalb von zwei Sekunden die Kernaussage der Anzeige erfassen?
- Ist die Anzeige aufmerksamkeitsstark?
- Können die Informationen leicht aufgenommen werden?
- Gibt es Elemente, auf die man verzichten kann?
- Unterstützen sich Bild und Headline gegenseitig, sind sie verständlich?
- Zeigt das Bild, was die Headline sagt?
- Greift die Headline auf, was das Bild zeigt?
- Handelt es sich um eine kreative Werbeidee?
- Sind Firmenname und Slogan erkennbar?
- Stimmt das Text- zu Bildverhältnis und sind die Texte leicht zu erfassen?
- Werden die Aktivierungsreize auch mit Kommunikationsnummern unterstützt?
- Gibt es eine Internetadresse?

Es gehört zum Handwerkszeug des Anzeigenverkaufs, Anzeigen schnell beurteilen zu können. Nur so lassen sich offensichtliche Schwachstellen mit dem Kunden im Vorfeld besprechen. Gemeinsam können dann mit dem Kunden die sogenannten emotionalen WOW-Anzeigen gestaltet werden. Für diese gilt:

- Einsatz intensiver Reize wie groß, laut und bunt.
- Emotionale Reize einbauen wie zur Aussage passende Erotik, Stimmungen oder das „Kindchenschema".
- Überraschende Reize setzen wie zum Beispiel konträre Aussagen, Bilder ...

Grob lassen sich die Erwartungen des Lesers in zwei Gruppen unterteilen: in die, die über das Gefühl angesprochen werden wollen (Low Involvement) und in diejenigen, die auf der Suche nach Informationen sind (High Involvement). Die besten Anzeigen schaffen eine Symbiose aus:

- Interesse
- dem richtigem redaktionellen Umfeld
- sehr leicht verständlichen Substantiven
- hundertprozentiger Glaubwürdigkeit
- Überraschendem
- Sympathie
- dem Fehlen von Negationen

Die Communication Networks 5.0/Focus Studie meint ergänzend, Anzeigen sollten:

- konkrete Informationen über das Produkt liefern (87%)
- das Produkt gut abbilden (85%)
- Detailinformationen zum Produkt liefern (86%)
- mir meinen Nutzen zeigen (86%)
- unterhaltsam sein (58%)
- Markenfaszination vermitteln (65%)
- ästhetisch und ansprechend gestaltet sein (76%)

Insgesamt gesehen hat man im Schnitt nur zwischen 1,73 und 2,19 Sekunden Zeit, das Interesse der Leser einer Anzeige zu gewinnen (Studie von Prof. Dr. W. Mayerhofer). Im Anzeigenverkauf und der Anzeigengestaltung sollte dies immer berücksichtigt werden. Der Anzeigenverkauf sollte auch in Fragen der Gestaltung ein kompetenter Ansprechpartner für den Kunden sein. Unter Umständen hilft dieses Wissen auch bei der Optimierung von Kampagnen. In Einzelfällen kann auch eine nachträgliche Analyse der Anzeigen eine Erklärung über den Erfolg oder Misserfolg einer Kampagne liefern.

Textmenge in Anzeigen

Das Nachrichtenmagazin „Stern" hat im Rahmen einer Studie die Abhängigkeit der Erinnerungs- und Wiedererkennungswerten von Anzeigeninhalten in Bezug auf die verwendete Textmenge untersucht. Erweitert wurde die Untersuchung um die Fragestellung, ob der jeweilige Text auch gelesen wurde.

Tabelle 9: Wiedererkennungswert von Anzeigen

Anzeigenformat	Erinnerung	Wiedererkennung	Mindestens 50% gelesen
▶ Reine Textanzeige	▶ 19%	▶ 32%	▶ 12%
▶ Bis zu Text	▶ 24%	▶ 40%	▶ 12%
▶ Bis zu 1/3 Text	▶ 27%	▶ 46%	▶ 14%
▶ Weniger Text	▶ 31%	▶ 51%	▶ 22%
▶ Nur Headline	▶ 37%	▶ 55%	▶ 33%

Quelle: Gruner + Jahr. http://www.gujmedia.de/portfolio/zeitschriften/stern/?card=argus_copytests (Hamburg 2009)

Das Research und Media Marketing der Verlagsgruppe Bauer kommt zudem zu folgendem Ergebnis: „In der Tat sagt ein Bild mehr als 1.000 Worte. Je interessanter und/oder ungewöhnlicher ein Bildmotiv in einer Anzeige ist, umso größer ist deren Wirksamkeit."

Tabelle 10: Wirkung von Bildmotiven

Analyse	Textanzeige	50% Text/50% Bild	Bildanzeige
▶ Anzeige gesehen	▶ 54%	▶ 59%	▶ 62%
▶ Marke beachtet	▶ 40%	▶ 45%	▶ 49%
▶ + 50% Text gelesen	▶ 16%	▶ 18%	▶ 19%

Quelle: Bauer Media Group. http://www.bauermedia.de/anzeigenwirkung.html (Hamburg 2009)

Satzlänge in Anzeigen

In Ergänzung zur Textmenge verdient auch die Satzlänge eine kurze Betrachtung. „In der Kürze liegt die Würze", sagt eine alte Volksweisheit. Zur Satzlänge gibt es daher in der Werbung eine eiserne Faustregel: Fünf bis neun Worte pro

Satz. Längere Satzkonstruktionen werden in Anzeigen nicht gelesen und das Auge des Leser schweift ab. Gleiches gilt für Aussagen in Radio, TV- und Kinospots. In Büchern gilt die Faustregel, dass Sätze nicht mehr als 13 Worte enthalten sollen. Ansonsten leidet das Verständnis massiv. Für die Internetbanner darf es noch kürzer sein, was sich primär auch in der beschränkten Darstellungsmöglichkeit begründet. Diese Faustregeln sollte natürlich auch in den Mailings und Anschreiben des Anzeigenverkaufs Berücksichtigung finden.

Bildelemente und Symbole in Anzeigen

Der Erfolg einer Anzeige hängt zu einem wesentlichen Teil vom richtigen Einsatz der verschiedenen Gestaltungselemente ab. Welche Bildelemente wirken wie? Sind Bildelemente gleichbedeutend mit Texten und gibt es Unterschiede in Bezug auf das Geschlecht des Betrachters? Die Ergebnisse einer aktuellen Studie aus dem Verlagshaus Gruner und Jahr bestätigen die Annahme, dass Prominente als Werbesymbole die höchste Beachtung finden.

Tabelle 11: Bildelemente und Symbole

Bildelement/Symbol	Wiedererkennung Männer	Wiedererkennung Frauen
▶ Prominente	▶ 59%	▶ 58%
▶ Symbolfiguren	▶ 54%	▶ 52%
▶ Babys	▶ 49%	▶ 51%
▶ Frauen	▶ 45%	▶ 51%
▶ Tiere	▶ 51%	▶ 50%
▶ Männer & Frauen	▶ 47%	▶ 49%
▶ Schulkinder	▶ 48%	▶ 49%
▶ Kinder zwei bis fünf Jahre	▶ 44%	▶ 48%
▶ Natur, Städte, Häuser	▶ 50%	▶ 48%
▶ Fantasie-/Witzfiguren	▶ 52%	▶ 47%
▶ Personenausschnitte	▶ 45%	▶ 46%
▶ Männer	▶ 46%	▶ 45%

Quelle: Gruner + Jahr. http://www.gujmedia.de/portfolio/zeitschriften/stern/?card=argus_copytests (Hamburg 2009)

Weiteren Studien zufolge (z. B. Research & Media Marketing/VGB) erhöht die Marken-/Logo-Abbildung den Beachtungswert für Anzeigen um bis zu fünf Prozent. Gleiches gilt für Produktabbildungen. Anzeigen mit reinem Textanteil verlieren um bis zu fünf Prozent gegenüber Anzeigen, die auch das Produkt zeigen. In fast allen Fällen liegt die Wiedererkennung von Bildelementen und/oder Symbolen bei um die 50 Prozent. Dies unterstreicht, wie wichtig der Einsatz dieser Gestaltungsmerkmale ist. Das gilt natürlich auch für Präsentationen des Anzeigenverkaufs beim Kunden. Mehr Bildelemente bedeutet mehr Beachtung.

Key Visuals in Anzeigen

Wirken Anzeigen auch unabhängig von der Produktqualität, nur durch den Einsatz sogenannter Key Visuals? Können diese Key Visuals das Produkt sogar völlig „aussaugen", verdrängen? Einem Test des Nahrungsmittelkonzerns Nestlé zufolge ist das Key Visual das mit Abstand erfolgreichste Gestaltungselement. Ein Key Visual ist ein Kampagnensymbol, welches aus einem Produktvorteil heraus entwickelt wurde. Das stärkste aller bekannten Key Visuals dürfte die lila Kuh von Milka sein.

Teilweise kommt es vor, dass eingesetzte Gestaltungsmittel sich verselbstständigen, sprich einen Vampireffekt heraufbeschwören (z. B. das Moorhuhn von Johnnie Walker, der Wackelelvis von Audi oder der Wackeldackel von Aral). Auf einmal werden diese Gestaltungsmittel in den Mittelpunkt des Interesse gehoben, verkaufen sich in gigantischen Stückzahlen, bescheren den Unternehmen unkalkulierte Umsätze und drängen das eigentliche Werbeprodukt in den Hintergrund. Versucht man den Effekt zu planen, endet dies meist im finanziellen Desaster. Anzeigen ohne Key Visual verschenken Umsatzpotenzial. Der Anzeigenverkauf kann mit obigen Beispielen einen positiven Beitrag zur Anzeigenoptimierung leisten oder die eigene Präsentation auflockern.

Anzeigen sollen in erster Linie verkaufen, also die Leser zum Handeln aktivieren. Dazu bedient sich die Werbepsychologie einer Vielzahl sogenannter „Reizschemata". Dies sind:

▶ Denkreiz: Direkte Ansprache der kleinen grauen Zellen führt zu den gewünschten Aha-Erlebnissen (Humor, Erstaunen ...).
▶ Emotionale Reize: Gefühlsansprache (z. B. Hunger, Durst, Anerkennung ...) soll Bedürfnisse wecken.
▶ Optische Reize: Durch Kontrastierung im Bezug auf die Farben, Formen und Größenverhältnisse soll Aufmerksamkeit erreicht werden.

Farben in Anzeigen

Die Wirkung von Farben ist ein umstrittenes Thema in der Anzeigengestaltung. Zumal sie nie eindeutig zu beantworten ist, da immer der Einzelfall entscheidet. Bezogen auf die Fragestellung: „Welche Parameter sind es, die die Durchsetzungskraft einer Anzeige positiv beeinflussen oder beeinflussen können?", untersuchte der Heinrich Bauer Verlag Anzeigenwiedererkennung, Markenbeachtung, ungestützte Anzeigenerinnerung und die Textnutzung. Die Werte für Vierfarbanzeigen steigen im Verhältnis zur Anzeigengröße an. Wie schon bei den Formaten steigt die Werbewirkung im Bereich Aufmerksamkeitsstärke und des Images mit dem Einsatz von Farben. Bezogen auf die reine Informationsvermittlung ergibt sich ein ganz anderes Bild: Die Textnutzung im Vergleich zwischen Farb- und Schwarzweißseiten schwankt nur schwach. Demnach können auch kleinere s/w Anzeigen ihre Zielgruppen bezüglich der Informationsaufnahme erreichen.

Tabelle 12: Schwarzweiß im Vergleich zu Farbe

Format	1/2 Seite	1/1 Seite
▶ S/W	▶ 34,5%	▶ 46,3%
▶ 2c	▶ 35,6%	▶ 51,1%
▶ 4c	▶ 44,1%	▶ 60,7%

QUELLE: BAUER MEDIA GROUP. HTTP://WWW.BAUERMEDIA.DE/ANZEIGENWIRKUNG.HTML (HAMBURG 2009)

7.116 Testanzeigen bildeten die Basis für ARGUS Studie des Magazins „Stern". In punkto Farbigkeit wurden für die Faktoren Erinnerung und Wiedererkennung die folgenden Werte ermittelt:

Tabelle 13: Schwarzweiß, Farbe und Anzeigengröße

Format	Erinnerung	Wiedererkennung
▶ 1/1 s/w	▶ 19%	▶ 33%
▶ 1/1 4c	▶ 30%	▶ 49%
▶ 2/1 s/w	▶ 25%	▶ 45%
▶ 2/1 4c	▶ 34%	▶ 57%

QUELLE: GRUNER + JAHR. HTTP://WWW.GUJMEDIA.DE/PORTFOLIO/ZEITSCHRIFTEN/STERN/?CARD=ARGUS_COPYTESTS (HAMBURG 2009)

Wenn Klarheit in Bezug auf das Kampagnenziel herrscht, kann auch die Frage bezüglich des Farbeinsatzes schnell beantwortet werden. Auch wenn Farbanzeigen in erster Instanz höhere Umsätze versprechen, kann es durchaus manchmal sinnvoll sein, auf die Variante schwarzweiß zu setzen. Vielleicht dann in einem größeren Format, wie auch im Anzeigenwirkungsbeweis zum Wallis Fashionstore ausgeführt.

Anzeigenplatzierung

Die Überlegung zur optimalen Platzierung einer Anzeige ist wohl so alt wie die Geschichte der Anzeige. Eine Studie der ZMG (Zeitungs-Marketing-Gesellschaft, Bonn) gibt Antworten auf die Frage, wo und in welchem Umfeld eine Anzeige idealerweise platziert werden sollte. Untersucht wurde unter anderem die Aufmerksamkeitsstärke von 1/3-sw-Anzeigen. Das Analyseverfahren basiert auf einer Anzeigen-Copytest-Datenbank mit 490 Copytests zu insgesamt 7.941 Anzeigen (seit 1968). Insgesamt wurden in diesem Zeitraum über 122.000 Leser befragt.

Tabelle 14: Wahrnehmung im Verhältnis zur Platzierung

Anzeigenplatzierung	Erkennungswert in %
▶ Rechts	▶ 50%
▶ Links	▶ 48%
▶ Oben	▶ 47%
▶ Unten	▶ 49%
▶ Redaktioneller Teil	▶ 49%
▶ Anzeigenteil	▶ 48%
▶ Umfeld farbig	▶ 53%
▶ Umfeld sw	▶ 55%

QUELLE: HTTP://WWW.DIE-ZEITUNGEN.DE/LEISTUNG/WERBEWIRKUNG/ERFOLGSFAKTOR-ZEITUNGSWERBUNG.HTML (FRANKFURT A.M. 2009)

Die Platzierung der Anzeige ist auf Basis dieser Ergebnisse für den Erinnerungswertwert nahezu unerheblich. Es sind andere Kriterien entscheidend (Gestaltung und Produktinteresse). Nicht jeder liest ein Magazin von vorne nach hinten durch. Der eine Leser liest selektiv, der andere von hinten nach vorne und wieder andere zufallsgesteuert. Daher ist die Standardplatzierung, erstes Drittel und rechte Seite selten sinnvoll, sondern lediglich bequem. Das Wissen um die „Unabhängigkeit" der Platzierung vom Werbeerfolg kann bei der Argumentation für spezielle Seiten im Heft hilfreich sein. Wichtiger ist aber die Erkenntnis, dass die Platzierungsfrage eine Imagefrage ist. Somit ist sie selten mit Argumenten oder Auswertungen zu beantworten oder zu beeinflussen. Seiten im hinteren Drittel eines Magazins werden immer ein geringeres Prestige haben als die im ersten Drittel, ungeachtet der redaktionellen Qualität in dem jeweiligen Heftteil.

Andere Theorien gehen davon aus, dass das Interesse in der Heftmitte am geringsten ist. Bei einer Copytest-Untersuchung der Bertelsmann Medienforschung, bei der 122.000 Leser nach den Erinnerungswerten einer 1/1 Anzeige 4c gefragt wurden, gaben jeweils zwischen 47 und 50 Prozent der Befragten an, sich an die Anzeige zu erinnern.

Tabelle 15: Nutzung im Verhältnis zur Platzierung

Anzeigenplatzierung	Nutzungswert
▶ Linke Seite	▶ 55,5%
▶ Rechte Seite	▶ 57,8%
▶ 2/3 Umschlag	▶ 56,9%
▶ Im Heft	▶ 49,5%
▶ 4 Umschlag	▶ 57,4%
▶ Folder	▶ 62,0%

QUELLE: GRUNER + JAHR. HTTP://WWW.GUJMEDIA.DE/PORTFOLIO/ZEITSCHRIFTEN/
STERN/?CARD=ARGUS_COPYTESTS (HAMBURG 2009)

Tendenziell lässt sich festhalten, dass es eigentlich keine begründete Erklärung für das Prinzip rechts vor links gibt. Ein Selbsttest kann aber weiterhelfen. Beim Blättern, aber auch beim Lesen von Magazinen, kann häufig beobachtet werden, dass es in den meisten Fällen die rechte Seite ist, die zuerst wahrgenommen wird. Unter Umständen eben doch die entscheidende Zehntelsekunde. Eine weitere Studie zum Thema Anzeigenbeachtung kommt vom Bauer Verlag. Auch hier ging es explizit um die Wirkung von rechten und linken Anzeigenseiten.

Tabelle 16: Anzeigenwahrnehmung

Platzierung	Anzeige gesehen	Marke beachtet	Text gelesen (50% +)
▶ Rechts	▶ 60%	▶ 47%	▶ 17%
▶ Links	▶ 60%	▶ 47%	▶ 19%

QUELLE: BAUER MEDIA GROUP. HTTP://WWW.BAUERMEDIA.DE/ANZEIGENWIRKUNG.HTML (HAMBURG 2009)

Augenkamera-Testergebnisse

Die beschriebenen Wirkungstests mittels Augenkamera (Eyetracking) liefern auch sehr gute Anhaltspunkte für die Anzeigengestaltung. Auf Basis dieser Methodik könnte sich der Aufbau einer Anzeige (z. B. ganzseitig) an den folgenden Kriterien orientieren. Dabei ist es nahezu unerheblich, ob die Anzeige auf einer linken oder rechten Seite platziert wird:

Tabelle 17: Testverfahren Augenkamera

Platzierung	Element
▶ Oben Rechts	▶ Eyecatcher
▶ Seitenmitte	▶ Zentralbotschaft
▶ Unten Rechts	▶ Firmenlogo
▶ Linke Hälfte	▶ Details & Erläuterungen

Teuer und technisch anspruchsvoll liefert die Augenkamera gerade im Hinblick auf die Nutzung der Anzeige wichtige Erkenntnisse. Der Anzeigenverkauf kann durch die Vermittlung zu Instituten, die den Test mit der Augenkamera durchführen, ihren Anzeigenkunden eine wichtige Unterstützung bieten.

Anzeigeninhalt

Mögliche Anzeigeninhalte zu kennen hilft, unentschlossenen Anzeigenkunden Entscheidungshilfen „pro Anzeige" zu liefern. Kunden kennen oft nur eine der vielfältigen Möglichkeiten, die die Anzeigenwerbung ihnen bietet.

Die wesentlichsten Inhalte von Anzeigen sind:
- Produktneuankündigungen
- reine Verkaufsanzeigen (Waren- und Preisabbildungen)
- Informationen zu besonderen Produkteigenschaften
- Informationen zu besonderen Nutzungseigenschaften
- Übersicht über das gesamte Leistungsspektrum der werbenden Firma
- Messe- und Eventspecials – besondere Angebote im Rahmen von Messen/Events
- Sonderangebote, Schluss- und Räumungsverkäufe, Angebote der Woche
- reine Imageanzeigen, die für Sympathie zum Produkt oder zur Firma werben

Der IDG-Verlag hat für sein Magazin „PC Welt" einen sehr interessanten Anzeigentest entwickelt. Unter dem Titel AD-Panel können alle Anzeigen einer jeweiligen Ausgabe von den Lesern beurteilt werden. Die zur Auswahl gestellten Kategorien geben einen ersten Anhaltspunkt für die Wirkung, die durch Anzeigen hervorgerufen werden kann. Dazu zählen:
- Die Anzeige ist gut gestaltet.
- Die Anzeige ist originell.
- Produkt/Hersteller sind interessant.
- Die Anzeige ist informativ.
- Die Anzeige ist aufmerksamkeitsstark.
- Die Anzeige ist leicht verständlich.
- Die Anzeige ist sympathisch.
- Die Anzeige ist glaubwürdig.
- Die Anzeige ist unterhaltsam.
- Die Anzeige weckt Kaufinteresse.

Einfluss des Heftumfangs auf die Beachtung

Verkauft sich ein dickes Heft besser als ein dünnes und steigt oder fällt mit der Heftdicke die Akzeptanz der Anzeigen? Diese Frage lässt sich nicht pauschal beantworten. Allerdings gibt es einen deutlichen Werbewirkungsblocker im Verhältnis zur Heftdicke: niedriges Informationsinteresse. Magazine mit vielfältigem Informationsangebot unterliegen deutlich den Magazinen mit klaren Themendefinitionen. Sind die Themen klar kommuniziert – etwa bei Fachtiteln – spielt die Magazindicke nur eine untergeordnete Rolle, da die Anzeigen im definierten Themenumfeld stehen. Aus Tausenden Testanzeigen der Studie „Stern ARGUS" wurden in Bezug auf die Bedeutung des Heftumfangs für die Parameter Erinnerung und Wiedererkennung von Anzeigen die folgenden Werte ermittelt (vgl. Tabelle 18).

Alle Werte liegen relativ eng beieinander. Die Erinnerungswerte zeigen jedoch Tendenzen zur Abnahme mit zunehmendem Heftumfang. Egal, ob dick oder dünn, wenn das Informationsinteresse gering ist, ist auch das Interesse an Werbung gering. Es gilt in diesem Fall also deutlich herauszuarbeiten, warum eine Publikation gelesen wird und ob die Leser die Informationen auch zu schätzen wissen. Dann wirken auch die Anzeigen.

Tabelle 18: Einfluss der Heftdicke

Heftumfang	Erinnerung	Wiedererkennung
▸ Unter 200 Seiten	▸ 29%	▸ 47%
▸ 200 bis unter 300 Seiten	▸ 28%	▸ 47%
▸ 300 Seiten und mehr	▸ 27%	▸ 26%

QUELLE: GRUNER + JAHR. HTTP://WWW.GUJMEDIA.DE/PORTFOLIO/ZEITSCHRIFTEN/STERN/?CARD=ARGUS_COPYTESTS (HAMBURG 2009)

Produktabhängige Anforderungen

Anzeigen werden für die unterschiedlichsten Produkte geschaltet. Aber unterscheiden sich dabei die Anforderungen an die Gestaltung und die Informationen auch hinsichtlich der verschiedenen Produktgruppen? Die Vermutung liegt nahe, dass unterschiedliche Produktgruppen unterschiedliche Ansprüche an die Anzeigenwerbung stellen. Der Münchner Focus Magazin Verlag hat im Rahmen seiner jährlichen Studie „Communication Networks" diese Vermutung bestätigt.

Die Ergebnisse dieser Studie zeigen zwei Tatsachen ganz besonders deutlich und widersprechen – gerade bezüglich der Werbewirkung von Stars und Prominenten in Anzeigen – einer landläufig vorherrschenden Meinung:

1. Die Anforderungen sind nach Produktgruppen unterschiedlich.
2. Die Rolle von Persönlichkeiten in Anzeigen wird vielfach überschätzt.

Verschiedene Zielgruppen haben verschiedene Interessen und demzufolge auch unterschiedliche Erwartungshaltungen in Bezug auf Publikationen und Anzeigen. Zu wissen, was erwartet wird, hilft bei der gemeinsamen Planung mit dem Kunden oder kann auch Wirkung oder gegebenenfalls Wirkungsdefizite erklären.

Tabelle 19: Anforderungsprofil für Anzeigen

Anzeigenwerbung sollte	EDV	Geld	Reise	Autos	Mode	Kosmetik
Konkrete Infos liefern	87%	91%	92%	94%	87%	83%
Detailinformationen liefern	86%	89%	92%	93%	86%	80%
Preis/Nutzen zeigen	86%	90%	84%	85%	79%	76%
Produkt gut abbilden	85%	81%	92%	94%	91%	85%
Ästhetisch gestaltet sein	85%	81%	92%	94%	91%	85%
Produktfaszination zeigen	76%	72%	85%	86%	85%	91%
Unterhaltsam sein	65%	63%	75%	76%	70%	71%
Prominente zeigen	58%	51%	74%	63%	62%	58%

QUELLE: FOCUS MAGAZIN VERLAG. HTTP://WWW.MEDIALINE.DE/DEUTSCH/FORSCHUNG/COMMUNICATION-NETWORKS.HTML (2009)

Anzeigenformat

Die Frage nach der Wahl des Anzeigenformats beschäftigt sowohl den Kunden als auch den Anzeigenverkauf. Mit der Fragestellung: „Welche Parameter sind es, die die Durchsetzungskraft einer Anzeige positiv beeinflussen oder beeinflussen können?", untersuchte der Heinrich Bauer Verlag Anzeigenwiedererkennung, Markenbeachtung, ungestützte Anzeigenerinnerung und die Textnutzung. Für das Format ergab sich dabei folgende Schlussfolgerung: Die Doppelseiten erzielten um bis zu 20 Prozent höhere Wiedererkennungswerte und die Beachtungswerte steigen für Vierfarbanzeigen im Verhältnis der Schwarz-Weiß-Anzeigen um bis zu elf Prozent an.

Tabelle 20: Anzeigenformat im Verhältnis zur Nutzung

Anzeigengröße	Nutzungswert
▶ 1/2 Seite	▶ 37,6 %
▶ 1/1 Seite	▶ 57,3 %
▶ 2/1 Seite	▶ 66,8 %

QUELLE: BAUER MEDIA GROUP. HTTP://WWW.BAUERMEDIA.DE/ANZEIGENWIRKUNG.HTML (HAMBURG 2009)

Eine weitere Studie zum Thema Anzeigenformat kommt von Magazin „Stern". Bezüglich der Fragestellung, wie sich das Format einer Anzeige auf die wichtigen Werte Erinnerung und Wiedererkennung auswirkt, wurden die folgenden Ergebnisse ermittelt.

Tabelle 21: Erinnerung und Wiedererkennung

Anzeigenformat	Erinnerungswert	Wiedererkennungswert
▶ Kleiner als 1/1 Seite	▶ 16%	▶ 27%
▶ 1/1 Seite	▶ 28%	▶ 46%
▶ 2/1 Seite	▶ 32%	▶ 54%
▶ Größer als 2/1 Seite	▶ 45%	▶ 64%

QUELLE: GRUNER + JAHR. HTTP://WWW.GUJMEDIA.DE/PORTFOLIO/ZEITSCHRIFTEN/ STERN/?CARD=ARGUS_COPYTESTS (HAMBURG 2009)

Von 27 Prozent auf über 64 Prozent kann die Wiedererkennung einer Anzeige bei entsprechender Formaterhöhung steigen. Dennoch richten sich die Bedürfnisse der Kunden auch immer nach ihren Budgets. Mit dem richtigen Rechenbeispiel kann eine Formaterhöhung wirtschaftlich durchaus sinnvoll bzw. wirtschaftlich rechenbar sein.

Ebenfalls wissenschaftlich hat der amerikanische Werbeforscher Daniel Starch das Verhältnis von Werbeerinnerung und Anzeigengröße untersucht. Das Ergebnis ist die „Starch-Formel", mit der Erinnerungswerte ziemlich genau zu prognostizieren sind und das mit einer Fehlertoleranz, die kleiner als ein Prozent ist. Demnach ist die Anzahl der Leser, die sich an eine ganzseitige Anzeige (P_g) erinnern können, aus dem Anteil derer, die sich an eine halbseitige Anzeige (P_h) erinnern können mit dieser Formel vorherzusagen:

$$P_g = 2P_h - 0{,}01\, P_{h2}$$

Die stärkere Wirkung der größeren Formate lässt sich durch eine höhere Frequenz der kleiner Formate ausgleichen. Es besteht sogar die Möglichkeit, dass die kleineren Formate dann besser abschneiden, wofür der Übungseffekt und die erhöhte Beachtungswahrscheinlichkeit durch die Mehrfachfrequenz sprechen. In der abschließenden Betrachtung könnte die aus der Gestaltungspsychologie bekannte Größenkonstanz ebenfalls für den Einsatz kleiner Formate sprechen, da in der Erinnerung die Größe keine Rolle spielt (alle Bilder werden in gleicher „Größe" gespeichert).

Anzeigenschaltfrequenz

Die Methode „Mal eine Anzeige schalten" ist wahrscheinlich einer der häufigsten Gründe, warum die Anzeigenwirkung seitens des Kunden in Frage gestellt wird. Ein oft bemühter Spruch mit einer tieferen Bedeutung ist: „Einmal ist keinmal!" Unter diesem Motto ließe sich das Ergebnis einer Analyse des Werbeforschers Gerd Richter aus Regenstauf zusammenfassen. Er untersuchte 56.032 Anzeigen von 2.544 Unternehmen. Dabei kam er zu folgendem Ergebnis: 3 x geschaltet = Werbebotschaft gemerkt. Demnach behalten Leser die Werbebotschaft nur, wenn deren Erscheinung größer oder mindestens gleich drei ist. Das heißt, Werbebotschaften, die nur ein- oder zweimal veröffentlicht wurden, erreichen den Leser nicht. Während sich die Wissenschaft noch streiten mag, ob drei oder sieben Schaltungen notwendig sind, scheint sicher zu sein, das einmalige Schaltungen nur bedingt bis gar nicht erfolgreich sein können.

Heftausstattung

Hat die Ausstattung einer Zeitschrift Einfluss auf den Abverkauf, auf die Werbewirkung, und ist die Heftausstattung also ein Indiz für einen Anzeigenmehrwert? Anbei ein Auszug aus einem E-Mail eines Vertriebsleiters bezüglich eines Tests, den ein Verlag mit seinem Titel XY in ausgesuchten Vertriebsgebieten gemacht hat: *„Mir liegen nun die ersten Verkaufsergebnisse der Ausgabe YX des Titels XY vor. Wie bereits mitgeteilt, wurde zu dieser Ausgabe in einigen Grossogebieten dem Objekt eine CD-ROM mit geänderten Verkaufspreisen (Testgebiet A zu € X, sowie Testgebiet B zu € Y) beigefügt. Es wird deutlich, dass die Zugabe der CD den Verkauf in diesen Gebieten deutlich gesteigert hat, während er in den restlichen Grossogebieten beinahe gleich blieb"*. Das heißt im Detail:

- Der Heftpreis von X Euro inklusive CD wurde dabei am besten angenommen.
- Hier konnte eine Steigerung von 41 Indexpunkten realisiert werden.
- Bei einem Heftpreis von Y Euro inklusive CD wurden noch 21 Prozent mehr verkauft.

Der Gesamtverkauf Grosso Inland zur Ausgabe XY (ohne Testgebiete/ohne CD) beim regulären Verkaufspreis X Euro konnte hingegen nur um ein Prozent zur der Vornummer gesteigert werden.

In der Tageszeitung „Die Welt" wurde vor einigen Jahren einmalig die gesamte Titelseite blau unterlegt. Diese vom einem Onlineanbieter finanzierte Werbemaßnahme brachte eine Steigerung des Abverkaufs von über 50.000 Zeitungen. Das Medienecho auf diese außergewöhnliche Maßnahme war zudem enorm. Hier zeigte sich, wie in vielen anderen Bereichen auch, dass der Erste die Lorbeeren erntete und der Zweite bekommt, was übrig bleibt. Die Wirkung einer Zeitschrift lässt sich in Abwandlung auch auf die Wirkung einer Anzeige übertragen. Somit handelt es sich bei den obigen Kampagnen um Beispiele, die auch sehr gut geeignet sind, Anzeigenkunden für diese Punkte (CD-Beilage, Postkarte, Post-It, Sonderfarben ...) zu sensibilisieren. Eine um knapp 50 Prozent höhere Anzeigenwahrnehmung bei Zugabe einer CD oder etwas Vergleichbarem erscheint realistisch.

Druckverfahren

Das Druckverfahren spielt für den Gesamteindruck des Werbeträgers und für die Wirkung der Anzeigen eine entscheidende Rolle. Die Druckqualität ist, im Rahmen zuvor definierter Standards, Teil des Anzeigenauftrags. In der Praxis kommt es gerade in diesem Punkt hin und wieder zu Reklamationen aufgrund unbefriedigender Ergebnisse bzw. aufgrund von Abweichungen im Bezug auf die vom Kunden mitgeschickten Andrucke. Die Druckunterlagenbeschaffenheit steht in direkter Abhängigkeit zum angewendetem Druckverfahren und ist Bestandteil der Preisliste bzw. sollte im Auftrag noch einmal detailliert vermerkt werden. Heute lösen digitale Daten mehr und mehr die Aufsichtsvorlagen und Filme ab.

Tabelle 22: Verschiedene Druckverfahren

Druckverfahren	Beschreibung
▶ Flachdruck	▶ Sammelname für alle Druckverfahren bei denen druckende und „nicht druckende" Elemente auf einer Ebene liegen (z. B. Offsetdruck)
▶ Hochdruck	▶ Die druckenden Stellen der Druckform liegen höher als die nicht druckenden Stellen
▶ Offsetdruck	▶ Indirekter Flachdruck (Metallzylinder über Gummizylinder auf Papier)
▶ Tiefdruck	▶ z. B. Rotationskupfertiefdruck = geätzte/gravierte/gestochene Form, deren druckende Teile vertieft sind (für hohe Auflagen)

Der Offsetdruck lässt sich noch weiter unterteilen:
▶ Bogenoffset: bogenweiser Bedruck auch in Seitenformaten bis 150 cm.
▶ Endlos-Offset: Rotationsverfahren direkt auf der Rolle.
▶ Rollenoffset: Rotationsdruckverfahren bis 70.000 Umdrehungen/h für größere Auflagen.

Aus den verschieden Spezifikationen der einzelnen Druckverfahren lassen sich titeltypische Argumente für den Anzeigenverkauf ableiten: beispielsweise Schnelligkeit, konsequent preisbewusst oder hochwertige Qualität.

Weiterverarbeitungsverfahren

Die gängigsten Methoden für die Weiterverarbeitung von Printtiteln sind die Rückendrahtheftung, bei der Drucksachen am Rücken durch sogenannte Drahtklammern geheftet werden, und die Klebebindung (auch Lumbecken genannt, nach dem Erfinder Erich Lumbeck), bei der Drucksachen am Rücken aufgeschnitten und dann mit Leim verklebt werden. Die Klebebindung wird häufig genutzt, um Publikationen ein höherwertiges Erscheinungsbild zu verpassen. Nur in wenigen Fällen ist sie technisch zwingend, zum Beispiel wenn die Heftdicke ein Volumen erreicht, das nicht mehr zu heften geht.

Anzeigenkombis

Der Ruf der Agenturen nach Kombis unter den Tageszeitungen wird immer lauter. Bei sehr ähnlichen Zielgruppen bieten diese Kombis die Möglichkeit, mit geringerem Handlingsaufwand flächendeckend zu buchen. Ein NRW-Kombi oder Bayern-Kombi ist der Wunsch vieler Planer und sicher auch der vieler kleinerer Tageszeitungen. Die Anzeigenklientel bröckelt aufgrund der voranschreitenden Konzentrationsprozesse immer weiter ab. Aber nicht nur die fehlenden Standards im Bereich Formate, Preise, Technik usw. machen hier den überregionalen Anzeigenverkauf schwierig. So wird es noch einiges an Mühe, Zeit und Geld kosten, bis „one order, one bill", wie es viele Kunden wünschen, Realität werden kann.

Anzeigenkombis sind prinzipiell dann interessant, wenn sich alle Einzeltitel auch alleine qualifizieren würden. Für Anzeigenkombis sind 5 bis 20 Prozent Preisnachlass die Regel – und das seit fast 50 Jahren. Im Gegensatz zu der Forderung der Agenturen werden die meisten Kombis aus Verlagssicht dann angeboten, wenn die Hoffnung besteht, dass die Stärke des einen auf den anderen übertragbar ist. Wären beide Titel eigenständig, gäbe es kaum Gründe für eine gemeinsames, preislich reduziertes Angebot. Allerdings können stimmige Kombinationen gegenüber Einzeltiteln des Wettbewerbers erfolgreiche Angebote darstellen. „Generell wissen wir natürlich, dass Anzeigenkombis keine Geschenke der Verlage sind. Vielmehr geht es doch meist darum, durch einen zusätzlichen Preisvorteil stärkere und schwächere Titel zusammen zu verkaufen und dadurch eine erhöhte Aufmerksamkeit zu erzielen!" (Frank Ziegler, Media Supervisior/BBDO). Zweifelsohne bieten Anzeigenkombis aber auch deutliche Pluspunkte gegenüber den Einzelbuchungen:

▶ Preisvorteile
▶ Handlingvorteile (E-Mail Druckunterlagen, ein Auftrag …)
▶ Zielgruppenmaximierung
▶ zeitversetzte Werbewirkung durch unterschiedliche Erscheinungstermine

Was Anzeigenkombis bewirken sollen, ist sicherlich allen Beteiligten bekannt. Der Anzeigenverkauf sollte sich bei der Argumentation auf die vier Vorteile konzentrieren, aber nicht durch ein zu „verbissenes" Anbieten der Kombis, die Umsätze der starken Titel gefährden. In positiver Hinsicht bieten die Kombiangebote dem Anzeigenverkauf ein gute Möglichkeit, schnell und effektiv viele Titel aus dem Verlagsangebot im Rahmen einer Präsentation anzusprechen.

Anzeigensonderformate

Anzeigen im Standardformat oder doch lieber mal was anderes, wie zum Beispiel die Titelseite der Tageszeitung „Die Welt" in Blau einfärben? Nicht immer erfreut es die Redaktionen, die aufgeführten Sonderanzeigenformate umzusetzen. Daher empfiehlt es sich, die Ideen im Vorfeld intern mit Redaktion, Layout und Produktion zu besprechen. Einige der geläufigen Beispiele:

Tabelle 23: Beispiele für Anzeigensonderformate

Bezeichnung	Beschreibung
▶ Inselanzeigen	▶ Anzeigen, die von redaktionellen Beiträgen umschlossen sind.
▶ Flexformanzeigen	▶ Zum Beispiel ein angeschnittener Kreis. Diese Flexformanzeigen verfügen über ein hohes Maß an Aufmerksamkeitsstärke.
▶ Stanzungen	▶ Produktionstechnisch sehr anspruchsvoll. In der Wirkung einmalig. Stanzungen haben einen der höchsten Awarenessfaktoren (Messgröße zur Auffälligkeit von Anzeigen).
▶ Griffeckenanzeige	▶ Als Griffecken werden im Allgemeinen die Teile einer Seite bezeichnet, an denen umgeblättert wird. Somit ergibt sich auch die Position einer Griffeckenanzeige.
▶ Panoramaanzeigen	▶ Ein Panorama ergibt sich in der Regel über eine horizontale Betrachtungsweise. So verwundert es auch nicht weiter, das sich die entsprechenden Anzeigen ebenfalls horizontal über die Seiten ziehen.
▶ Tunnelanzeigen	▶ Wie ein Tunnel durch einen Berg, so „gräbt" sich die Tunnelanzeige in das Papier. Mittig wie eine Tunneleinfahrt ist sie an drei Seiten umgeben von redaktionellen Inhalten.
▶ Anzeigen über Bund	▶ Der Bund einer Zeitschrift und eines Magazins ist die Falz als die Trennlinie zwischen rechter und linker Seite. Anzeigen über Bund gehen dementsprechend über den Bund hinaus.

Ad Specials

Hinter den Ad Specials verbergen sich alle Werbemöglichkeiten, die nicht unter den Begriff klassische Anzeige fallen und zumeist eine gesonderte Produktion erfordern. Neben den „aufschlagbaren" Seiten (Gatefolds ...), Duftanzeigen und Warenprobenbeiklebungen zählen auch die Beihefter, Beilagen und Beikleber dazu.

Auch wenn mehr als 90 Prozent der Kunden die klassische Anzeige wählen, eignen sich die Ad Specials hervorragend dazu, die einzigartigen, außerordentlichen und kreativen Möglichkeiten des Mediums Anzeige anschaulich aufzuzeigen. Der Anzeigenverkauf sollte daher immer eine Mustermappe mit den möglichen Ad Specials zur Präsentation dabei haben. Es muss dabei auch nicht ausschließlich um Ad Specials handeln, die in den eigenen Titeln realisiert wurden. Für die Ad-Special-Mustermappe ist jede Quelle geeignet.

Beihefter, Beilagen und Beikleber

Beihefter oder auch Beikleber werden in der Regel vom Kunden selber produziert und dann vom Verlag dem Magazin beigefügt. Neben den „klassischen" Anzeigen sind Beihefter, -kleber und -lagen die häufigsten Werbeformen für Printtitel. Welche Besonderheiten gilt es zu beachten? Beihefter erzielen grundsätzlich eine große Aufmerksamkeit, da diese sich optisch und haptisch vom eigentlichen Werbeträger abheben. Diese höhere Beachtungs- und Kontaktchance können Unternehmen zum Beispiel zur Einführung neuer Produkte oder zur Beilage von Responsepostkarten nutzen. Es kann gezielt ein Auftritt gewählt werden, der dem eigenen Produkt- und Firmenverständnis entspricht, da man nicht auf die Druck- und Verarbeitungsqualität des Verlages angewiesen ist.

Einer Studie des Heinrich Bauer Verlags zufolge liegt die Beachtung von Sonderwerbeformen bei 73 Prozent, wobei 60 Prozent die Marke beachteten und 28 Prozent den Text zu mehr als 50 Prozent gelesen haben. Die Werte für Anzeigen im Rahmen der gleichen Analyse: 56 Prozent Beachtung, 43 Prozent Markenerinnerung und 17 Prozent Textbeachtung (+ 50 Prozent). Von Verlagsseite sind Beilagen und Beihefter sehr lukrative Geschäftsfelder. Die Selbstkosten für die Weiterverarbeitung liegen hier für eine Standardbeilage bis 25 Gramm selten über 10 Euro/Tausend. Verlangt werden meist über 60 Euro/Tausend. Dazu kommen noch die separat anfallenden Postgebühren für die Aboauflage. Als Milchmädchenrechnung erweist sich zumeist die Überlegung, welchen Umsatz man hätte realisieren können, wenn die einzelnen Seiten der Beilage als Anzeigen im Heft erschienen wären. Rechnerisch mögen die Anzeigen einen höheren Umsatz bedeuten, in der Realität stellt sich die Alternativfrage aber so gut wie nie. Aufpassen sollte man bei den zusätzlich anfallenden Postgebühren für die Belegung der Aboauflage. Die meisten Verlage sind nur in der Lage, eine bestimmte Anzahl dieser Werbeform zu verarbeiten. Dies kann unter Umständen ein interessantes Argument in Verhandlungen sein. Wer die verschiedenen Angebote sachgerecht argumentieren kann, zeigt stets Souveränität, zumal Sonderwerbeformen sehr beachtliche Werbewerte liefern und entgegen der häufig vertretenen Meinung nicht als Heftballast entsorgt werden.

Heftpreise

Aus den verschiedenen Verkaufspreisen (Copypreisen) lassen sich für den Anzeigenverkauf die unterschiedlichsten Argumente ableiten. Die Klassifizierung der Höhe eines Copypreises ist natürlich relativ und richtet sich in erste Linie nach den Preisen der Mitbewerbertitel.

Anzeigenverkaufsargumente aus einem hohen Copypreis:
- Beleg für die Einkommensstärke der Leser
- Beleg für den hohen Aufwand (Produktions-/Redaktionsqualität)
- Beleg für die hohe Identifikation der Käufer mit dem Medium

Anzeigenverkaufsargumente aus einem niedrigen Copypreis:
- Beleg für die schnelle Umschlagfähigkeit des Titels
- Beleg für die breite Streuung des Titels (neue, schwer zu erreichende Zielgruppen)

Preiskämpfe am Kiosk werden dagegen meistens nur kurzfristig geführt. Sie werden auch nicht vorab angekündigt, womit auch das Argument eines theoretischen Mehrverkaufs für den Anzeigenverkauf nicht gegeben ist.

Anmerkung: Der Heftpreis beinhaltet sehr unterschiedliche Größen. Vom Endverkaufspreis sind aktuell sieben Prozent Mehrwertsteuer abzuziehen. Von dem sich daraus ergebenden Nettowarenwert werden 20,24 Prozent Einzelhandelsrabatt abgezogen, womit sich der Grossoabgabepreis ergibt. Nach Abzug von 24,26 Prozent Grossorabatt bleibt der Verlagsabgabepreis.

Freistücke und Bordexemplare

Gerade in Bezug auf die IVW-Zahlen bieten Frei- und Bordexemplare immer wieder Grund zur Diskussion. Hohe Freistücke verfälschen den ersten Eindruck einer IVW-Zahl. Zwar werden diese in der Detailbetrachtung separat ausgewiesen, in den Verlagsdarstellungen aber der verbreiteten Menge hinzugerechnet, was leicht – beabsichtigt oder unbeabsichtigt – mit der verkauften Menge verwechselt werden kann. Neben den relevanten Freistücken, die zum Beispiel für den Belegversand und als Archiv genutzt werden, gibt es zum Teil sehr große Mengen, deren Verteilung nicht explizit erklärt werden will. Aus Wettbewerbssicht ist dies immer ein guter Punkt zum Nachhaken bzw. zum Stellen der folgenden Fragen:

- An wen gehen die Hefte (und warum)?
- Was hat der Anzeigenkunde davon?
- Sind die Hefte überhaupt produziert worden?
- Wurden lediglich Rechnungen getauscht (Verlag/Druckerei), um Belege für die IVW zu haben?

Sollte der eigene Verlag hohe Mengen an Freistücken ausweisen, ist es empfehlenswert, auf sämtliche Fragen sinnvolle und belegbare Antworten parat zu haben. Etwas anders verhält es sich bei den Bordexemplaren, also Titeln, die an die Fluggesellschaften geliefert werden. Hier gibt es eine Zweiklassen-Gesellschaft. In der einen Klasse sind die Titel, die von den Gesellschaften eingekauft werden wollen/müssen, weil die Kunden es erwarten (Nachrichten- und Wirtschaftstitel), und in der anderen Klasse sind die Titel, die dafür bezahlen wollen/müssen, um genau an diese Zielgruppe heranzukommen. Bordexemplare haben dementsprechend eine sehr hohe Wertigkeit, ein Aspekt also, mit dem auch der Anzeigenverkauf aktiv für seine Titel werben kann.

Auflagen verkaufen

Der Anzeigenverkauf wird immer wieder auf die Auflage seines Titels angesprochen werden. Sie genau zu kennen ist das Mindeste, was der potenzielle Kunde erwarten darf. Es ist wichtig, die Entwicklung der Auflage zu kennen und sie im Hinblick auf ihre einzelnen Bestandteile aufschlüsseln zu können. Dies bedeutet, die Druckauflage, verbreitete Auflage und verkaufte Auflage kennen und erklären können. Idealerweise kann der Anzeigenverkauf die verkaufte Auflage auch hinsichtlich der Einzelverkaufsauflage, der Abonnementauflage, der Lesezirkelauflage, der Bordexemplare, der Auslandsexemplare und der Sonderverkäufe aufschlüsseln.

Bei Titelneueinführungen, Sonderveröffentlichen oder Magazinen ohne offizielle Auflagenprüfung (IVW) empfiehlt es sich manchmal verlagsseitig eine Auflagengarantie auszusprechen. Diese sollte natürlich auch belegbar sein, zum Beispiel durch ein offizielles Bestätigungsschreiben des Vertriebs. Zum Teil werden Auflagengarantien auch gegeben, um eine Grundlage für die Anzeigentarife zu bilden. Hier ist der Anzeigenverkauf natürlich gefordert, etwaige Abweichungen zu beobachten und beständig mit dem Kunden zu besprechen.

Preise pro Tausend

In der Anzeigenverkaufspraxis ist es von Kundenseite aus üblich, mit einem Einheitspreis zu arbeiten. Das Verfahren des „Tausenderpreises" (Anzeigenpreis in Euro geteilt durch die Auflage und das Ergebnis multipliziert mit 1.000) dient zur Ermittlung des Preises für eine Auflage von 1.000 Exemplare. Das gleiche Vorgehen wird genutzt, um den Tausender-Leser-Preis zu ermitteln, also den Preis, den es kostet, 1.000 Leser eines Werbeträgers zu erreichen.

Nicht nur aus Sicht des Anzeigenverkaufs bedarf es im Falle eines solchen Einheitspreisvergleichs verschiedener Werbeträger, einer vorherigen Analyse der jeweiligen Leserschaften sowie der redaktionellen, optischen und haptischen Qualität. Der reine Preisvergleich ist wenig aussagekräftig. Ein VW-Golf ist im reinen Preisvergleich auch die bessere Wahl als ein Porsche und stellt dennoch keine Alternative für jemanden dar, der einen echten Sportwagen will.

Anzeigenreporting

Der Anzeigenverkauf hat ein breites Aufgabengebiet. Berichte über die Tätigkeiten in den einzelnen Bereichen dienen der Kontrolle der eigenen Aktivitäten und als Leistungsnachweis für die weiteren, operativen Stellen des Verlags. Das Reporting erfüllt mehrere nützliche Funktionen:
▶ Es dient dem Anzeigenverkauf als Checkliste für die periodische Arbeit.

- Es zeigt den Vorgesetzten den Status quo und informiert über Entwicklungen und Projektstatus.
- Es ist ein Arbeitsbeleg für den Anzeigenverkauf.

In vielen Fällen haben die Verlage bereits ein internes Reportingsystem. In jedem Fall sollte es den folgenden Anforderungen genügen:

- Das Reporting muss einfach sein (schnell zu schreiben, schnell zu lesen).
- Knapper, relevanter Verteiler.
- Es muss alle wesentlichen Informationen in einer gleichbleibenden Art und Weise wiedergeben.

Reporting wird auch vom Anzeigenverkauf häufig als lästig empfunden. Das liegt in der Regel daran, dass die eingesetzten Systeme praxisfremd sind (zu umständlich, zu einseitig, zu schwach in der Nachverfolgung usw.). Folglich werden die effektiven Vorteile auch und gerade für die Anzeigenverkauf nicht ersichtlich. Die Inhalte dieses Reportings sind von Arbeitgeber zu Arbeitgeber unterschiedlich, jedoch stimmen sie im Kern immer überein. Die folgenden Inhaltsbeispiele basieren auf dem Reporting für eine monatlich erscheinende Fachzeitschrift. Reportings für andere Medien bedürfen einer entsprechenden Modifikation.

- Umsatzvorgabe im Vergleich zum realisierten Umsatz-Ist für die aktuelle Ausgabe.
- Umsatzvorgaben im Vergleich zum realisierten Umsatz-Ist für das Geschäftsjahr bis heute.
- Umsatzprognose für die kommenden drei Monate.
- Gesamtseitenzahl der aktuellen Ausgabe.
- Gesamtseitenzahl der vorherigen Ausgabe im Vergleich zum Mitbewerb.
- Neukundenkontakte mit Ergebnissen.
- Daten zu aktuellen Projekten (Sonderhefte, spezielle Kooperationen, Sonderaufgaben …).
- Marktinformationen (Neukunden, Konkurse, Mitbewerberinformationen, Gerüchte …).
- Interne Ablaufverbesserungen (neues oder verbessertes Verkaufsmaterial, strukturelle Verbesserungen, Fragen bezüglich internen Begebenheiten …).
- Top 30 Kundenkontakte (Besuche, Mailings, Service (Geburtstage), Angebote, Reklamationen, Probleme …) und dem Vermerk, was, warum für die aktuelle Ausgabe vereinbart/geplant wurde.

Diese Reportinginhalte bieten dem Anzeigenverkäufer zugleich eine Checkliste mit allen Aktivitäten, für die er verantwortlich zeichnet. So entsteht eine Art Abschlussbericht zu jeder Ausgabe, der zugleich Analysegrundlage für die Optimierung der Verkaufsanstrengungen sein sollte.

Neben den erwähnten Vorteilen hat das Reporting auch eine für den Anzeigenverkäufer wesentliche Signalfunktion. Als intensives Marktforschungs- und Beobachtungsinstrument zeigt es in vielen Fällen bereits sehr frühzeitig, wenn sich Marktprobleme auftun. Dazu gehören beispielsweise:

- Sinkende Akzeptanz des Mediums.
- Auffällige Schwierigkeiten in anderen Verlagsbereichen (Redaktion, Belegversand ...).
- Preisdumping des Mitbewerbs.
- Sonderaktionen des Mitbewerbs.
- Verschiebung von Marktzyklen (Abverkaufsspitzen).

Wie funktioniert der Anzeigenverkauf in der Flaute?

„Werben, wenn in den Kassen Ebbe herrscht!" Dies scheint ein frommer Wunsch zu sein. Wenn es hart auf hart kommt und in den Unternehmen gespart werden muss, dann waren es von jeher die Positionen Weiterbildung und Werbung, die in neun von zehn Fällen dem Rotstift zum Opfer fielen. In den Augen der Verantwortlichen sind sie oftmals lediglich „nice to have"und nicht unbedingt notwendig.

Doch es gibt zweifelsohne Argumente, dieses Vorgehen zu überdenken, die Flaute als Chance zu begreifen. Eine Werbefaustformel besagt: Marktanteile in der Flaute kosten ein Drittel der Aufwendungen für Marktanteile in Konjunkturhochphasen. Antizyklische Werbemaßnahmen verhindern gerade in Krisenzeiten das Abwandern der Konsumenten hin zu den No-Names, weg von den Marken. Zudem werden Unternehmen, die es in Krisenzeiten schaffen, Marktanteile hinzuzugewinnen sowie Umsätze und Erlöse zu steigern, bei ihren Anteilseignern und bei ihren Kunden für Zufriedenheit sorgen. Beispielhaft sei an dieser Stelle die Markteinführungskampagne für das Toilettenpapier „Charmin" aus dem Hause Procter & Gamble erwähnt. Ein Produkt aus dem absoluten „Low-Interest-Bereich", welches bekanntermaßen gerade in wirtschaftlichen Flauten dem Preiskauf ausgesetzt ist, konnte sich durch ein massives und mutiges Marketing im Markt durchsetzen. Oder zum Beispiel Microsofts Spielekonsole Xbox, die mit einer nicht dagewesenen Kampagne, die sämtliche Werbeformen umfasste (klassisch, neue

Medien, „Point of Sale-Promotions", „Productbundlings", interaktive Werbeträger, Crosspromotions, Truckstops ...), aufwartete. Dies bestätigt die These: Werbeinvestitionen sind Investitionen in die Marke.

Was passiert aber nun, wenn die Werbeausgaben trotz aller guten Beispiele gesenkt oder gar gestrichen werden? Darunter leidet dann an allererster Stelle die Markenstärke, was wiederum bedingt, dass die Kunden dem Produkt gegenüber an Loyalität verlieren, also häufiger nach Alternativen Ausschau halten. Damit folgt der Sturz in der Markenrangreihe, was augenblicklich die Umsätze und Gewinne beeinflusst. Dadurch wiederum verliert das Unternehmen insgesamt an Wert, die Talfahrt geht ungebremst weiter. Der Anzeigenverkauf sollte um diese Zusammenhänge wissen, auch wenn es sich um ein sehr sensibles, da unternehmenspolitisches Thema handelt. Schlechte Stimmung zu verbreiten und mit den Negativfolgen von „Nichttun" zu argumentieren, gehört nicht zum guten Ton des Verkaufs.

Detailliert hat sich die Boston Consulting Group mit diesem Thema auseinandergesetzt. Mit „Gegen den Strom" legte sie eine empirische Studie vor, die sehr detailliert das Werbeverhalten in Krisenzeiten analysiert. Im Kern lautet das Ergebnis: Das Werbeverhalten sollte niemals an konjunkturellen Schwankungen ausgerichtet werden.

Eine weitere, interessante Überlegung trifft die Preissensibilität der Konsumenten in der Flaute. Gerade in dieser Zeit kann es von größtem Nutzen sein, Produkte mit dem Argument „Dieser Preis ist es wert" zu bewerben. Es hilft also auf jeden Fall, die Karte emotionaler Markenmehrwert zu spielen, um die Preise auch in den Konjunkturtälern durchsetzen zu können.

3. Wirkung von Anzeigen

Wie wirkt eine Anzeige? Wie lässt sich die Wirkung prüfen? Der Anzeigenverkauf steht immer wieder vor der Herausforderung, die Werbewirkung seiner Publikation unter Beweis zu stellen. Dieses Kapitel soll die dafür notwendigen Argumente liefern und einen ersten Überblick zum Thema Werbewirkungsforschung ermöglichen.

Eine der wesentlichen Fragen jeder Werbekampagne lautet: Wie viele Werbereize werden im Durchschnitt benötigt, um eine Werbebotschaft zu transportieren? Aus der Antwort würden sich sehr schnell Rückschlüsse über die dafür notwendigen Werbeträger (Medien) ziehen lassen. Doch die Frage bleibt schwer zu beantworten. Bereits im Jahr 1867 wurde in „Die Rheinischen Blätter", einer der bedeutendsten Tageszeitungen der damaligen Zeit, die Herleitung von der ersten Kontaktwahrnehmung bis zum entscheidenden Kaufimpuls thematisiert:

1. Kontakt: Anzeige kaum beachtet.
2. Kontakt: Sehen, aber nicht lesen.
3. Kontakt: Anzeige wird gelesen.
4. Kontakt: Kosten werden geprüft.
5. Kontakt: Mit der Frau reden.
6. Kontakt: Frau willigt ein.
7. Kontakt: Frau gibt Kaufimpuls.

Aus heutiger Sicht sollte diese Aufzählung noch um einen weiteren, wesentlichen Punkt ergänzt werden:

8. Kontakt: Wiederholungskauf.

Warum überhaupt Werbung?

Bevor es dem Anzeigenverkäufer überhaupt gelingen kann, mit einem potenziellen Kunden ins Geschäft zu kommen, muss dieser grundsätzlich von der Notwendigkeit der Werbung überzeugt sein. Doch dies ist aufgrund der schwierigen

Beweisbarkeit alles andere als einfach. Was wird heute unter Werbung verstanden? Wir werfen hierzu einen Blick in das Gabler Wirtschaftslexikon: *„Unter Werbung versteht man die versuchte Meinungsbeeinflussung durch besondere Kommunikationsmittel, im Hinblick auf jeden beliebigen Gegenstand."* Der Brockhaus ergänzt: *„Jede Darbietung von Botschaften mit dem Ziel, Einstellungen und Handlungen der Adressaten zum Vorteil der Werbetreibenden zu steuern. Werbung ist im Rahmen des Marketings ein Instrument der Kommunikationspolitik. Werbung wird neben der Verkaufsförderung, der PR und dem persönlichen Verkauf eingesetzt."* Über Sinn und Zweck der Werbung ist schon viel geschrieben und gestritten worden. Am treffendsten formulierte es ein Vorstand der Beiersdorf AG im Rahmen eines Interviews im Focus: *„Als wir Nivea in England übernommen haben, war die Marke quasi kaputt. Das bestätigt, dass auch eine gute Marke wie Nivea Werbung braucht. Da gibt es eine landläufige Meinung, die auch meine Mutter vertritt: Mach nicht soviel Werbung, mach lieber das Produkt billiger, dann geht es besser. Hierzulande haben wir kontinuierlich in Innovation und Werbung investiert, in England haben wir nur gemolken."*

Selbst Produkte wie Nivea müssen unablässig beworben werden, oder sie verlieren Zug um Zug die hart erkämpften Marktanteile, bis sie in der Bedeutungslosigkeit verschwinden. Auch auf diese Frage liefert das kurze Interview eine prägnante Antwort: *„Das Produkt zu verbilligen und dann zu hoffen, der Konsument würde es schon ohne weitere Hilfe finden und kaufen, erscheint in der heutigen Zeit und bei der Vielzahl an Absatzwegen sehr unrealistisch."* Was für Nivea gilt, das gilt sicherlich auch für viele, wenn nicht für alle Firmen. „Die Nürnberger Nachrichten" werben schon seit Längerem mit dem Claim: *„Wer nicht inseriert, wird vergessen"* für ihren regionalem Kleinanzeigenmarkt. Nur eine stetige und optisch ansprechende Präsentation und Präsenz der eigenen Leistungsmerkmale sichert auf Dauer Marktan- und Wettbewerbsvorteile. Gäbe es einen klassischen Lösungsweg zur erfolgreichen Werbung (analog zu mathematischen Problemstellungen), gäbe es auch kaum schlechte bzw. erfolglose Kampagnen.

Einen zweiten, noch wesentlicheren Grundsatz formulierte Joachim Kath, Autor des Buches „100 Gesetze erfolgreicher Werbung": „Nur tote Fische schwimmen mit dem Mainstream." Was alle andere auch machen, führt nur selten zum Erfolg. „Werbung ist absolut notwendig, aber sie nervt den Verbraucher", hat es Lothar Massmann, geschäftsführender Gesellschafter bei Flad & Flad Communications München, auf den Punkt gebracht. Folgende Auffassungen von Werbung existieren:

Werbung ist ...
- Verführung, aber auch Dienst am Kunden.
- einerseits oft störend, andererseits informierend.

- entweder unterhaltend oder todlangweilig.
- unseriös und oft irreführend oder imagebildend und produktaffin.
- wesentlicher Bestandteil der Informationsüberlastung oder Teil der modernen Welt.
- Manipulation oder die einzige wirkliche Verbindung zwischen Angebot und Nachfrage.

Klar ist: Werbung polarisiert, und zwar gewaltig, und Werbung ist eine gigantische Industrie. Werbung ist „Big Business". Werbung macht viele Dinge im Leben erst möglich. Dazu zählen sicherlich auch solche „Selbstverständlichkeiten" wie die Fußball-Bundesliga oder die große Formel 1. Letztendlich ist das übergeordnete Ziel der Verkauf von Waren und Dienstleistungen. Werbung will und muss verkaufen. Dabei wird in der Werbefachliteratur häufig noch von Zwischenzielen gesprochen, am Ende steht allerdings immer der Verkauf. Um verkaufen zu können ist die Wahrnehmung natürlich eine zwingende Bedingung. Zu wissen, dass Werbung in erster Linie reiner Verkauf ist, zeigt auch, dass der Ansprechpartner des Verkäufers die gleiche Sprache spricht. Auch er will sein Produkt, in diesem Fall mit dem Mittel der Werbung, verkaufen. Die Aufgabe des Anzeigenverkaufs ist es, dem Kunden zu demonstrieren, wie effizient der Verkauf mithilfe von Anzeigen beeinflusst werden kann.

Kontakte und Aufmerksamkeit

Werbeforscher haben herausgefunden, dass jeder Bundesbürger täglich im Schnitt von bis zu 14.000 Werbereizen umworben wird. Das allgegenwärtige „Kauf mich!" wird 14.000-mal von Firmen an das Bewusstsein des potenziellen, kauffreudigen Kunden gesendet. Angesichts der letztendlich doch begrenzten Speicherkapazität des menschlichen Gehirns wäre es eine Rechenaufgabe, herauszufinden, ab wann das Gehirn bis zum Rand voll mit Werbebotschaften wäre. Allerdings werden 98 Prozent der Botschaften aus Sicherheitsgründen (Speicherüberlastung) vom Gehirn wieder ausgesiebt. Diese Tatsache stellt eine der größten Herausforderungen der Werbung dar.

Laienhaft ausgedrückt liegt der Schlüssel zum Anzeigenerfolg in der Tatsache begründet, dass unser Bewusstsein ca. sieben Anstoßreize benötigt, bis eine Information zu einer entsprechenden „neuronalen Verbindung", sprich einer bewussten Wahrnehmung, führt. Die hohe Kunst der Werbung besteht nun darin, aus dem Meer an Reizen, die Siebener-Wahrnehmungsfrequenz zu generieren oder einen einmaligen emotionalen Reiz zu verankern. Gelingt dies nicht, verpufft die Werbung und damit auch das Werbegeld. Aus der Gesamtzahl von täglich 14.000 Werbereizen können mit der jeweils siebten bewussten Wahrnehmung zu einem Produkt Kaufimpulse generiert werden. Die 14.000/7 Regel hilft, die Wertigkeit von Zeitschriften und hier besonders von Fachzeitschriften zu untermauern. Die selektive Vorauswahl, die von Printmedien immer getroffen wird (angesprochene Zielgruppe), erhöht signifikant die Möglichkeiten des Werbekunden, wahrgenommen zu werden. Die allgemeine Werbewirkung ist häufig Gegenstand hitziger Diskussionen, und zu der obigen, eher historischen Betrachtung gesellt sich eine ganze Reihe weiterer Ansätze. Zu den besten zählen die Werbewirkungsstufen des AcTiVity Test aus dem Institut Dr. von Keitz, die die Kundenreaktion wie folgt darstellen:

1. Stufe: Aufmerksamkeit und Branding
2. Stufe: Emotionale Reaktion
3. Stufe: Verständnis, Glaubwürdigkeit und Relevanz
4. Stufe: Markenbild und Images
5. Stufe: Kaufabsicht

Im Rahmen des AcTiVity Test werden die einzelnen Wirkungsdimensionen überprüft und somit die psychologischen Wirkungen der Werbung auf den verschiedenen Wirkungsstufen gecheckt. Durch ihn erfährt der Kunde, warum die Kampagne arbeitet – oder auch nicht. Es erscheint sinnvoll, diesen Test im Vorfeld einer Kampagne durchzuführen, um mit optimalen Materialien zu starten. Die Wahrnehmung ist eine der wesentlichen Ebenen. Hier geht viel an potenzieller Werbewirkung verloren. Professor Sebastian Turner hat es im Rahmen der Konferenz „Werbewirkung messen und beurteilen" wie folgt zusammengefasst: „Würden Kampagnen in Hinsicht auf die folgenden vier Punkte überprüft werden, man könnte sich eine ganze Menge Marktforschung sparen":

1. Ist die Kampagne originell?
2. Macht sie Freude?
3. Ist sie klar?
4. Ist sie (handwerklich) gut gemacht?

Gibt es keine USP, so kann die Werbung versuchen, die UAP (Unique Advertising Proposition) zu transportieren, zu kreieren. Dabei handelt es sich um eine emotionale Alleinstellung, um einen WOW-Effekt, etwas, das vom Wettbewerber nur sehr schwer oder besser gar nicht zu kopieren ist:

- ein Gefühl (absolute Sicherheit, absolutes Vertrauen ...)
- eine Lebenseinstellung (Coca-Cola, Marlboro, Porsche ...)
- ein Arbeitsmerkmal (absolute Professionalität ...)

Die emotionale Alleinstellung ist das A und O des Anzeigenverkaufs. Es ist die Aufgabe der Profis, den UAP herauszuarbeiten. Dort, wo es um die Werbewirkung geht, stehen auch immer wieder die Funktionsweisen des menschlichen Gehirns im Blickpunkt des Interesses und der Forschung. Ein besonderes Augenmerk richten die Forscher dabei auf den Faktor Wiederholungen. Die Macht der Wiederholung ist eine der grundlegenden Erkenntnisse der Werbewirkungsforschung.

- Werbung wirkt, wenn der Verbraucher sie im Kopf behält.
- Gegen das Vergessen helfen letzten Endes nur Penetranz und hohe, kreative Qualität.

Werbung erzielt ihre eigentliche Wirkung nur durch die Wiederholungen. Die Penetration der Werbebotschaft überwindet die Abstände zwischen den drei Gedächtnisbereichen. Diese unterscheiden sich, vereinfacht dargestellt, durch die Tatsache, wie lange die Leser Informationen speichern und abrufen können.

Tabelle 24: Marktfähigkeit

Gedächtnisbereich	Merkfähigkeit
▶ Ultrakurzzeitgedächtnis	▶ ca. 20 Sekunden
▶ Kurzzeitgedächtnis	▶ ca. 20 Minuten
▶ Langzeitgedächtnis	▶ theoretisch unbegrenzt

Die Werbeagentur Mindshare hat in eigenen Studien nachgewiesen, dass die Verbraucher von heute mehr Marken kennen als jemals zuvor. *„Die Aufnahmefähigkeit der Rezipienten ist nach wie vor, wenn auch im eingeschränktem Maße, weiter angestiegen"*, erklärt Mindshare-Forscher Klaus Scharf. Allerdings steigt die Vergessensquote proportional zum Alter an, was zu der folgenden Erkenntnis führt: In den jungen Alterssegmenten werden weniger Werbereize benötigt als in den höheren. Dabei gilt jedoch für jedes Alterssegment, dass unter bestimmten Umständen der Zugang zu den Gedächtnisbereichen blockiert ist. Folgende Einflussgrößen können die Aufnahme von Informationen erschweren oder behindern:

1. Stress
2. Ablenkungen (gewollt oder ungewollt)
3. Krankheit

Alle drei Blockaden sind über Anzeigen als Werbemedium nicht zu beeinflussen, wohl aber im Gespräch mit den Kunden. Das Wissen um die Funktionsweisen des Gehirns ist ein Joker in der Argumentationskette zur Beweisbarkeit der Werbewirkung. Natürlich wird kein Verkäufer auf eine Einmalschaltung verzichten. Argumentativ kann man jedoch den Nutzen von Mehrfachschaltungen sogar beweisen. Zudem trifft es natürlich auch auf die Aussagen des Anzeigenverkaufs zu. Unsere Kunden benötigen ebenfalls mehrere Informationsanreize, bis sie unsere Leistungsdaten verinnerlicht haben.

Unter Berücksichtigung der Tatsache, dass ein durchschnittlicher Mensch es heute mit einem Selektionsfaktor bezüglich der Wahrnehmungsmenge von 1:1.000.000.000 und mehr zu tun hat, grenzt es schon an ein Wunder, mit einem Werbereiz überhaupt durchzudringen. Neuste Forschungen versuchen mittels der Kernspintomografie den Werbeerfolg in den bestimmten Hirnarealen nachzuweisen. Professor Dr. C. Elger, anerkannter Hirnforscher und Direktor der Universitätsklinik für Epileptologie in Bonn, geht zudem von Folgendem aus: Lediglich fünf Prozent des menschlichen Gehirns und seiner Funktionsweise sind bis dato erforscht. Umso wichtiger erscheint es, Werbung gehirngerecht zu verpacken. Fast jeder hat schon von den zwei Gehirnhälften gehört. Doch wie beeinflussen diese die Wahrnehmung von Anzeigen? Ein beliebtes Schauspiel in Seminaren ist es, die Teilnehmer zu bitten, mit der rechten und linken Hand jeweils ein Faust zu formen. Wenn sie nun die beiden Fäuste zusammenpressen, so hat man ungefähr die Größe seines Gehirns. Woher die Hände das wissen, bleibt wohl für immer ein Geheimnis. Aber es ist ein sehr anschauliches Bild. Im Hinblick auf die Werbung und Anzeigengestaltung ist es wesentlich, den richtigen Schalter im Gehirn des Lesers umzulegen, ihn emotional richtig anzusprechen. Kampagnenverlängerungen sind das A und O in der Werbung. Geschicktes Argumentieren im Hinblick auf die Funktionalität des Gehirns unterstreicht das persönliche Fachwissen und ist ein Beleg für die Ernsthaftigkeit, mit der der Anzeigenverkauf zu Werke geht. Anzeigen, die möglichst viele Gehirnbereiche ansprechen, haben die größten Erfolgsaussichten.

Unterschwellige Werbung

Eine sehr berühmt-berüchtigte Werbetechnik stellte James M. Vicary, Inhaber der Gesellschaft für unsichtbare Beeinflussung in N.Y., am 12. September 1957 in einer Pressekonferenz vor. Er hatte eine neue Werbetechnik entwickelt und erfolgreich in einem Kino erprobt. In den Film wurde Reklame für Coca-Cola und Popcorn eingeblendet, die jedoch, mithilfe eines Tachistoskops, nur eine dreitausendstel Sekunde dauerte und so von den Zuschauern nicht bemerkt wurde. Dieses Verfahren testete Vicary sechs Wochen lang, in denen 45.699 Kinobesucher Filme mit Coca-Cola und Popcornwerbung sahen. Das Ergebnis war für die Werbewelt grandios. Der Coca-Cola-Konsum stieg um 18,1 Prozent, der Verkauf von Popcorn erhöhte sich sogar um 57,7 Prozent! Vicary verriet in der Pressekonferenz zunächst keine Einzelheiten über das Verfahren, da die von ihm beantragte Patentierung der neuen Werbetechnik noch nicht abgeschlossen war. Fast zur gleichen Zeit, 1957, erschien das Buch „The Hidden Persuaders"(die geheimen Verführer) von Vance Packard. Darin wurde ein fast identisches Experiment beschrieben. Am 10. Juni 1956 wurden in einem Kino in New Jersey Kinofilme mit Eiscremewerbung in ebenso kurzer Zeit gezeigt, die einen großen Eiscremekaufaufschwung verursachten, der anderweitig nicht zu erklären war. Im März 1958 wurde aufgrund der entdeckten Möglichkeiten im Bundesstaat New York ein Gesetz verabschiedet, das unterschwellige Werbung verbot. Sicherlich prägten solche Experimente und Erkenntnisse (auch) den Volksmund, der sagt:

> „Werbung bringt Menschen dazu, Dinge zu kaufen, die sie nicht brauchen, mit Geld, das sie nicht besitzen, um Leuten zu imponieren, die sie eigentlich nicht mögen."

Nicht grundlos wird das Wort Manipulation im Fremdwörterbuch als „bewusster und gezielter Einfluss auf Menschen ohne deren Wissen und oft gegen deren Willen" seit der Auflage von 1974 mit dem Zusatz „z. B. mithilfe der Werbung" definiert. Wenn heutzutage ein Produkt überleben soll, muss man für es werben, es reicht nicht, es billig zu machen. Denn bei dem Überangebot an Produkten, die sich in der Qualität kaum unterscheiden, ist das gute Image eines Produktes entscheidend und abverkaufsfördernd.

Der Schlüssel zu effektiver Werbung ist die Wiederholung. Wie auch beim Lernen ist es bei der Werbung wichtig, dem Konsumenten das Produkt bekannt zu machen, damit er, wenn er die Qual der Wahl hat, sich an das Produkt aus der Werbung erinnert und es kauft nach dem Motto: „Kenn' ich, kauf' ich". Es kommt jedoch sehr selten vor, dass man die Werbung eines Produktes sieht und sofort ins Geschäft geht, um es zu kaufen. Meistens braucht man es gerade nicht, wenn man die Werbung sieht, und bis zum nächsten Einkauf ist die Werbebotschaft vergessen oder von neuer Werbung „zugeschüttet". Im Laden nehmen wir aber die Produkte in die engere Wahl, deren Marke oder Verpackung uns bekannt ist. Deswegen wird die durch Werbung erreichte Markenbekanntheit auch als „gespeichertes Verkaufspotenzial" bezeichnet, das bei Bedarf aktiviert wird. Bevor eine Werbeanzeige aber im Gedächtnis bleibt, muss sie bemerkt werden. Dazu verwenden die Werbeagenturen gerne Promis, Stars und Sternchen, die die Markenbekanntheit augenscheinlich fördern, durchaus aber nicht unkritisch zu bewerten sind.

Gebräuchliche Testverfahren

Die sogenannten „Pretests", also der mehr oder weniger wissenschaftliche Ansatz im Vorfeld einer Kampagne, um deren Wirkung vorherzusagen, sind aufgrund ihrer Schwächen mit Sicherheit keine Garantie für erfolgreiche Kampagnen. Aus Sicht der Agenturen weisen die Pretests eine ganze Reihe von Unzulänglichkeiten in der methodischen Konzeption und in der Interpretation der Ergebnisse auf. Pretest und Realität driften auseinander. Das heißt, die Tests gehen an der Zielgruppe vorbei, da Werbewirkung eigentlich unter „Low-Involvement" auftritt (= Menschen, die nicht zur hochaffinen Zielgruppe gehören), die Tests aber zumeist eine High-Involvement-Umgebung kreieren.

1. Pretests neigen dazu, sozial akzeptierte Antworten zu produzieren.
2. Pretests erfassen die unbewusste Wirkung der Werbung nicht.
3. Pretests testen das inhaltliche Verständnis, nicht aber die Akzeptanz.
4. Kreative, überdurchschnittlich wirksame Kampagnen werden nicht korrekt bewertet.
5. Es gibt keine Branchenstandards für Pretests.

Auf Basis dieser Erkenntnisse führen die Pretests in aller Regel zu unzulänglichen Interpretationen. In einem Bericht über ein der erfolgreichsten Bierkampagnen der Welt heißt es: *„Als die Heineken Kampagne getestet wurde, waren die Ergebnisse gemischt. Sie waren entweder schlecht oder schrecklich."*

1. Aus Angst vor einer Polarisierung suchen Pretests nach einer maximalen Zustimmung.

2. Die größte Gefahr besteht allerdings in der Indifferenz.
3. Originelles/Kreatives wird beim Versuch, maximale Akzeptanz in Pretests zu erreichen, eliminiert.

Neben den Pretests gibt es auch noch den In-Between-Test (siehe Tabelle 25). Posttest haben in der Regel zwei Funktionen. Zum einen als sogenannte AHA-Forschung und zum anderen als die „Siehste-Wohl-Forschung". Beide Fälle erhöhen im Grunde nur das Gesamtwerbebudget, ohne einen effektiven Nutzen zu bieten. Eine Lösung wäre eine Steigerung der Testqualität, da von möglichst objektiven Tests alle profitieren (Leser, Agentur und Auftraggeber). Eine in Verlagen gängige Praxis besteht im Angebot von Copytests. Diese Analyse ist ein von Kunden geschätzter Service der Verlage, der umfangreiche Erkenntnisse über die Wertigkeiten von Anzeigen liefern kann. Copy leitet sich in diesem Zusammenhang aus dem Englischen ab und steht für ein Heft. Ein Copytest ist folgerichtig ein Verfahren zur Untersuchung des Leseverhaltens bezüglich eines bestimmten Publikation, einer bestimmten Ausgabe. Häufig im Hinblick auf die Anzeigenwahrnehmung eingesetzt, liefert der Copytest aber ebenso Daten zu redaktionellen Inhalten und ist somit ebenfalls für die zielgruppenaffine, redaktionelle Qualität von entscheidender Bedeutung. Die Aufwendungen für einen Copytest müssen vom Kunden entweder aus eigenem Budget bestritten werden oder sie werden in Kostenunion mit dem Verlag geteilt. Die Kosten für einen solchen Copytest bewegen sich – je nach Auflage und Fragestellung – zwischen 15.000 und 50.000 Euro. Einige Verlage bieten auch ältere Copytests zur Ansicht an. Diese haben allerdings nur eine äußerst eingeschränkte Aussagekraft in Bezug auf die eigene Anzeige.

Tabelle 25: Testverfahren im Vergleich

Pretest	In-Between-Test
▶ Vor Schaltung der Anzeige	▶ In laufenden Kampagnen
▶ Andruck in Testheft	▶ Test in regelmäßigen Abständen
▶ Präsentation vor dem echten Erscheinen	▶ Eigene Fragen können eingestreut werden
▶ Änderungs-Optimierungsmöglichkeiten	
▶ Eine bis zwei eigene Fragen können eingestreut werden	

Eine der wirkungsvollsten und zugleich einfachsten Methoden zur Belegung der Wirkung von Anzeigen ist die Resonanzmessung. Folgende Möglichkeiten gibt es:
▶ Leserumfragen mit Fragebögen (Print/Online)

- Gewinnspiele
- Couponanzeigen und/oder Kennziffern in Anzeigen
- Leserbriefe und/oder Ratgeberrubriken
- Standardisierte Umfrageergebnisse

Trotz des Aufwands und auch der unter Umständen nicht vollständigen Refinanzierungsmöglichkeiten sollte jeder Verlag wenigstens eine Form des Copytests oder der Resonanzmessung anbieten.

Das Kindchenschema

Die Theorie des Kindchenschemas geht auf den bekannten Verhaltensforscher Konrad Lorenz zurück und besagt, dass Bilder von Kindern und hier im Speziellen von Babys in den meisten Fällen positive Emotionen hervorrufen. Ob es sich dabei um eine angeborene Verhaltensweise handelt, ist bis heute nicht vollständig untersucht. In einer empirischen Studie aus dem Jahr 2001 wurden 109 Personen, die in ihrer Zusammensetzung den soziodemografischen Merkmalen der bundesdeutschen Bevölkerung ab 20 Jahren entsprachen, hinsichtlich ihrer Reaktion auf eine fiktive Produktanzeige mit Baby hin analysiert. Zielsetzung war es zu überprüfen, inwieweit der Einsatz von Baby- bzw. Kindergesichtern in der Werbung heute noch positiv wirkt. Das Ergebnis in Kurzform: Das Kindchenschema wirkt auch in der Werbung als positiver Reizindikator. Obwohl die Gestaltung der Anzeige eher schlicht gehalten wurde, ergaben sich bemerkenswert hohe Messwerte in Bezug auf die Werbewirkung.

Prominente in der Werbung

Die erste Testimonial-Anzeige kreierte die Seifenfirma Lux: die Lux-Toiletten-Seife, die Seife der Filmstars. Marlene Dietrich und Hildegard Knef gaben der Seife das Gesicht und verführten so Millionen von Hausfrauen, die nun jeden Tag einen Hauch von Hollywood spürten. Werbung mit Prominenten ist allerdings keineswegs unumstritten. Wie wirken sich die speziellen Sympathiewerte der Prominenten auf die Anzeigenwirkung aus und wie hoch ist die Glaubwürdigkeit?

Ein Negativbeispiel zum Thema Glaubwürdigkeit lieferte der Nachrichtensprecher Ulrich Wickert in der Einführungskampagne zum Euro. In der geplanten und zum Teil umgesetzten Anzeigen-, Plakat- und TV-Kampagne sollten die beiden

Nachrichtensprecher der ARD, Sabine Christiansen und Ulrich Wickert, für den Euro werben. Der Focus Nr. 24. 2001 brachte unter der Überschrift: „Ein Biss zu viel!" das Thema auf den Punkt. In diesem speziellen Fall würde die öffentliche Autorität, die die beiden Werbeträger durch ihren Job erhalten hätten, zum Zwecke politischer Absichten missbraucht. Die Entscheidungen für einen Werbestopp traf in diesem Fall der Rundfunkrat der ARD. Ein positives Gegenbeispiel ist die Kombination Strom und Arnold Schwarzenegger aus der e-on Kampagne. 99,5 Prozent der 14- bis 29-jährigen Bundesbürger kennen ihn, jeder zweite findet ihn sympathisch.

Da der „Promi" je nach Altersebene der Zielgruppe unterschiedliche Emotionen hervorruft, könnte er als sogenanntes „Breitband-Testimonial" auch für verschiedene andere Firmen (z. B. American Express und BMW) erfolgreich eingesetzt werden. Aufschluss über den Einsatz von Menschen in Anzeigen liefert eine Studie der Verlagsgruppe Bauer, die die Anzeigenwirkung von Prominenten, Unbekannten und Kindern analysiert hat.

Tabelle 26: Personen in Anzeigen

Abbildung von:	Anzeige gesehen	Marke beachtet	Text gelesen (50% +)
▶ Unbekannter Person	▶ 59%	▶ 46%	▶ 18%
▶ Prominenter Person	▶ 62%	▶ 47%	▶ 20%
▶ Kindern	▶ 61%	▶ 47%	▶ 17%
▶ Keinen Menschen	▶ 62%	▶ 48%	▶ 19%

QUELLE: BAUER MEDIA GROUP. HTTP://WWW.BAUERMEDIA.DE/ANZEIGENWIRKUNG.HTML (HAMBURG 2009)

Der Einsatz von Prominenten scheint sich aufgrund der damit verbundenen Investitionen in vielen Fällen nicht zu lohnen. Die Werbewirkung ist zwischen den beiden Punkten „Abbildung von Prominenten" und „keine Menschenabbildung" gleich, die Markenbeachtung ohne Menschen sogar höher. Das Beispiel Franz Beckenbauer zeigt zudem, dass eine Omnipräsenz seitens des prominenten Gesichts Verwirrung auf Seiten des Konsumenten hervorruft (War es jetzt die Post, vodafone, O2 oder doch der FC Bayern?).

Werbewirkungsindikatoren

Es gibt zu den unterschiedliche Testverfahren eine ganze Reihe von Indikatoren, die zur Messung der Wirkung von Werbung wichtig sind. Sie sollten jedem Testverfahren zugrunde liegen. Zu den wichtigsten Indikatoren zählen:

- Aufmerksamkeit: Wird die Werbung wahrgenommen?
- Verständlichkeit: Wird die Aussage verstanden?
- Relevanz: Gibt es eine inhaltliche Relevanz des Betrachters/Lesers zur Werbeaussage?
- Neuheit: Gibt es einen Neuigkeitenwert der Werbeaussage?
- Merkfähigkeit: Kann die Werbeaussage gut erinnert werden?
- Bezug: Gibt es einen direkten Bezug zwischen Werbung und Marke?
- Glaubwürdigkeit: Ist die Werbeaussage glaubhaft?
- Sympathie: Springt der Funke über?
- Aktivierung: Veranlasst die Werbung zu weiteren Aktivitäten?

Wenn die vom Verlag angebotenen Tests die Indikatoren berücksichtigen, lässt sich dieser Service auch glaubhaft und gewinnbringend mit anbieten.

Anzeigentests

Jede Anzeige sollte das Ergebnis einer vorherigen Gesamtkonzeption sein. Ein Anzeigenkonzept kann auf vielfältige Art und Weise überprüft werden. Die heutigen Instrumentarien sind vielfältig, aufwendig, teuer und nicht unumstritten. Ein verhältnismäßig einfaches Verfahren ist der AKT 5, der Anzeigenkonzepttest 5.

1. Erregt das Konzept Aufmerksamkeit?
2. Ist die Botschaft einfach, klar und glaubwürdig?
3. Ist die Visualisierung „to the point", auf den Punkt gebracht?
4. Erkennt der Konsument sofort seinen persönlichen Nutzen?
5. Lebt die Anzeige bzw. sind die statischen Elemente auf das Wesentliche reduziert?

Mit dem AKT5 hat vor allem der Anzeigenverkauf ein einfaches Werkzeug zur Hand, um Kampagnen nicht nur aus dem Bauch heraus beurteilen zu müssen. Gemäß einer Umfrage des Magazins managerSeminare sind für die Bewertung von

Fachanzeigen die folgenden Punkte am wichtigsten (sie wurden auch am häufigsten genannt), nämlich die Information und das Umfeld der Anzeige.

Tabelle 27: Einflussfaktoren zur Anzeigenwirkung

Wichtigkeit	Platzierung	Umfeld	Info
▶ Keine Angaben	▶ 5%	▶ 4%	▶ 4%
▶ Unwichtig	▶ 27%	▶ 6%	▶ 1%
▶ Weniger wichtig	▶ 46%	▶ 10%	▶ 2%
▶ Wichtig	▶ 13%	▶ 35%	▶ 29%
▶ Sehr wichtig	▶ 9%	▶ 46%	▶ 65%

QUELLE: MANAGER SEMINARE – BEWERTUNG VON FACHANZEIGEN.
HTTP://WWW.MANAGERSEMINARE.DE (BONN 2008)

Die Umfeldplatzierung ist eine der wesentlichen Größen in der Anzeigenerfolgsrechnung. Informationsanzeigen im richtigen redaktionellen Umfeld sind eindeutig die besten Anzeigen! Wer versucht, „objektiv" den Inhalt einer Anzeige zu bewerten, wird immer den Informationsgehalt hervorheben und kaum zugeben, dass er sich lediglich emotional angesprochen fühlt. Unter Umständen ist es dem Befragten auch gar nicht bewusst, das seine Entscheidung emotional „beeinflusst" wurde.

4. Erfolgreiche Mediaplanung

Mediaplanung kann einfach sein, wenn die entscheidenden zwei Fragen mit Bedacht und Sorgfalt beantwortet werden: Was soll mit einer Kampagne/Anzeige erreicht werden? Und: Wie lassen sich diese Ziele wirtschaftlich umsetzen? Was einfach klingt, erweist sich in der Praxis als große Herausforderung. Oftmals herrscht schon über das zu erreichende Ziel Unklarheit, was dem Kreativitätswahnsinn so mancher Marketingabteilung oder Agentur Tür und Tor öffnet. Nur so ist zu erklären, warum Jahr für Jahr Millionen von Werbeeuros verschwendet werden, dass Kampagnen keinerlei Rückschlüsse auf das beworbene Angebot zulassen und/oder die Erinnerungswerte der umworbenen Zielgruppe so gut wie nicht existent sind.

Immer wieder hört man: Werbung verteuert die Produkte. Die Imagestudie Werbebranche hat die Frage, ob Werbung die Produkte verteuert, sowohl an Kunden als auch an Werbeagenturen gerichtet. Das Ergebnis zeigt, wie unterschiedlich die Auffassungen in dieser Hinsicht sind.

Tabelle 28: Einfluss der Werbung auf den Produktpreis

Zielgruppe	Ja	Nein	Im Gegenteil
▶ Konsumenten	▶ 58%	▶ 20%	▶ 22%
▶ Werbeagenturen	▶ 21%	▶ 42%	▶ 37%

Quelle: SZAMEITAT & ASSOCIATES GmbH, Selling Print Study, Altdorf 2009, Seite 39

Die Ableitung aus diesen Ergebnissen lautet, dass (funktionierende) Werbung die Nachfrage erhöht, damit den Abverkauf steigert und somit zur Produktionskostensenkung beiträgt. Eine Nachfragesteigerung über die Werbung birgt die Möglichkeit, Produktionskosten zu verringern. Ob und in welchem Umfang diese Einsparungen dann an die Kunden weitergegeben werden, liegt bekanntlich an verschiedenen anderen Markt- und Unternehmenskennzahlen bzw. Mechanismen.

Dies lässt sich sehr gut am Beispiel einer typischen Produktneueinführung zeigen. Zu Beginn ist das Produkt nahezu unbekannt und meist recht teuer. Nur die „Early-Adaptor" oder „First-Mover" kaufen sich das Produkt zu diesem Zeitpunkt. Mit dem Einsetzen der (funktionalen) Werbung wird das Produkt bekannter und bekannter. Schritt für Schritt steigt die Nachfrage und die Preise sinken. Beispiele wie CDs oder DVDs sind Zeugen dieser immer wiederkehrenden Funktionalität. Solange sich Werbung am Kunden orientiert und nicht der Befriedigung kreativer Bedürfnisse dient (beispielsweise beim Erzählen von Geschichten ohne Bezug zur Marke oder zum Produkt, respektive Angebot), ist sie in erster Linie immer auch Absatzförderer und somit ein wichtiger Regulator der oben angesprochenen Marktmechanismen. Somit können die Preise über einen längeren Zeitraum stabil gehalten werden bzw. Preiserhöhungen fallen nicht so hoch aus, wie es ohne Werbung der Fall gewesen wäre. Im Idealfall wird ein Produkt durch Werbung zu einem Massenprodukt mit einem entsprechenden Preis.

Werbeziele und Werbeflow

Ein Werbeziel kann nicht isoliert betrachtet werden. Es ist Bestandteil einer Zielkette, die mit dem Unternehmensziel beginnt, gefolgt vom Marketingziel, dem Kommunikationsziel, dem Werbeziel und schließlich beim Mediaziel endet. Je nach Unternehmensbereich ergeben sich so unterschiedliche Formulierungen/Bedarfspunkte für das Werbeziel (siehe Tabelle 29).

Tabelle 29: Werbeziele

Unternehmensbereich	Formuliertes Werbeziel/Bedarfspunkte
▸ Unternehmen	Profit, Existenzsicherung, Arbeitsplätze schaffen, soziale Verantwortung übernehmen, Umweltbewusstsein.
▸ Marketing	Steigerung des Absatzes und/oder des Marktanteils z. B. über Qualitätssteigerung, Preisvorteile ... = immer mit dem WIE verbunden.
▸ Werbung	Ableitung aus dem Marketingziel wie z. B. Schaffung von Bekanntheit und Sympathie bei Marken-Nichtkennern. Ohne Werbeziel ist keine (Werbe-)Erfolgskontrolle möglich.
▸ Media	Ableitung aus den Kommunikationszielen und abhängig von der Medialeistung der Wettbewerber. Soll beispielsweise die Bekanntheit gesteigert werden, wird die Mediaagentur in aller Regel Reichweitenziele pro Werbemonat formulieren, die unter Umständen das Niveau der Wettbewerber übertreffen müssen, um erreicht werden zu können.
▸ Kommunikation	Steigerung der Bekanntheit, Werbeerinnerung, Sympathie, Image z. B. über Positionieren und Abgrenzen (Werben in anderen Medien als der Mitbewerb oder in anderen Zeiträumen).

Die direkte Zusammenarbeit mit dem Werbekunden kann die Grundlage für eine erfolgreiche Zusammenarbeit sein. So lässt sich trefflich ermitteln, warum und wofür der Kunde die Anzeigen einsetzen will. In der Praxis ist dieses Vorgehen nicht immer realisierbar, da die Agenturen ein berechtigtes Interesse daran haben, diese Arbeit zu leisten. Ziele sind die Basis jeder Strategie. Sie sollten immer präzise und zeitlich genau fixiert sein. Dabei sind monetäre Ziele (Absatzmenge, Marktanteil ...) von ideellen Zielen (Image) zu unterscheiden. Intelligente Werbung setzt voraus, dass möglichst 100 Prozent der gewünschten Zielgruppe über das gewählte Medium erreicht werden kann. Um dies zu prüfen und beurteilen zu können, bieten Verlage die unterschiedlichsten Analysemöglichkeiten an. Dabei sind die offiziellen Leserschaftsstudien (MA, AWA, GfK, ACTA ...) und die daraus resultierenden Auswertungen (Auszählungen) den „inoffiziellen" Verlagsangaben immer vorzuziehen. Vor jeder Werbeinvestition für Anzeigen gilt es daher aus Sicht des Kunden sechs Fragen zu beantworten:

- Werbeziel: Was will ich erreichen?
- Zielgruppe: Wer soll umworben werden?
- Werbeträger: Welche Medien sollen genutzt werden?
- Werbebotschaft: Wie soll geworben werden?
- Werbeetat: Welche Mittel sollen eingesetzt werden?
- Werbetiming: Wann soll geworben werden?

Es unterstreicht die Kompetenz des Anzeigenverkaufs, die Ziele und Strategien in Bezug auf die (Anzeigen-) Kampagnenplanung zu verstehen und unterstützen zu können. Die Realität der Mediaplanung ist allerdings zumeist meilenweit von diesen sechs Fragen entfernt. Um diese Kluft zwischen Planung und Realität zu verkleinern, bedient sich die Werbeforschung der sogenannten Blackbox. Eine solche kommt immer dann zum Einsatz, wenn komplexe Sachverhalte sehr stark vereinfacht werden sollen oder müssen. Man gibt etwas in eine Blackbox hinein, und durch nicht sichtbare oder zu erklärende Funktionen, Reaktionen, Ereignisse usw. erhält man etwas anders heraus. Im Falle der Werbung ist die Blackbox die Werbewirkung. In meinen Trainings und Vorträgen habe ich häufig eine schwarze Box dabei, in die ich einen Freiwilligen aus dem Publikum bitte hineinzugreifen. Das, was er in der Box finden wird, ist das, was den Kunden zumeist als Werbewirkung gegen nicht unerhebliche Gebühren verkauft wird: Luft.

Die Theorie vom „Flow" besagt, dass der Mensch einen Zustand empfinden kann, in dem er mit der gerade ausgeübten Tätigkeit vollkommen „verschmilzt", eins wird, glücklich ist. Dabei ist Lesen die am häufigsten mit „Flow" verbundene Tätigkeit. Je höher die Flow-Intensität eines Lesers, desto höher ist auch seine Aufgeschlossenheit gegenüber Werbung. Die Grundlagenstudie „Follow the Flow" des kicker-Sportmagazins hat eindrücklich nachgewiesen, das ein starker Markenwert einer Zeitschrift das Flow-Erlebnis positiv beeinflusst.

Tabelle 30: Flow-Affinität

Markenwert	Flow-Affinität
▶ High Brand Value	▶ 36%
▶ Medium Brand Value	▶ 30%
▶ Low Brand Value	▶ 16%

QUELLE: OLYMPIA VERLAG. HTTP://WWW.OLYMPIA-VERLAG.DE/KICKER/ANALYSE.ASPXFOLLOW THE FLOW (NÜRNBERG 1999)

Ein hoher Markenwert führt also zu einem hohen Lektüreerlebnis, damit zu einem vergleichsweise positiven Anzeigenumfeld und einer daraus resultierenden intensiven Anzeigennutzung. „Follow the flow" in Verbindung mit dem TdW (Typologie der Wünsche) bedeutet, dass sich fast alle Titel des deutschen Pressemarktes auf ihren Flowindex hin beurteilen lassen. Dabei haben Special-Interest-Titel die Nase eindeutig vorn. Das heißt, dass Titel, die als eigenständige Marken auftreten, die „Flow-Affinität" deutlich steigern. Der Markenwert einer Zeitschrift wird also stärker durch die emotionale Zuwendung gesteuert als durch die journalistische Kompetenz. Der Anzeigenverkauf sollte stichhaltige, also belegbare Argumente zur Flowintensität des eigenen Titels liefern können. Somit manifestiert sich beim Anzeigenkunden der Eindruck, dass dieser Titel eine starke Leserblattbindung hat, also einen hohen Anteil an den sogenannten „High-Flow-Lesern", was die Anzeigenwirkung somit positiv unterstützt (Qualität trägt Werbung!). Das Buch „Flow" von Mihaly Csikzentmihalyi wäre dann auch ein interessantes Kundenpräsent.

Intermediavergleich

Ziel eines jeden Intermediavergleichs ist es, zu einem definierten Werbeziel und einem gegebenen Etat das effektivste Werbemedium herauszufiltern. Unter Umständen kann sich durch einen solchen Vergleich auch ein Mix aus verschiedenen Medien als sinnvoll erweisen. Ein in unserem Auftrag erstellter Intermediavergleich (Bewertung der einzelnen Mediengattungen im Hinblick auf ihre Wirtschaftlichkeit) zeigt, dass zum Beispiel für einen Verlag Radiowerbung mit dem günstigsten Tausenderkontaktpreis (TAP) an der Spitze liegt.

Tabelle 31: Intermediavergleich und TKP

Medien	Tausenderkontaktpreis in Euro
▶ Radio	▶ 12,-
▶ Auftraggebender Verlag	▶ 16,-
▶ Special Interest	▶ 18,-
▶ Plakat	▶ 19,-
▶ Internet	▶ 45,-
▶ TV	▶ 60,-
▶ Broschüren	▶ 60,-
▶ Publikumszeitschriften	▶ 65,-
▶ Kino	▶ 255,-
▶ Promotion	▶ 1.060,-

QUELLE: SZAMEITAT & ASSOCIATES GMBH, SELLING PRINT STUDY, ALTDORF 2009, SEITE 88

Der Tausenderkontaktpreis ist aber auch nur eines von vielen Kriterien zur Beurteilung und Auswahl eines Werbeträgers. Abgesehen davon, dass Print sehr selten über das Medium Print beworben wird (Mitbewerberausschluss), hat dieser Intermediavergleich dazu geführt, dass unser auftraggebender Verlag bis zu 95 Prozent seiner Werbemittel ins Radio investiert hat. Die Zielsetzung war, eine möglichst schnelle Aktivierung des Kaufimpulses am Tag des Erscheinens des beworbenen Magazins hervorzurufen.

Der Werbemarkt ist und war schon immer hart umkämpft. Zu wissen, welcher Anbieter (Konkurrrent) mit welchem Potenzial ebenfalls um die (Anzeigen-)Kunden buhlt, gehört zum Grundwissen des Anzeigenverkaufs und lässt sich im Kundengespräch gezielt einsetzen.

Das folgende Beispiel zeigt, wie konkurrenzlos Anzeigen als Werbemedium sind. Als Kampagnenziel wurde definiert, dass 1.000.000 junge Männer im Alter von 18 bis 29 Jahren über ein neues Produkt, das in Kürze auf den Markt kommt, zu informieren seien. Des Weiteren sollten diese Männer animiert werden, sich zusätzliche Informationen auf der Internetseite des Kunden zu holen. Für jedes Kriterium konnten je Werbeträger maximal sechs Punkte (= volle Entsprechung) vergeben werden.

Tabelle 32: Auswertung Intermediavergleich

Kriterien	TV	Kino	Radio	Event	Online	Print	Sponsor
Planungskosten	+++	+++	+++	+	+++	+++	++
Administration	+++	+++	+++	+	+++	++++	+
Produktionskosten	+	+	+++	+	+++	++++	++
Werbeträgerkosten	+	+	+++++	+	+++++	+++++	++
Werbeträgerimage	+	+++	++	+++++	++	+++++	++++
Glaubwürdigkeit	+	++	++	+++	++	++++++	++++
Überprüfbarkeit	+++	+++	+++	+++++	++++	++++++	+++
Kampagendauer	+++++	++	+++++	+++	++	+++	+++
www.infotransport	+	+	+	++	+++++	++++++	++
Gesamtpunkte	20 +	19 +	28 +	24 +	31 +	42 +	23 +

Quelle: Szameitat & Associates GmbH, Selling Print Study, Altdorf 2009, Seite 88

Erläuterungen zum Intermediavergleich:

▶ Planungskosten sind Kosten für die Analyse und Konzeption der Werbemaßnahme.
▶ Unter „Administration" sind die Punkte Recherche, Kontaktaufnahme und Handling zusammengefasst.
▶ „Produktionskosten" beziehen sich auf Agenturbriefing, Produktions- und Materialkosten.
▶ „Werbeträgerkosten" sind die jeweiligen Einschaltkosten (TV = 30 Sek., Kino = 60 Sek., Print = 1/1 4c ...).
▶ Die „Glaubwürdigkeit" der Medien wurde in der Zielgruppe erhoben (n = 800).
▶ Die „Überprüfbarkeit" bezieht sich auf die Verfügbarkeit von Werbewirkungsbelegen.
▶ Die „Kampagnendauer" beschreibt den Zeitraum, bis der 1.000.000-Kontakt hergestellt wurde.
▶ www.infotransport.de ermittelte die Möglichkeit der Zielgruppe, eine Webadresse zu speichern.
▶ Unter „Event" wurden auch Messe- und Point of Sale-Aktivitäten zusammengefasst.

Anzeigen und andere Werbeträger

Das ganze Leben besteht aus Entscheidungen. Somit ist auch der Anzeigenverkauf geprägt durch immer neue Entscheidungen. Ein altes „Hausmittel" zur Entscheidungsfindung ist die Pro- und Contra-Analyse. Ein Blatt Papier wird in zwei Haupt- und zwei Nebenspalten geteilt. Die beiden Hauptspalten dienen der Auflistung der Punkte, die für eine Entscheidung sprechen (Pro) und derer, die dagegen sprechen (Contra). Die Nebenspalten werden dazu genutzt, die einzelnen Punkte zu bewerten. In der Praxis hat sich eine Skalierung von eins bis zehn als sinnvoll erwiesen. Einen Punkt für die Pros bzw. Contras, die man persönlich für nicht so entscheidend hält und zehn Punkte entsprechend für die wichtigsten Punkte. Am Ende werden die Zahlen in den Nebenspalten addiert und die beiden Summen miteinander verglichen. In aller Regel ist die Spalte mit der höheren Punktzahl die bessere Entscheidung. Schneller kann man kaum „fundierte" Entscheidungen treffen. Da niemals alle Informationen vorliegen werden, ist am Ende jede Entscheidung dennoch subjektiv. Diese Variante hat aber zumindest den Vorteil, dass die wesentlichen Punkte bewertet werden. Um die hohe Wirksamkeit und Effizienz von Anzeigen argumentieren und darlegen zu können, ist es mehr als hilfreich, die Pro und Contras der anderer Werbemedien zu kennen, mit denen Anzeigen im steten Konkurrenzkampf stehen.

Pro und Contra – Kino

Kinowerbung ist aufgrund der opulenten Optik, der nahezu ungeteilten Aufmerksamkeit seitens der Zuschauer und auch aus Imagegründen für viele Mediaplaner immer noch ein interessantes Werbemedium. Im Jahr 2008 betrug das Gesamtwerbevolumen für Werbefilme (regional und national, im Verhältnis 1 zu 2,5), rund 165 Millionen Euro. Statistisch kommt fast jeder Bundesbürger auf zwei Kinobesuche pro Jahr, wobei die Kinogänger in vielerlei Hinsicht Opinionleader und Trendsetter mit überdurchschnittlichem Einkommen sind.

„Unternehmen, die Image-Bildung innerhalb ihrer Marketing-Kommunikation im Fokus haben, werden auf Kino nicht verzichten", sagte Jochen Seeger, Mediadirektor der Starcom, in einem Interview in der Fachzeitschrift „media und marketing". Mit einer Werbeerinnerungsleistung von über 50 Prozent liegt Kinowerbung auch weit vor allen anderen Medien. „Kino ist eine emotionale Sache. Da wird, anders als bei TV und Print, viel vom Bauch aus geplant", sagt Beate Kahl von

Kemmerich Media im selben Interview. Dennoch gibt es für den Anzeigenverkäufer viele Argumente, die gegen Kinowerbung angeführt werden können:

Tabelle 33: Kinowerbung

Pro Kino	Contra Kino
▶ Hunderprozentige Aufmerksamkeit (Isolation)	▶ Langsamer Reichweitenaufbau
▶ Gute Soundmöglichkeiten	▶ Begrenzte Verfügbarkeit
▶ Lokale Aussteuerung möglich	▶ Hohe Tausenderkontaktpreise
▶ Gigantische Ausmaße	▶ 90 Tage Vorlauf
▶ Vornehmlich jugendliches Publikum	▶ Hohe Produktionskosten
▶ Gute Crosspromotionmöglichkeiten	▶ Geringe Transparenz
▶ Verknüpfung Marke und Bilderwelt	▶ Ältere Zielgruppen (+34J) kaum erreichbar
▶ Besonderes Gemeinschaftserlebnis	▶ Kurze Werbewirkung
▶ Vor Ort Promotion zur Unterstützung	
▶ Sehr hohe Kontaktqualität	

Für den Mediaplaner ist Kino zwar eher ein flankierendes Medium auf dem Weg zur Ansprache vor allem jüngerer Zielgruppen, aber für viele eben auch ein unverzichtbares. Durch seinen schwerfälligen Reichweitenaufbau ist Kino ein Medium, um Zielgruppenspitzen zu erreichen. Für die Kampagnenbasis bieten sich Anzeigen in den affinen Medien an. Kino ist ein strategisches (langfristiges), aber kein taktisches Medium. Aufgrund der hohen Tausender-Kontaktpreise und des schwerfälligen Reichweitenaufbaus ist es eine Sahnehaube, nicht mehr und nicht weniger.

Pro und Contra – Online

Häufig wird gefragt, ob die Vielschichtigkeit und die Möglichkeit zum direkten Dialog mit der Zielgruppe den Werbeträger Internet zu der Kommunikations- und Werbeplattform der Zukunft macht. Die Antwort ist „Jein". Bezogen auf seinen Stellenwert hinsichtlich der Konkurrenz zu Print-Werbeetats ist das Internet positiv zu bewerten. Einerseits werden sich, aufgrund der ähnlichen Darstellungsformen und -möglichkeiten, eher Kino und TV-Etats mit den Onlinewerbemöglichkeiten messen müssen, und andererseits sind bereits heute die Internetseiten der meisten überregionalen Tageszeitung und der Fachzeitschriften ein wichtiges Marketing- und in einigen Fällen auch ein Einnahmeinstrument für die Verlage. Seit Ende 2009 werden die Angebote des Springer Verlags gegen Entgelt (Paid-

Content) angeboten und treten damit in Konkurrenz zu den zahlreichen kostenlosen Angeboten. Die Branche ist gespannt und hofft insgeheim, dass sich die Stärke von Printmarken auch im digitalen Vertriebskanal auszahlt. Ungeachtet dessen, spricht doch einiges gegen die Onlinewerbung.

Tabelle 34: Onlinewerbung

Pro Onlinewerbung	Contra Onlinewerbung
▸ Extrem schnell umsetzbar	▸ Begrenzter Reichweitenaufbau
▸ Sehr schneller Reichweitenaufbau	▸ Technische Hürden
▸ Direct-Response-Möglichkeiten	▸ Intransparente Messgrößen
▸ Präzise Zielgruppenselektion	▸ Geringe Glaubwürdigkeit, hohe Skepsis
▸ Massive Nutzerinformationen	▸ Häufiger Einsatz von Werbestoppern
▸ Aktuell und stimulierend (Mehrkanalansprache)	▸ Rechtliche Beschränkungen/Grauzonen
▸ Imagetransfer als innovatives Medium	▸ Einige der unbeliebtesten Werbeformen
▸ Ständig neue Werbeformen	▸ Werbung und Spam in enger Verbindung
	▸ Kaum zu differenzierendes Angebot
	▸ Keine echte Bindung (site-hopping)
	▸ Keine Mehrfachwirkung einer Schaltung
	▸ Restpostvermarkter verramschen Werbeplätze
	▸ Undurchsichtige Preisstrukturen
	▸ Dominanz eines Anbieters im Weltwerbemarkt

Onlinewerbung entwickelt sich zu einem ernst zu nehmenden Ergänzungsmedium für Anzeigen, womit es aus Sicht der Verlage wichtiger denn je ist, Kombinationsangebote im Portfolio zu haben, die das Printobjekt mit seinem wertigen Onlineableger sinnvoll verbinden. Mit dem Auf und Ab der New Economy schwankte auch die Bewertung der Internetwerbung hinsichtlich ihrer Werberelevanz. Die anfängliche völlige Wertüberschätzung kehrte sich in das genaue Gegenteil, in eine konsequente Werbeverweigerung im WorldWideWeb. Die European Interactive Advertising Association (EIAA) hat die Ergebnisse einer europaweiten Studie zur Wirkung von Onlinewerbung vorgelegt. Die wesentlichste Aussage ist: Onlinewerbung steigert die Reichweiten- und Brandingeffekte von Crossmediakampagnen. Untersucht wurden insgesamt sechs Markenartikel-Werbekampagnen, wie zum Beispiel die von Sony Ericsson, Johnson&Johnson und E-Plus. In allem Kampagnen wurde der jeweilige TV-Auftritt durch innovative Internetwerbung ergänzt. Die wesentlichen Ergebnisse der 2.015 Tagebuchaufzeichnungen hinsichtlich der individuellen Mediennutzung waren:

- Nettoreichweitenanstieg bei der Kombination TV und Online: 16,0 Prozent.
- Nur Onlinewerbung führt zu einer Steigerung der ungestützten Erinnerung von 4,7 Prozent.
- Steigerung der ungestützten Werbeerinnerung im Falle der Kombination TV/Online: 31,2 Prozent.

Wie bei allen Studien ist auch immer die Intention der jeweiligen Studienauftraggeber zu berücksichtigen. Die EIAA zum Beispiel ist entstanden als Interessensvertreter der führenden Onlinevermarkter. Daraus lassen sich leicht Rückschlüsse auf Gewichtung und Aufbereitung von Studienergebnissen ziehen. Gleiches gilt natürlich auch für alle anderen Interessensvertretungen.

Das Marktforschungsinstitut Fittkau & Maaß hat die Ergebnisse einer repräsentativen Umfrage veröffentlicht, der zufolge diese Punkte in Bezug auf eine mögliche Werbeträgerseite als sehr störend angesehen werden:

Tabelle 35: Online-Störfaktoren

Störfaktor	Nennungen in Prozent
▶ Lange Ladezeiten	▶ 94,5%
▶ Seiten zu verschachtelt	▶ 85,0%
▶ Späte oder gar keine Antwort auf Fragen	▶ 59,6%
▶ Unvollständige Informationen	▶ 56,7%
▶ Zu kommerziell/zu oberflächlich	▶ 54,9%
▶ Fehlende Kontaktmöglichkeit	▶ 44,4%

QUELLE: FITTKAU & MAAß, KOMMUNIKATION & WERBUNG IM WWW, HAMBURG 2008

Für den Anzeigenverkauf empfiehlt es sich, diese Punkte in seine Verkaufsstrategie mit einzubauen, indem er darauf hinweist, dass sie, sofern es der Wahrheit entspricht, bei seinem Angebot nicht zutreffen.

Pro und Contra – Messe

Messen sind zweifelsohne beliebt. Es entsteht häufig der Eindruck, dass Firmen, die nicht präsent sind, auch keine Marktrelevanz haben. In Anbetracht dessen, dass die Punkte der Pro-Seite für den Anzeigenverkauf auch ohne eigene Messepräsenz ausreichend realisierbar sind, kann der generelle Sinn von Messepräsenzen fraglich erscheinen. Für viele Mitarbeiter stellt der Messedienst eine starke physische und psychische Belastung dar. Ständig neue Kunden, schlechtes Essen, schlechte Luft, Messeparties, Kundenessen am Abend, Alkohol usw. Wer die „Außendienstzombies" ab dem zweiten Messetag schon einmal beobachtet hat, der wird zu Recht an deren Leistungsfähigkeit für die verbleibenden Tage Zweifel hegen. Inwieweit dies zu Imageschäden und Auftragsverlusten führt, lässt sich nur schwer sagen. Es sprechen auf jeden Fall zahlreiche Punkte gegen Investitionen in Messen (siehe Tabelle 36).

Tabelle 36: Messe

Pro Messe	Contra Messe
▸ Direkter Kundenkontakt	▸ Hoher finanzieller Aufwand
▸ Direkte Verkaufsmöglichkeit	▸ Hoher logistischer Aufwand
▸ Großes Neukundenpotenzial	▸ Schwierige Erfolgsmessung
▸ Leichter MiBeWe-Vergleich	▸ Hoher Personalaufwand
▸ Jobbörse	▸ Häufig fehlende Zielsetzung
▸ Gute Marktübersicht	▸ Abfertigung von Kunden im Minutentakt
	▸ Gesprächspartner häufig schnell ausgebrannt
	▸ Gerüchteküche Nummer 1
	▸ Meist negativer Fitnesstest für Mitarbeiter
	▸ Häufig keine organisierte Vorbereitung
	▸ Häufig keine organisierte Nachbearbeitung
	▸ Gern genutzt für Wettbewerbsspionage

Für den Anzeigenverkauf sind eigene Messenbesuche hingegen ein Muss. Es gibt für jeden Kundenbereich eine spezielle Messe. Daher sollte die Zielgruppe der potenziellen Anzeigenkunden sehr genau analysiert werden. Wann und wo sind die großen Automobil-, Getränke-, Sport-, Spielwarenmessen usw.? Für jede Messe können beispielsweise auch entsprechende „Handzettel" erstellt werden, die zum einen als direktes Akquisewerkzeug eingesetzt werden und zum anderen als „Guerilla-Marketingtool" (vereinzelt) in den Sozialbereichen (Raucherecken, Kantinen ...) hingelegt werden. Beim Essen und Rauchen hat jeder Zeit, einen Blick darauf zu werfen. So funktioniert Marketing in eigener Sache ohne großen Aufwand.

Pro und Contra – Außenwerbung

Bei der Außenwerbung geht es um mehr als um das Anbringen von Plakaten. 227.000 sogenannte Großflächen buhlen um die Aufmerksamkeit des Publikums. Die neun Quadratmeter, die sich in den letzten 50 Jahren so gut wie nicht verändert haben, sind dabei unterschiedlich beliebt und die Konkurrenz wächst. Die Produkte, die am häufigsten beworben werden, sind: Zigaretten, Bier und Autos. Die Preisstrukturen für die Großflächen lassen sich dabei grob in vier Klassen einteilen: in Orte bis zu einer Million Bewohner und entsprechend in Orte über eine Million Bewohner. Die zweite Unterscheidung ergibt sich anhand des Merkmals beleuchtet oder unbeleuchtet. Aktuelle und vollständige Tabellen findet man im Internet unter: http://pro-media.org.

Die Außenwerbung nimmt in Deutschland einen Marktanteil von ca. 3 Prozent ein, was im internationalen Vergleich eher wenig ist. Die Schweiz kommt in diesem Marktsegment zum Beispiel auf knapp 14 Prozent, Frankreich auf ca. 12 Prozent. Gründe für die geringen Marktanteile sehen die Experten im Fehlen von einheitlichen Standards in Bezug auf Service und Qualität. Aus Sicht des Anzeigenverkaufs ist es wesentlich zu wissen, dass die Großkunden in erster Linie nach Paketen, nach bundesweit flächendeckenden Werbemöglichkeiten suchen. Von den 200 Werbe-Big-Spendern sind über 65 Prozent nicht „plakataktiv". Bezogen auf die Gestaltungsmöglichkeiten der Außenwerbung erscheint es wesentlich, dass es bei diesen Formaten in erster Linie um das „Eyecatching" und um „Story-Value" geht: Außenflächen brauchen Geschichten, die schnell funktionieren.

Großplakate, Citylight und Ganzsäulen (Litfass) sind „Anzeigen ohne redaktionelles Umfeld". Bei der Auswahl der Plakatflächen empfiehlt es sich aus Kundensicht, die zukünftigen Werbeflächen im Vorfeld bereits sehr genau zu definieren. Bei ungenauen Angaben werden auch die Flächen, die den Zigarettenfirmen gehören und die diese in ihrer eigenen werbefreien Zeiten zur Vermarktung freigeben, belegt. Meist in der Nähe von Zigarettenautomaten, versprechen sie nicht immer hohe Frequenzen oder nur bei einer nicht immer passenden Zielgruppe. Bei Plakaten gilt noch stärker als bei den Anzeigen, dass die Botschaft sofort verstanden werden muss. Aufgrund der riesigen Bildfläche wirken Motive dann auch sehr nachhaltig. Oftmals funktionieren sie aber auch nicht.

Tabelle 37: Außenwerbung

Pro Außenwerbung	Contra Außenwerbung
▸ Gigantische Ausmaße	▸ Flüchtige Kontakte
▸ Regionale Aussteuerung	▸ Begrenzte Darstellungsmöglichkeiten
▸ Schneller Reichweitenaufbau in Städten	▸ Begrenzte Zielgruppenansteuerung
▸ Kurzfristig einsetzbar	▸ Geringe Präsenz in kleinen Orten
▸ Starke Visualisierung (Größe)	▸ Flüchtige Kontaktqualität
▸ Regional einsetzbar	▸ Kurze Werbewirkung
▸ Gute Imagebildung	▸ Kaum Responsemöglichkeiten
▸ Alle Zielgruppen erreichbar	▸ Eher Unterstützungsmedium
▸ Gute Transparenz	▸ Nur einfache Botschaften
▸ Punktgenauer Einsatz	▸ Bis 60 Tage Stornofristen
▸ Streufähigkeit	▸ Bei Citylight kein Storno möglich
▸ Gute Positionierbarkeit	▸ Verhältnismäßig geringer Werbedruck
	▸ Hohe Produktionskosten
	▸ Langer Vorlauf

Bei der richtigen Flächenauswahl lässt sich sehr sequenziell werben (z. B. an Stop-and-Go-Straßen in Städten, gegenüber von Haltestellen ...). Die hohen Produktionskosten und die entsprechenden Vorlaufzeiten beeinträchtigen allerdings die Flexibilität. Gute Plakate sind zumeist auch in jeder anderen Werbeform einsetzbar. Auch bei der Außenwerbung setzen der Wunsch nach Interaktion und das technisch Machbare neue Akzente, so zum Beispiel:

▸ Zwei untereinander liegende Bildflächen von 120 qm, die per SMS verschoben werden können.
▸ Lichtreklame, die per Beamer an die Werbeflächen projiziert wird.
▸ Plakate mit zusätzlichen Anbauten (z. B. Netze zu den Spiderman-Plakaten).

Pro und Contra – Point of Sale-Aktionen

Promotionteams in Kaufhäusern sorgen immer wieder für Interesse, da sie einen Eventcharakter vermitteln. Gratisproben und Gewinnspiele sind die häufigsten „Aufhänger" für die sogenannten Produktpromotions, in deren Rahmen auch Werbematerialien am „POS = Point of Sale", also direkt auf der Verkaufsfläche, verteilt werden. Gerade Produktneueinführungen und Produktverbesserungen laden zum „Life-Testen" ein. Aber es sprechen auch einige gewichtige Gründe gegen den Einsatz von Promotionteams am POS.

Tabelle 38: POS-Aktionen

Pro POS-Aktionen	Contra POS-Aktionen
▸ Informativ	▸ Geringe Aufmerksamkeit (Standortfrage)
▸ Ausführlich	▸ Sehr hohe Ausgaben
▸ Direct-Response möglich	▸ Geringe Reichweite
▸ Direkte Antwort auf Kundenfragen	▸ Häufig schlecht geschultes „Personal"
▸ „Einfluss" auf die Kaufentscheidung	
▸ Aktive Abgrenzung vom Mitbewerber	
▸ Hohe Emotionalität	

Insbesondere die hohen Kosten machen die sogenannten „POS-Aktivitäten" zu keiner ernsthaften Anzeigen-Alternative. Bei einer geschickten, zielgruppengerechten Flächenauswahl können sie aber ein sehr effektives Ergänzungsmedium darstellen.

Pro und Contra – Radio

Das Radio gilt rein rechnerisch als eines des wirtschaftlichsten Werbemedien überhaupt. „Früher wurde, in Zeiten, in denen Werbebudgets eingespart wurden, ersatzweise auf den Hörfunk zurückgegriffen. Bei einer moderaten Preisgestaltung, hätte das Radio die Möglichkeit gehabt, andere Medien zu substituieren. Mittlerweile ist das Radio aber einfach zu teuer geworden und kommt nicht einmal mehr als Substitut für TV und Print in Frage", sagt Wolfgang Schuldlos, Geschäftsführer der Agentur More Media, München. Allerdings sind die Tausender-Kontaktpreise (TKP) im Vergleich zu anderen Medien immer noch günstig, was aber auch nicht darüber hinwegtäuschen kann, das viele Punkte gegen Radiowerbung sprechen.

Tabelle 39: Radiowerbung

Pro Radio	Contra Radio
▶ Immer noch günstige Kontaktpreise	▶ Nur einfache Botschaften möglich
▶ Alle Zielgruppen erreichbar	▶ Eingeschränkte Verfügbarkeit (Prime Time)
▶ Regionale Steuerung möglich	▶ Begrenzte Darstellungsmöglichkeiten
▶ Schneller Reichweitenaufbau	▶ Hohe Nebenhernutzung
▶ Hoher Werbedruck	▶ Niedrige Transparenz (Hörerdurchschnitt/h)
▶ Kurzfristige Verankerung	▶ Eingeschränkter Response
▶ Gute Zielgruppenselektion	▶ Keine Visualisierung
▶ Kurzfristige Stornos möglich	▶ Begingt imagebildend
▶ Hohe Sendertreue (kaum Zapping)	▶ 250 Sender nur im Themenkombi planbar
▶ Hohe Aktualität	▶ Substitutionscharakter
▶ National, regional und lokal	▶ „Hölzernes" Outfit (Image, Präsentation...)
▶ Starke, direkte Abverkaufswirkung	▶ Starke Senderangleichung
▶ Zielgruppe: Autofahrer	▶ Rückgang Wortanteil/Informationsqualität

Der Rückgang in der TV- und Tageszeitungsnutzung gibt dem Radio Grund zur Hoffnung auf eine gesicherte Zukunft. Im Vergleich zu den USA, wo der Marktanteil des Radios bei neun Prozent liegt (BRD = fünf Prozent), sind Imagekampagnen hierzulande kein Thema für das Radio. Aus Sicht des Anzeigenverkaufs ist das Radio ebenso ein „Nebenbei-Medium" wie das Fernsehen, womit die Werbewirkung und Werbequalität auch „nebenher" läuft.

Pro und Contra – Sponsoring

„Verpulverte Sport-Millionen!", so der Titel eines Editorials in der Fachzeitschrift w&v. Zwischen 3,3 und 4,0 Milliarden würden deutsche Unternehmen durchschnittlich in Sport-Sponsoring investieren – mit dem Ziel, Marken mit sogenannten Imagefaktoren wie Erfolg, Jugendlichkeit, Dynamik Leistungsstärke oder auch Internationalität „aufzuladen". Doch es ist nicht alles Gold, was gesponsort wird. Bei genauer Betrachtung ergeben sich die folgenden Vor- und Nachteile in Bezug auf die Sponsoringaktivitäten:

Tabelle 40: Sponsoring

Pro Sponsoring	Contra Sponsoring
▶ Starkes Imagebranding	▶ Begrenzte Darstellung
▶ Relativ „exklusiver" Auftritt	▶ Starke Abhängigkeit von äußeren Faktoren
▶ Direkter Kontakt mit Zielgruppe	▶ Größtenteils intransparente Kosten
	▶ Oft eher Hobby/Profilierung als Marketing
	▶ Kaum Erfolgskontrollen möglich

Leider würden, gemäß des obigen Editorials, 52 Prozent der Sponsoren auf die notwendige Hilfe externer Spezialisten verzichten, 30 Prozent würden ohne schriftliche Planung sponsern und 20 Prozent würden sich überhaupt nicht um die Erfolgskontrolle kümmern. Diese Erkenntnisse scheinen die Theorie zu bestätigen, dass Sponsoringaktivitäten größtenteils eher eine „Privatangelegenheit" der Vorstände und Geschäftsführer sind, die somit ihr individuelles Hobby aufwerten und weniger ein bewusst eingesetztes Marketinginstrument. Bei der Fußball EM 2000 wurde der Sponsor am häufigsten von den Besuchern erkannt, der sein Logo auf den Papierkörben vor den Stadien der Stadt platziert hatte. Von der Investition her kein Vergleich mit der Bandenwerbung im Stadion (Motto: Im Kielwasser von Großveranstaltungen segeln). In den Jahren danach wurde seitens der Ausrichter peinlich genau darauf geachtet, dass solche „Guerilla-Maßnahmen" nicht mehr möglich waren. Grundsätzlich lässt sich in Bezug auf Sponsoring noch Folgendes festhalten:

1. Sponsoring wird häufig aus „Reservetöpfen" bedient.
2. Gegen Sponsoring zu argumentieren kann sehr schnell zu emotionalen Diskussionen führen.
3. Sponsoring ergibt nur langfristig und in den richtigen Medien bzw. Umfeldern Sinn.

Pro und Contra – TV

Einer Umfrage des Nachrichtenmagazins Focus zufolge empfinden über 25,59 Millionen Menschen in Deutschland im Alter zwischen 14 und 69 Jahren TV-Werbung als störend. Die ARD-Werbung Sales & Services hat in der Studie „Akzeptanz der Werbung in Deutschland" herausgefunden, dass 83 Prozent (2.013 befragte Personen ab 14 Jahren) TV-Werbung nicht akzeptieren.

Tabelle 41: TV-Werbung-Einstellungen

Einstellung zur TV Werbung	Personen in Prozent
▶ Werbung ist störend	▶ 25,59%
▶ Werbung bietet Überblick	▶ 17,37%
▶ Werbung verführt	▶ 15,61%
▶ Werbung ist Unterhaltung	▶ 13,96%
▶ Werbung schaue ich bewusst	▶ 10,23%

QUELLE: FOCUS MAGAZIN VERLAG. HTTP://WWW.MEDIALINE.DE/DEUTSCH/FORSCHUNG/
COMMUNICATION-NETWORKS.HTML (2009)

Einer Studie der British American Tobacco (BAT) zufolge wird das Fernsehen immer mehr zu einem Nebenbei-Medium. Analysiert wurden die Beschäftigungen, die neben dem Fernsehschauen ausgeübt wurden. Die Plätze 1 bis 3: Telefonieren, Websurfen, Lesen, Hausarbeit.

Tabelle 42: TV-Werbung

Pro TV	Contra TV
▶ Starke visuelle Demonstrations- und Aussagekraft	▶ Hoher Mindestetat, alte Zielgruppe
▶ Perfekter Emotionen- und Imageaufbau	▶ Begrenzte Zielgruppenselektion
▶ Hohe, zeitnahe Reichweite (national und regional)	▶ Begrenzte Verfügbarkeit
▶ Schneller Reichweitenaufbau (kurzfristig buchbar)	▶ Kann nur aufreißen
▶ Sehr kurzfristige Botschaftsverankerung	▶ Eher zufällige Tätigkeit, Zapping
▶ Verknüpfung Marke/Bilderwelt, Werbeblockreichweiten	▶ Umfeld kaum/nicht steuerbar
▶ Möglichkeit zur Erklärung komplexer Sachverhalte	▶ Ca. sechs Wochen Stornofrist

Der Reichweitenaufbau im TV ist unbestritten, aber die Qualität ist mehr als umstritten. Die Qualitätsvorteile liegen ganz klar bei den Anzeigen. Die Zufälligkeit des TV-Spots steht im konkreten Widerspruch zu den hohen Image- und Informationswerten der Anzeige. Die Mischung macht es. Das TV bietet neben den regulären Spots eine ganze Reihe von zusätzlichen Werbemöglichkeiten. Die gebräuchlichsten Werbemöglichkeiten sind:

▶ Bartering – Tausch von Werbezeiten gegen Programm

- Direct Response TV (DRTV) – Spotniveau
- Teleshopping – intensivere Form des DRTV – Einbettung in ein gesamtes Programm
- Infomercials – DRTV-Spots in Form von Informationssendungen oder Dokumentationen
- NEW DRTV – neben dem Verkauf, auch großer Wert auf die Markenverankerung
- Gameshows – Werbung über die zu gewinnenden Preise
- Moderatorenwerbung – Überleitung zum Spot durch den Moderator – eingekleidet von ...
- Narrow Casting – Bezug auf den kommenden Programmpunkt – Tools vor Tool-Time
- Product Placement – Einbindung von Produkten in Shows und Filme
- Sponsoring – Diese Sendung wird Ihnen präsentiert von ...
- Uhrenpatronat – Einblendung der Werbeuhr vor Beginn der Nachrichten
- Videotextwerbung

Der Verkauf sollte die einzelnen Variationen geschickt miteinander verbinden, um dem Kunden eine möglichst wirkungsvolle Kampagne vorstellen, anbieten und verkaufen zu können, zumal TV noch immer einen (zu) hohen Stellenwert auf Agenturseite einnimmt. Gründe dafür gibt es eine ganze Reihe:

- Das Einbuchen von TV-Spots ist weitgehend automatisiert.
- Mit TV-Spots lassen sich leicht und ohne großen Aufwand große Etats verplanen.
- Der Markt der Print-Medien scheint unüberschaubar.
- TV-Spots haben bei den Kreativen einen höheren Stellenwert als Anzeigen.
- Gute Anzeigen zu entwickeln ist schwieriger, da nur Text und Grafik zur Verfügung stehen.

Natürlich haben die Vermarkter von TV-Werbeplätzen ebenfalls zahlreiche Studien und Erhebungen zu ihren Lesern und der Wirkung von TV-Werbung. Aus den Inhalten: Die sogenannten *Selektivseher* sind vergleichbar mit den Lesern von Fachzeitschriften. Dahinter verbergen sich Menschen mit höchstem Interesse an den gebotenen Inhalten. Der Studie „Recency Planing und Selektivseher" von der ARD Sales & Services (AS&S) in Zusammenarbeit mit dem ZDF belegt, dass diese Zielgruppe in Bezug auf TV-Werbung ebenso begehrt wie schwer fassbar ist. Selektivseher sehen im Schnitt knapp eine Stunde am Tag fern. Aufgrund der geringeren Spotkontakte sind im Umkehrschluss die Wirkungschancen dieser konsumstarken Zielgruppe im Vergleich zu den Intensivsehern (zwei Stunden +) deutlich höher. Einen ähnlichen Ansatz verfolgt die Studie „Scanning the Success" des TV-Vermarkters SevenOne Media. Im Fokus der Erhebung stehen die Senderwahl, die Zeitnutzungsschienen und die jeweilige Nutzenintensität der Zuschauer. Selektivseher speichern Werbebotschaften am besten. Auch Wochen nach der Informations- bzw. Reizaufnahme zeigen sie überdurchschnittliche Erinnerungswerte. Aus dem Haus IP Deutschland, einem der beiden großen TV-Vermarkter, kommt das *Media-Kochbuch*. Auf der Basis von 48.000 Interviews wurden die Werbewirkungskriterien für insgesamt sieben Branchen (Waschmittel, Geldinstitute, Pralinen, Kaffee, Riegel, PKW, Versicherungen) ermittelt. Die Zielsetzung besteht in Hinweisen zur Planungsoptimierung hinsichtlich der Kontaktzahl und der besten zeitlichen Verteilung. Auch an dieser Stelle wieder der Hinweis, dass die Auftraggeber dieser Studien alle ein ureigenes Interesse an den präsentierten Ergebnissen haben.

Noch ein Wort zum Stellenwert der Qualität von TV-Spots: Dass nicht jeder Chef ein Promi ist, wissen meistens alle, außer dem Chef. Mit dem Titel: *„Deutschlands schlechtester Werbespot"*, darf sich Wolfgang Grupp, seines Zeichens Trigema-Chef schmücken. Sein handwerklich arg gescholtner Spot, der ihn zusammen mit einem Schimpansen zeigt, hat nur eine einzige Aussage: Trigema produziert nur in Deutschland. Was für die einen plump wirkt, ist für Wolfgang Grupp mehr als Produktwerbung, es ist das Brechen einer Lanze für den Standort Deutschland. Dabei ist der Spot hausgemacht, ohne Eingriffe irgendwelcher Kreativer, eine Bauchentscheidung, wie Grupp immer wieder betont. Ein bisschen Selbstdarstellung ist sicher auch dabei, aber was zählt, ist die Werberesonanz – und die stimmt. Der Erfolg der Trigema-Werbung widerspricht so ziemlich allen Werbetheorien und macht den Chef dann doch zum Promi.

Mediastrategien

Ein möglichst fester Bestandteil des Mediaplans eines Kunden zu werden ist eines der primären Ziele des Anzeigenverkaufs. Zu verstehen, wie Mediapläne entstehen und welche Entscheidungen und Strategien dem Plan zugrunde liegen (bzw- liegen sollten), erleichtert die Zielerreichung. Per Definition ist eine Taktik kurzfristig, also z. B. absatz-/wettbewerbsorientiert, wohingegen eine Strategie ein lang- bzw. mittelfristiges, ein individuelles Instrument ist. Daher setzt jede professionelle Mediastrategie die Beantwortung der folgenden sechs Strategiefragen voraus:

Fragen zur Mediastrategie:

- Wer ist die Zielgruppe?
- Wo soll geworben werden?
- Wann soll geworben werden?
- Wie soll geworben werden (welcher Werbedruck ist zu erzeugen)?
- Zu welchem Preis?
- Und vor allem: Warum?

Aus ersten vier Fragen ergibt sich ein ziemlich klares Bild vom Mittelbedarf, also dem Mediabudget, einem der Dreh- und Angelpunkte im Anzeigenverkauf. Doch nur selten werden die Mediaetats auf der Basis konkreter Zielvorstellungen bestimmt, obwohl gerade gut geplante Zahlen für den Erfolg unerlässlich sind. Die beliebtesten Bestimmungsmethoden auf Kunden- und Agenturseite sind:

Tabelle 43: Mediastrategien

Methode	Bemerkung
X Prozent vom Umsatz-/Gewinn-Methode	Sinkt der Etat bei sinkendem Umsatz?
Werbekosten je Verkaufseinheit	Wie sicher ist die Kalkulation?
Wie-im-Vorjahr-Methode	Keine Preissteigerungen?
Was-übrig-bleibt-Methode	Umsatz – Kosten – Gewinn = Etat?
Wie-die-Konkurrenz-Methode	Spione? Keine eigenen Ziele?
Marktanteil-/Werbeanteil-Methode	Wie genau ist der Werbewert zu bestimmen?
Weiß-kein-Mensch-Methode	Wohl die häufigste Methode

Die mit Abstand beste Methode zur Bestimmung des „richtigen" Werbemedienetats ist die Ziel-Mittel-Methode. Als Ableitung aus dem Kommunikations- und Werbeziel lässt sich so der Mitteleinsatz errechnen, der zur Erreichung der eigenen, individuellen Ziele notwendig ist. Ist dieser Etat nicht realisierbar, sollten auf jeden Fall die Ziele überdacht werden. In der Praxis ist sehr häufig zu beobachten, dass viele Methoden keinen Bezug zu den, wenn überhaupt vorhandenen, definierten Kommunikationszielen haben.

Sollte der Werbekunde einseitig die Wirkung des Werbeträgers in Frage stellen, da er mit Ergebnissen in der Vergangenheit nicht zufrieden ist, kann es hilfreich sein, die Fragen zur Strategie mit ihm zusammen zu erörtern. Unter dem Titel: „Was wie viel gebracht hat" (siehe Tabelle 44) wurden einzelne Werbeträger, die

die Firma Mercedes-Benz für ihre Einführungskampagne der A-Klasse ausgewählt hat, miteinander verglichen. Das Endergebnis ist ein erneuter Beleg für die hohe Relevanz und die Überlegenheit des Werbemediums Anzeige.

Die Aufstellung „A-Klasse-Promotion" macht sich in jeder Präsentation gut, verdeutlicht sie doch sehr anschaulich, wie eng TV und Print in punkto Responsequote beieinander liegen.

Tabelle 44: Medien und Interessenten am Beispiel der A-Klasse

Medium	Erreichte Interessenten
▶ Publikumszeitschriften	▶ 21.425
▶ Tageszeitungen	▶ 4.833
▶ TV	▶ 22.448
▶ Plakat	▶ 4.974
▶ Kino	▶ 55
▶ Cityligth-Poster	▶ 33
▶ Summe klassischer Medien	▶ 55.768
▶ Internet (ohne SWF 3)	▶ 9.018
▶ Fußball Promotion	▶ 11.591
▶ Parkhaus Promotion	▶ 125.207
▶ IKEA-Promotion	▶ 11.158
▶ Mövenpick	▶ 3.763
▶ Weitere Promotions	▶ 10.438
▶ Summe Promotions	▶ 162.157
▶ SWF 3	▶ 5.315
▶ EM-Gewinnspiel	▶ 25.737
▶ MBVS-Mailing	▶ 2.734
▶ Sonstiges Direktmarketing	▶ 2.008
▶ Summe Direktmarketing	▶ 34.742
▶ A-Motion-Tour	▶ 10.124
▶ Sonstiges (AD, Messen)	▶ 137.401
▶ Response Gesamt	▶ 398.192

QUELLE: FACHZEITSCHRIFT WERBEN UND VERKAUFEN, ANALYSE DER A-KLASSE PROMOTION, MÜNCHEN 2005

Werbung für Jugendliche

Es erscheint logisch, dass Werbung für Jugendliche anders sein muss. Dass dies aber gerade dann, wenn Großkonzerne versuchen, ihr Angebot für die Jugend attraktiv zu machen, teilweise merkwürdige Formen annimmt, deutet darauf hin, dass es nicht ganz so einfach ist. Die „Grey Strategic Planing" hat in einer Sonderbeilage der w&v die goldenen Regeln der Jugendwerbung veröffentlicht. Sie lauten:

- Versuche nicht, wie sie zu sein.
- Sei einfach interessant für sie.
- Imitiere keine Trends nachträglich.
- Partizipiere rechtzeitig an ihnen.
- Belehre nicht.
- Biete Spaß und Unterhaltung.
- Nimm dich und deine Marke nicht zu ernst.
- Sei eher cool als souverän.
- Versuche nicht, Unmögliches darzustellen.
- Definiere realistisch deine Rolle.
- Verstelle dich nicht.
- Sei, wer du bist.
- Ziele nicht auf alle Teens.
- Konzentriere dich auf sinnvolle Typen und Szenen.
- Wirke nicht glatt und konform.
- Eher provokant und extrem.

Ein wesentlicher Punkt ist in diesem Zusammenhang, dass Jugendliche auf die verschiedenen Werbeformen sehr unterschiedlich ansprechen. Das Institut für Jugendforschung hat eine Hitliste der Werbeformen für Jugendliche veröffentlicht (siehe Tabelle 45).

Tabelle 45: Beliebte Werbeformen bei Jugendlichen

Werbeform	Positive Nennungen
▶ Plakate an Haltestellen	▶ 73%
▶ Promotion-Aktionen	▶ 72%
▶ Litfasssäulenwerbung	▶ 68%
▶ Großflächenplakate	▶ 66%
▶ Werbung auf Verkehrsmitteln	▶ 66%
▶ Werbung am Point of Sale	▶ 57%
▶ Anzeigen	▶ 55%
▶ Kinowerbung	▶ 52%
▶ Sponsoring	▶ 52%
▶ Gratispostkarten	▶ 49%
▶ Onlinewerbung	▶ 41%

QUELLE: INSTITUT FÜR JUGENDFORSCHUNG (SYNOVATE). HTTP://WWW.SYNOVATE.COM/GERMANY-KIDS&TEENS OMNIBUS (MÜNCHEN 2009)

Wo Licht ist, ist bekanntlich auch Schatten, und so wurden auch gleich die in der Zielgruppe der Jugendlichen unbeliebtesten Werbeformen abgefragt:

Tabelle 46: Unbeliebte Werbeformen bei Jugendlichen

Werbeform	Negative Nennungen
▶ TV-Werbung	▶ 76%
▶ Onlinewerbung	▶ 64%
▶ Radiospots	▶ 64%
▶ Werbebeilagen	▶ 57%
▶ Werbebriefe	▶ 54%

QUELLE: INSTITUT FÜR JUGENDFORSCHUNG (SYNOVATE). HTTP://WWW.SYNOVATE.COM/GERMANY-KIDS&TEENS OMNIBUS (MÜNCHEN 2009)

Der Jugendmarkt ist einer der am heißesten umkämpften Werbemärkte Deutschlands. Zu wissen, worauf es hier im Speziellen ankommt, bedeutet zu verstehen, wie Teile der heutigen Jugend denken. Dieses Wissen lässt sich den Kunden hervorragend verkaufen.

Mediennutzung

Wo, wann, welche Medien genutzt werden, sagt sehr viel über die Wertigkeit der Medien und damit über die Wirkung von Werbung aus. Zeitungen und Zeitschriften unterstreichen hier erneut ihre Dominanz in Bezug auf die Werbequalität. Im Rahmen der „Communication Network Studie" aus dem Hause Burda/Focus, wurde ein direkter Vergleich der Orte der Nutzung von TV und Zeitschriften ermittelt. Erfasst wurde dabei die Gesamtbevölkerung im Alter von 14 bis 69 Jahren.

Tabelle 47: Orte der Mediennutzung

Ort der Nutzung	Zeitschriften	TV
▶ Am Arbeitsplatz	▶ 8,41	▶ 0,78
▶ Verkehrsmittel	▶ 5,75	▶ 0,38
▶ Hausarbeit	▶ 1,31	▶ 5,84
▶ Bei Freuden/Bekannten	▶ 9,60	▶ 10,53
▶ Zu Hause (ungestört)	▶ 38,09	▶ 48,75
▶ Beim Frühstück/Essen	▶ 9,12	▶ 5,57
▶ Auf Reisen	▶ 10,71	▶ 3,64
▶ Im Bad	▶ 2,48	▶ 0,23
▶ Beim Telefonieren	▶ 0,54	▶ 2,57
▶ Im Wartezimmer	▶ 33,25	▶ 0,15
▶ Café/Gaststätte	▶ 4,49	▶ 0,42
▶ Beim Frisör	▶ 25.15	▶ 0,05
▶ Im Bett	▶ 9,72	▶ 7,37
▶ Beim Fernsehen/Zeitschriftenlesen	▶ 6,94	▶ 3,14
▶ Beim Radio hören	▶ 5,77	▶ 0,25

QUELLE: FOCUS MAGAZIN VERLAG. HTTP://WWW.MEDIALINE.DE/DEUTSCH/FORSCHUNG/COMMUNICATION-NETWORKS.HTML (2009)

Die Frage nach dem Zeitpunkt lässt sich ebenfalls sehr eindeutig beantworten. Zu diesem Zweck veröffentlicht die MA (Media Analyse) im Rahmen ihrer jährlichen Ergebnisse den durchschnittlichen repräsentativen Tagesablauf des Deutschen ab 14 Jahren. Diese Ergebnisse belegen, dass Fernsehen ein „typisches" Konsummedium ist, etwas, das häufig nebenbei, also neben anderen Beschäftigungen läuft, wohingegen die Printmedien selten mit anderen Tätigkeiten kombiniert werden. Ein weiterer deutlicher Pluspunkt für die Zeitungen und Zeitschriften ist ihre jederzeitige Verfügbarkeit und die Unabhängigkeit von Ort und Zeit.

Medienselektion und Mediamix

Die Vielzahl der heutigen Medien macht eine Planung zur Auswahl der optimalen Werbeträger unabdingbar. Die Mediaplanung ist somit ein wesentlicher Bestandteil der gesamten Marketingstrategie. Das Ziel der Medienselektion besteht im Grunde darin, für einen zur Verfügung stehenden Etat, in einem bestimmten Zeitraum den möglichst wirtschaftlichsten Medieneinsatz zu finden. In der Regel wird in diesem Fall jedem zu bewerbenden Produkt eine gewisse Umsatzerwartung zugeschrieben. Dieser geplante Produktumsatz ist dann die Basis für einen entsprechenden Prozentsatz, der den Marketingetat definiert. Die Medienselektion ist Bestandteil der Mediaplanung und das Ergebnis des Abgleichs und Zusammenführens der folgenden Punkte:

- Budget
- Zielgruppe und Werbeziel
- Werbezeitraum und Werberegion
- Gesamtmedienportfolio
- Werbebotschaft
- Kosten-Nutzen-Verhältnis

Im Falle eines durch den Kunden vorgegebenen Etats werden die möglichen Medien in zweierlei Hinsicht selektiert. Beide Punkte führen zur sogenannten Medien-Wirtschaftlichkeit, die wiederum den Mediaplan (mit-) begründet.

- *Selektionskriterium 1: Kosten*
  Basis für diese Form der Selektion sind die jeweiligen Preislisten, abzüglich der möglichen (verhandelbaren) Rabatte, woraus sich dann die sogenannten Nettokosten ergeben.
- *Selektionskriterium 2: Wirkung*
  Basis für diese Form der Selektion sind die jeweils zur Verfügung stehenden Verlagsinformationen (-angaben) und die Ergebnisse der allgemeinen Marktmediaanalysen, die die Zielgruppe definieren (beschreiben) und die Medienbewertung ermöglichen. Hieraus werden die Reichweiten bestimmt und nach Möglichkeit optimiert.

Die Funktionsweise der Mediaplanung zu kennen heißt, Mediaplaner (noch besser) verstehen zu könen. So lassen sich Verlagsangebote zielsicher und bedarfsgerecht erstellen.

Die IMC (Integrated Marketing Communications) stellt eine universell anwendbare Theorie zur Erstellung einer Mediamix-Kampagne dar. Eines der wesentlichen Ergebnisse der IMC-Fallstudie (www.vdz.de) war die Erhöhung des Marktanteils um 28 Prozent beim Einsatz einer Mediamix-Strategie im direkten Vergleich mit einer „Single-TV-Kampagne". Der Mix bewirkte so eine deutliche Steigerung des ROAI (Return Of Advertising Investment). Die Begründung für eine Steigerung des ROAI liegt im wesentlich besseren „Targeting der Kampagne": Im Mix lassen sich Reichweite und Kontakthäufigkeit wesentlich besser ausbalancieren. Dies hat seine Ursache in der sehr unterschiedlichen Mediennutzung der jeweiligen Zielgruppen. Die mit dem Mediamix in Verbindung gebrachten Synergieeffekte sind eines der IMC-Kernelemente. Die Mediamix-Kampagnen stellen gerade für die Agenturen einen deutlich höheren Aufwand dar, was ihre Beliebtheit dort nicht immer steigert. Hier hilft es, wenn der Anzeigenverkauf in der Lage ist, die Rentabilitätgesichtspunkte herauszuarbeiten und mit den Agenturen zu besprechen. Ob letztendlich ein oder mehrere Medien von den Kunden, respektive ihren Agenturen „erwählt" werden, hängt von den Antworten auf zwei entscheidende Fragen ab:

1. Wie groß ist der Anteil derjenigen, die am Produkt interessiert sind, und wie groß ist der Anteil der Nichtinteressierten?
2. Ist das Werbeziel primär auf Aufmerksamkeit oder auf Überzeugung ausgerichtet?

Die Abstimmung dieser beiden Definitionen ist die Hauptaufgabe eines sinnvollen Mediamixes. In der Regel ist kein Produkt nur „high interest" oder nur „low interest". Meist hält sich der Anteil der Interessierten und der der Nichtinteressierten die Waage und somit hat die Werbung sowohl Aufmerksamkeits- als auch Überzeugungsarbeit zu leisten. Die Ansprache der Zielgruppe über nur einen Kanal (z. B. nur über Print oder nur über TV) bezeichnet man als monomediale Zielgruppenansprache. Die Kombination von Ansprachekanälen wird als multimedial bezeichnet.

Einer Studie eines großen deutschen Verlagshauses zufolge ergibt sich die bei weitem größte Abdeckung einer Zielgruppe über den Anspruchskanal oder Kontaktweg der Anzeige. Der ergänzend erreichbare Teil der TV-Exklusiv-Zielgruppe rechtfertigt nur selten die dafür notwendigen Mittel. Demnach gilt:

▶ Mix-Kontakte verbessern den Lerneffekt.
▶ Mix-Kontakte verstärken die Aufmerksamkeit.
▶ Mix-Kontakte schaffen den Glaubwürdigkeitstransfer.

- Mix-Kontakte bieten ergänzende Informationen.
- Mix-Kontakte fördern die prägnantere Positionierung.
- Mix-Kontakte geben Handlungsanstöße.

Abschießend lässt sich feststellen, dass Anzeigen häufig der wesentliche Bestandteil einer jeden Mediamix-Strategie sind und wohl das mit Abstand beste Medium zur monomedialen Ansprache der Zielgruppe. Die Theorie besagt, das Multi-Channel-Kampagnen (Werbekampagnen über mehrere Werbemedien, beispielsweise TV und Print), den sogenannten Mono-Kampagnen (z. B. nur Print) überlegen sind. Die Fachzeitschrift Media & Marketing veröffentlichte die Ergebnisse einer Crossmedia-Studie. Zielgruppe waren die Biertrinker im Alter zwischen 20 bis 49 Jahre, die mindestens ein- bis zweimal die Woche Bier trinken. Das Potenzial in der bundesdeutschen Bevölkerung liegt bei 15,2 Prozent = 9,73 Millionen, ausgewertet wurden vom VDZ 4.740 Fälle.

Tabelle 48: Mono- und Mix-Kontakte

Werbemittel Kontaktklasse	Mono TV Reichweite in %	Mono Print Reichweite in %	Mix 50:50 Reichweite in %
1. Kontakt	8,1	15,9	19,2
2. Kontakt	7,8	14,0	17,8
3. Kontakt	6,7	11,9	14,1
4. Kontakt	5,6	9,8	10,5
5. Kontakt	4,7	7,1	7,2
6. Kontakt	3,9	5,3	4,7
7. Kontakt	3,1	3,8	3,0
8. Kontakt	2,4	2,7	1,9
9. Kontakt	1,9	1,8	1,2
10 Kontakt	1,5	1,2	0,9

QUELLE: MEDIE & MARKETING, CROSSMEDIASTUDIE BIER, HAMBURG 2008

Auf Basis dieser Daten lässt sich sehr deutlich ableiten, dass Anzeigen die wesentliche Säule eines jeden Mediaplans sein sollten. Im direkten Vergleich zur Mono-TV-Kampagne liegt Print in acht von zehn Fällen vorne. Die Zugewinne im 50:50-Mix sind, mit Ausnahme der Kontaktstufe 3, nicht signifikant. Anzeigen sind ein häufig unterschätztes Werbemedium. Diese Studienergebnisse lassen sich sehr schön in Präsentationen für Neukunden einbinden, besonders natürlich für Anzeigenkunden aus dem Bier-/Getränkemarkt.

Mediadaten

Mediadaten sind eines der wichtigsten Kommunikationsmittel jedes Verlages. Oft als reine Preislisten abgewertet, sind sie häufig das Kontaktmittel, das die Kunden nutzen, um sich einen ersten Eindruck vom Verlag zu machen. Der VDZ hat vor einigen Jahren eine Empfehlung ausgesprochen, dem digitalen Trend zu folgen und Mediadaten primär als PDF zur Verfügung zu stellen. Die gedruckten Versionen soll es dann nur noch auf ausdrücklichen Wunsch geben. In meiner Funktion als Anzeigenleiter habe ich so ziemlich jede Variante durchgespielt: angefangen bei Mediadaten in ihrer ursprünglichen Form, also reine Bleiwüsten, bis hin zu aufwendigsten Mediadatenordnern, die in gestalterischer Hinsicht keine Wünsche offen ließen. Die aktuellste Version ist eine Mischung aus den beiden Extremen: übersichtlich, vollständig und nicht zu verspielt. Der Anwender, sprich der Kunde, ist das Maß der Überlegung. Die rechtlichen Aspekte werden später erörtert. Mediadaten werden in allererster Linie von Mediaplanern in Agenturen und Marketingleitern in Firmen genutzt. Daher empfiehlt es sich, die üblichen Gepflogenheiten zu beachten. Die Erfordernisse richten sich nach den Kundenbedürfnissen. Am wichtigsten sind dabei: Vollständigkeit (Konditionen, Termine, AGBs ...), Übersichtlichkeit, das „richtige" Format (DIN A5, da immer noch in Karteikästen gesammelt wird) und ein logischer Aufbau. Um effektiv mit den Mediadaten arbeiten zu können, sollten die folgenden Inhalte unbedingt berücksichtigt werden:

- Kurzprofile zum Titel und zum Verlag
- Formate, Termine
- Preise, Konditionen und Rabatte
- Kombinationsmöglichkeiten und Sonderwerbeformen
- Technische Spezifikationen
- Allgemeine Geschäftsbedingungen, sämtliche Adressen, Ansprechpartner
- Onlineversion (Daten als Excel-Dateien)

Sollten einzelnen Informationen separat erhältlich sein (meist Kombinationsbelegungen und Sonderwerbeformen), so darf dieser Hinweis in den Basisdaten nicht fehlen. Weitere Einzelheiten sowie Mustermediadaten hält auch der VDZ auf seiner Onlineseite (www.vdz.de) bereit. Der Anzeigenverkäufer ist es, der täglich mit den Mediadaten arbeitet. Er sollte wesentlich auf deren Inhalte einwirken können. Nur so kann er ein logisches Verkaufskonzept entwickeln, bei dem die Mediadaten ein strategischer Baustein sind.

Nahezu alle Mediadaten weisen zwei Rabattformen aus: die Abrechnung nach der Gesamtfläche (Mengenstaffel) der geschalteten Anzeigen oder nach der Häufigkeit der Schaltung (Malstaffel). Bei der Mengenstaffel werden zuerst alle Anzeigenformate zusammengezählt. Das Ergebnis in ganzen Seiten ist dann die Basis für eine hinterlegte Rabattstaffel. Die Grundlage für die Gewährung von Rabatten bei der Abrechnung gemäß einer Malstaffel ist die Häufigkeit der Schaltungen (3x, 6x ...). Das Format ist dabei nicht entscheidend. In der Regel ist die Rabattierung nach Malstaffeln geringer als bei der Mengenstaffel. In der Anwendung der beiden Rabattmodelle sollte der Anzeigenverkauf geschult und souverän sein. Es gehört mittlerweile zum guten Ton, neben den gedruckten Mediadaten, diese auch über die Verlagshomepage im Internet zur Verfügung zu stellen (Ansichtsversion und PDF-Download). Doch sollte man sich nicht von den Möglichkeiten, die die Technik heute bietet, blenden lassen. Nicht jeder verfügt über die neueste Hardware oder hat die nötigen Programme/Updates installiert, um opulente Gestaltungsorgien über sich ergehen lassen zu können. Vom Wollen mal ganz abgesehen. Die Onlinemediadaten sollten sich nicht vom Aufbau der gedruckten Mediadaten unterscheiden. Es gilt auch hier, alle wesentlichen Informationen ohne Schnörkel zu benennen. Häufig wird über das Internet eine anonyme Markterhebung/-recherche seitens der Mediaplaner gemacht. Statt im Bahnhofsbuchhandel oder im Mediadaten-Verzeichnis nach geeigneten Titeln Ausschau zu halten, bedient man sich des Internets. Wer hier nicht präsent ist, verschenkt die Möglichkeit, schnell gefunden zu werden. Folgendes ist zu beachten:

▶ Auf der Homepage des Verlags muss der Button/Hinweis Mediadaten sofort zu sehen sein.
▶ Die Seiten müssen sehr schnell aufgebaut sein. Hier ist nicht der Platz für Animationen.
▶ Eine saubere, einfach zu verstehende Navigation ist zwingend.
▶ Alle Daten sollten als Exceldatei, Word-Dokument oder besser als PDF zum Download zur Verfügung stehen.
▶ Die Verlagshomepage muss auf den gängigen Suchmaschinen unter den wichtigsten Begriffen gelistet sein. Es müssen Kommunikationsmöglichkeiten angeboten werden (Angebote und Serviceleistungen per E-Mail).

Heutzutage sollten E-Mail-Anfragen binnen eines Tages beantwortet werden. Besser noch am gleichen Tag (Same-Day-Response). Für den Anzeigenverkauf sind die Onlinemediadaten ebenso wichtig wie die gedruckte Version. Allerdings bergen die elektronischen Daten eine große Gefahr: die Anonymität. Während die gedruckten Daten unter Angabe der Adresse angefordert werden, kommt und geht der Online-User völlig unbemerkt. So gibt es kein Nachfassen, Erklären, Verkaufen. Denn die Einzigartigkeit des Angebots lässt sich über das Internet nicht verkaufen. Daher ist zwingend darauf zu achten, dass der Onlinebesucher ein Interesse daran hat, mit dem Verkäufer in Kontakt zu treten. Zum Bespiel durch das Angebot von besonderen Fachartikeln zum Markt oder Studienergebnissen.

Zielgruppenaffinität

Die Affinität eines Mediums ist ein wesentlicher Faktor im Hinblick auf dessen Beurteilung (Bewertung). Dass die Leser eines Magazins oder einer Zeitschrift mit der gesuchten Zielgruppe des Werbekunden identisch sein soll, ergibt sich von alleine. Wie aber lassen sich die Schattierungen dazwischen bestimmen? Gemeinhin versteht man unter der Affinität in der Werbung den Anteil in der Zielgruppe, der von einem Medium direkt angesprochen wird. Zur Bestimmung der Affinität bzw. des Affinitätswerts gibt es eine einfache mathematische Formel:

$$\text{Affinitätswert (in \%)} = \frac{\text{Zielgruppe}}{\text{Nutzerschaft}} \times 100$$

Konsequenterweise besteht ein direkter Zusammenhang zwischen dem Affinitätswert und den Streuverlusten in der Werbung: Je höher der Affinitätswert, desto geringer sind die zu erwartenden Streuverluste. Die Affinitätsgrad der eigenen Zielgruppe zu kennen gehört zum Basiswissen des Anzeigenverkäufers. Die genaue Affinitätsbestimmung erleichtert dem Kunden die Entscheidung für einen Titel. Dem Verkauf zeigt eine Affinitätsanalyse zusätzliche Potenziale auf, die über die Kernzielgruppe hinausgehen.

Mediarelevante Informationsquellen und Analysen

Für den Anzeigenverkauf gibt es eine ganze Reihe von Studien, die auf der reinen Zahlenseite die Argumente untermauern können. Natürlich werden dieses Daten auch schnell zum Bumerang, nämlich genau dann, wenn es Wettbewerber gibt, die mit „vermeintlich" besseren Werten operieren können. Gerade bei Agenturgesprächen kommen immer wieder die Zahlen der maßgeblichen Studien des deutschen Medienmarkts zur Sprache. Die einzelnen Studien zu kennen, sie differenzieren und gegebenenfalls auch relativieren zu können, ist ein wesentlicher Faktor in der Arbeit des Anzeigenverkaufs. Die Zahl der Studien scheint unüberschaubar. Welche Studien zur Werbewirkung und zum Werbemarkt sind empfehlens- und lesenswert?

Wie kommt es, dass anscheinend jede Aussage in Bezug auf die Werbung durch eine „wissenschaftliche Theorie" oder Studie belegt werden kann? Wer anfängt, im Internet zu recherchieren und sich mit dem Thema Werbung und Werbewirkung zu beschäftigen, wird erstaunt sein über die unglaubliche Vielzahl an Studien, Thesen und Theorien zu diesen Themen. Über 3.900 Studien zum Thema Werbung können derzeit weltweit recherchiert werden. Es gehört zum Selbstverständnis und auch zur Aufgabe der Berufs- und Interessensverbände (VDZ, GWA ...) Studien in Auftrag zu geben oder selber zu initiieren, die die Leistungen der Mitglieder in ein positives Licht rücken oder auch ganz klar dazu beitragen sollen, offensichtliche Missverständnisse aufzuklären. Die Ergebnisse solcher Studien bestätigen natürlich die zuvor gewünschten Ansichten. Wenn es gewollt ist, dass linksseitige Anzeigen gleichbedeutend mit den rechtsseitigen erscheinen sollen, dann wird es schon zu beweisen sein. Es gibt sicherlich keine absolute Wahrheit. Professor Rehbinder hat im Rahmen eines MBA-Workshops an der GSBA in Zürich gesagt, das sich die Daseinsberechtigung von Professoren gerade daraus ergibt, prinzipiell immer anderer Meinung zu sein als derjenige, der sich zuletzt mit dem Thema beschäftigt hat, und dies natürlich auch zu begründen. Nur so sei Fortschritt zu erzielen. Nur so kommt es natürlich auch zu einer entsprechenden Vielzahl an Theorien und Studien. Die Kunst besteht darin, das für den Anzeigenverkauf „Schlüssigste" herauszufiltern. Zu allen Themen und Studien lässt sich mindestens immer eine genau anders lautende Studie finden „Glauben Sie, was Sie wollen!", war die Überschrift eines Artikels zur Werbeforschung in einer großen amerikanischen Verkäufer-Zeitschrift. Das hat nichts mit Gleichgültigkeit zu tun. Man sollte das glauben, was für das eigene Verständnis von Werbung am ehesten zutrifft. Es gibt nie nur eine Wahrheit.

Logische Differenzen in den einzelnen Studien begründen sich in den jeweils unterschiedlichen Erhebungsverfahren. Während die MA traditionell nach dem Zufalls-Stichprobenverfahren ermittelt, bevorzugt die AWA das Quotenverfahren. Zuverlässiger ist das Zufalls-Stichprobenverfahren, da es weniger den Gelegenheitsleser berücksichtigt und sich somit stärker auf die regelmäßigen Leser konzentriert. Flexibler ist das Quotenverfahren, da es wesentlich besser Zielgruppensegmentierungen zulässt. Somit haben beide Verfahren ihre Berechtigung bzw. ihre Vorteile. In Agentur- und Fachkreisen wird im Zweifel für die MA entschieden. „Die MA ist die die Bibel der Branche, die harte Währung", sagte Gerald Banze, Geschäftsführer der Agentur Media Insight in einem Interview in der w&v. Zwischen den Studien gab, gibt und wird es aufgrund der differenten Ansprüche und Anforderungen immer unterschiedliche Ergebnisse geben. Die Studienergebnisse erklären zu können und auf die differenten Erhebungsverfahren einzugehen, macht den Anzeigenprofi aus.

Alle Zielgruppen generieren sich aus einer Gesamtmenge, der Bevölkerung der Bundesrepublik Deutschland. Was ist Soziodemografie und wie sieht es damit in Deutschland aus? Die Beschreibung von Zielgruppen erfolgt in der Regel nach sozialen und wirtschaftlichen Gesichtspunkten. Dazu zählen Geschlecht, Alter, Einkommen, Familienstand, Haushaltsgröße usw. Diese Merkmale werden als soziodemografisch bezeichnet. Die Eckdaten für die BRD lauten:

- 356.202 Quadratkilometer Fläche
- 82 Millionen Einwohner (40 Millionen männlich, 42 Millionen weiblich), davon 64,08 Millionen ab 14 Jahren
- 37,7 Millionen Privathaushalte
- 34,7 Millionen gemeldete TV-Geräte
- 42,4 Millionen gemeldete Radios

Es gilt nun, die Teilzielgruppen zu finden und im Gesamtzusammenhang beschreiben zu können.

AC Nielsen

Mit AC Nielsen lassen sich Werbeaufwendungen regional aufschlüsseln und der Werbeerfolg ebenfalls regional bestimmen. Die kleinste Einheit sind dabei politische Kreise unter Berücksichtigung der Ländergrenzen. AC Nielsen ist zudem Deutschlands zweitgrößtes Forschungspanel zur TV-Nutzung. 4.500 Haushalte werden mittels des sogenannten Homescan Single Source Panels in Hinsicht auf ihren TV-Konsum erfasst. Das verwendete Messgerät ist der Eurometer, welcher auch mit digitalen Settopboxen von Sky/Nokia und GET kompatibel ist. Dabei werden die Zuschauer ab sechs Jahren erfasst.

Bei der AC Nielsen Werbeforschung werten 130 Mitarbeiter bis zu 500.000 Anzeigenmotive aus und verwalten über elf Millionen Datensätze im Jahr. Ursprünglich benannt nach ihrem Gründer, Arthur Charles Nielsen, der in den Zwanzigerjahren in Chicago eine neue Methode entwickelte, reale Absatzdaten zu ermitteln, können heute sekundengenau Informationen zu TV- und Radiospotausstrahlungen über AC Nielsen bezogen werden. Ebenfalls sehr hilfreich für den Anzeigenverkauf ist das monatlich erstellte „Werbeklima Deutschland", welches das Gesamtvolumen der Werbeaufwendungen für die einzelnen Medien darstellt. Seit 1988 hält die AC Nielsen Werbeforschung in Hamburg zudem ein umfängliches TV- und Funkspotarchiv bereit. Gegen eine entsprechende Gebühr lässt sich hier die eigene Idee auf ihre Originalität hin überprüfen.

ACTA

Computer und Telekommunikation sind nach wie vor Wachstumsmärkte. Welche Präferenzen setzt die ACTA und welche Schlüsse lassen sich daraus für den Anzeigenverkauf ziehen? Basierend auf den soziodemografischen Daten der AWA beschäftigt sich die ACTA mit Fragen zur technologischen Ausstattung, dem Kaufverhalten und den Kaufwünschen der Bundesbürger. Erstellt und veröffentlicht wird die Analyse jährlich vom Institut für Demoskopie Allensbach. Dabei werden – aus der Grundgesamtheit der Bundesbürger ab 14 Jahren – über 10.000 Fälle im Rahmen von persönlichen, also mündlichen Interviews ausgewertet. Die kostenpflichtigen Studienbände sind unter der E-Mail-Adresse: acta@ifd-allensbach.de zu beziehen. Wie viele andere Studien auch, so versucht auch die ACTA, eine Art von Trendbarometer zu sein. Sie bildet zum einen Entwicklungen auf dem Computer und IT-Markt gemäß dem aktuellen Stand ab, und zum anderen leitet sie daraus Tendenzen für die Zukunft ab. Dazu werden auch die folgenden Aspekte untersucht und hinterfragt:

- Besitz
- Anschaffungspläne
- Nutzung
- Veränderungen von Einstellungen und Gewohnheiten

Bezüglich der Mediennutzung liegt das Hauptaugenmerk der ACTA auf Magazinen, Tageszeitungen, TV und Online. Als Pendant zur LAE gibt es neben der ACTA die ACTA First Class, die 3.500 Fälle aus einer nochmals selektierten „Premium-Zielgruppe" von insgesamt 6,3 Millionen Bundesbürgern auswertet (Besserverdiener). Die Inhalte der ACTA zu kennen ist gerade für diejenigen interessant, deren Titel eine hohe Affinität zu den Bereichen Technik und Telekommunikation aufweisen. Aus der ACTA lassen sich zudem hervorragend Trends ablesen und spezialisierte Inhalte für eigenen Präsentationen generieren, die weit über die „üblichen" Studieninhalte hinausgehen.

Allensbacher Werbeträgeranalyse

Die Allensbacher Werbeträgeranalyse (AWA) ist eine der wesentlichen Marktstudien mit verfügbaren Aussagen zu fast allen Werbemedien, wobei der Schwerpunkt auf dem Print liegt. Das durchführende Unternehmen ist das Institut für Demoskopie (IFD) Allensbach, welches den Fokus auf die folgenden Fragestellungen legt:

- Welche Reichweiten haben die teilnehmenden Medien?
- Wie ist die demografische Struktur in Deutschland (Leser/Nichtleser)?
- Wie lassen sich die Nutzer der Medien beschreiben?
- Welche Erkenntnisse gibt es über Märkte, Teilmärkte, Zielgruppen und das Kaufverhalten?

Die Grundgesamtheit beträgt über 63 Millionen Bundesbürger im Alter ab 14 Jahren. Davon werden über 20.000 in Form von sogenannten Face-to-Face-Befragungen analysiert. Im Vordergrund steht die Einstellung der Befragten zu 16 Produktgruppen (keine Marken) sowie den Freizeitaktivitäten. Was die AWA in Abgrenzung zu anderen Studien auszeichnet, ist die Beschreibung der Rahmenbedingungen, die zum Verbrauch oder zur Nutzung eines Produkts führen. Als USP beansprucht die AWA die sogenannte Single-Source-Befragung: Die Antworten zu allen Fragen kommen von jeweils einer Person. Die Erhebung erfolgt dabei in drei Wellen zu je sechs Monaten. Titel, die die Teilnahmekriterien erfüllen, können davon ausgehen, das eine Mitgliedschaften auch ein Plus an Markenartikelanzeigen bedeutet, da diese zum Teil nur aufgrund der Zugehörigkeit zu AWA von den Mediaagenturen „zugeteilt" werden. Auch wenn der eigene Titel nicht an der AWA teilnimmt, empfiehlt es sich für den Anzeigenverkauf, die grundsätzlichen Ergebnisse zu kennen. Zum Teil ergeben sich auf diesem Weg auch hervorragende Inhalte für Präsentationen. Die Daten findet man auf den Webseiten der großen Publikumsmagazine (siehe Kapitel „Werkzeugkasten" sowie Onlineadressen am Ende des Buches).

IVW

Eine der Grundlagen einer seriösen Arbeit im Anzeigenverkauf ist die Mitgliedschaft des Werbeträgers in der IVW, der Informationsgemeinschaft zur Feststellung der Verbreitung von Werbeträgern e.V. Die IVW ist medienunabhängig und neutral. Ihre Aufgabe besteht in der Kontrolle der Auflagenmeldungen der Druckmedien, der Kino-Besucherzahlen sowie die der ordnungsgemäßen Ausstrahlung von TV- und Radiospots.

Grundsätzlich werden die IVW-Auflagen quartalsweise veröffentlicht. In einigen Fällen gibt es auch ausgabenbezogene Meldungen, da die Verlage ihren Werbekunden auch ausgabenbezogene Abrechnungen anbieten, was unter Umständen ein Wettbewerbsvorteil sein kann. Die in der IVW-Statistik gemeldeten Auflagenzahlen sind die „harte" Währung in der ansonsten weichen Angebotsform der Anzeige. Auch im Vergleich mit den Reichweiten-Analysen liefert die IVW fairere, aktuellere und validere Daten. Dennoch sind die Mechanismen der IVW unter den Verlagen nicht unumstritten, und es gibt sicherlich Freiheiten am Rande der Legalität und auch knapp darüber, wenn es darum geht, Zahlen zu schönen oder zu frisieren. Da aber alle Beteiligten mit den gleichen Mitteln arbeiten und nach den gleichen Regularien geprüft werden, sollte sich unter dem Strich immer ein relativ genaues Abbild der Wirklichkeit zeigen. Zumal Werbekunden eher skeptisch reagieren, wenn man sie auf Unregelmäßigkeiten beim Mitbewerb hinweist.

Ganz anders sieht es aus, wenn der Mitbewerber einmal wirklich der Manipulation überführt worden ist. Also dann, wenn in den offiziellen Bänden der IVW die Korrektur der Zahlen dokumentiert worden ist. Mit so einer Meldung lassen sich auf lange Zeit sämtliche Angaben des Wettbewerbers in Zweifel ziehen. Stutzig darf man vor allem in den Fällen werden, wo sogenannte „magische" Grenzen fallen. Meldungen wie zum Beispiel die Zahl „300.789" haben wohl eher zum Ziel, die Drei zu melden, als ein ehrliches Abbild der wirklich verkauften/verbreiteten Auflage abzugeben. Nicht immer ist die absolut beste Verkaufszahl oder der günstigste Tausender-Kontaktpreis entscheidend für den Anzeigenauftrag. Der Wert, den der Kunde der Zielgruppe beimisst und das Verhältnis zum Verkäufer dominieren jede Entscheidung, auch wenn es häufig anders dargestellt wird. Die Zahlen begründen dann häufig die subjektiv getroffenen Entscheidungen.

Kids Verbraucheranalyse

Die KVA ist eine Kooperation des Bastei Verlags, der Verlagsgruppe Bauer und des Axel Springer Verlags. Darüber hinaus beteiligen sich eine Reihe weiterer Verlage an dieser speziell auf Kinder und Jugendliche im Alter von sechs bis 17 Jahren ausgerichteten Umfrage. In der BRD gibt es eine rechnerische Zielgruppe in Höhe von über elf Millionen. Die ausgewertete Fallzahl der jährlich durchgeführten Befragung beträgt rund 3.000. Besonders Augenmerk richtet die KVA auf die folgenden, primär für potenzielle Kunden aus dem Markenartikelbereich interessanten Punkte:

Einstellung und Bewertung von 20 Produktbereichen und rund 450 Einzelprodukten

- ▶ Freizeitaktivitäten
- ▶ Ausgabe- und Sparverhalten
- ▶ Einkaufsstätten
- ▶ Bedarfs und Wunschanalyse

Eine Besonderheit des Kinder- und Jugendmarkts fällt bei den Ergebnissen immer wieder besonders auf: Im Alter von sechs bis 17 Jahren werden Marken gemacht und zerstört. Firmen, die es schaffen, punktgenau ihr Unternehmen bereits in diesen Jahren erfolgreich zu positionieren, gewinnen treue Kunden für die Zukunft (Sparkassen-Spartage, Adidas-Streetsoccer ...). Die KVA ist die einzige ernst zu nehmende und für Agenturen relevante Markt-Medien-Studie über den Markt der Kinder- und Jugendlichen. Die Daten runden das Wissen des Anzeigenverkäufers über den Gesamtmarkt der Leser ab, unabhängig davon, ob der eigene Titel für dieses Marktsegment konzipiert wurde. Kinder sind immer ein Thema, womit sich die KVA im Zweifel auch hervorragend für den Small Talk eignet.

LAC

Der Fokus der LAC liegt auf der Mediennutzung von Magazinen mit den Themenschwerpunkten Computer und Telekommunikation. Die potenzielle Gesamtzielgruppe für die alle zwei Jahre erscheinende LAC beläuft sich auf zwölf Millionen Bundesbürger. Die aktuellen Auswertungen und den kostenpflichtigen Berichtsband sowie weitere Informationen erhält man unter der E-Mail-Adresse: info@lac.de. Die LAC untersucht dabei im Einzelnen den Besitz und die Anschaffungsabsicht von DV-Produkten im beruflichen und privaten Umfeld in den Kernzielgruppen des Computermarkts sowie deren Leseverhalten in Bezug auf Computertitel. Die LAE ist eine vergleichende Leseranalyse für Werbetreibende mit einem Hauptaugenmerk auf Selbstständige (> 6 Mitarbeiter), Beamte ab Besoldungsstufe A14 und Entscheidern im Management mit einem Einkommen über 2.250 Euro. Die Grundgesamtheit in der Bundesrepublik beträgt in dieser Gruppe rund 2,145 Millionen Menschen. Die Stichprobe der LAC umfasst ca. 10.000 Fälle.

Die Leistungsträgeranalyse Entscheider LAE ist eine Kooperationsstudie von sechs Marktforschungsinstituten (IFAK, GfK, MMA, Inra, Czaia und Infratest Burke) im Auftrag von 19 Verlagen, 23 Zeitungen und Zeitschriften und dem Gesamtverband Werbeagenturen (GWA). Im Fokus der LAE stehen Konsumverhalten und Mediennutzung von Entscheidern. Meinungsmacher spielen auch und gerade in der Werbung eine entscheidende Rolle. Ihre Einstellungen und Werte sind Leitlinien für eine Vielzahl von „Nachahmern". Daher leitet sich auch der Begriff Multiplikatoreneffekt ab. Zu wissen, wie diese Meinungselite tickt, ist nicht nur für Magazine, die sich direkt an diese Leserzielgruppe richten, entscheidend.

Mediaanalyse Pressemedien

Alle zwei Jahre erscheint die MA – die Mediaanalyse in der Arbeitsgemeinschaft Media-Analyse e.V. (AG.MA). Die MA ist von der Fallzahl (ca. 26.000 ausgewertete Fragebögen) Deutschlands größte Mediaanalyse. Aufgrund ihrer zweijährigen Erscheinungsweise ist sie aber etwas „träger" als zum Beispiel die AWA. An der MA sind sieben Institute beteiligt: die GfK, IFAK, Infratest, INRA, IPOSO, Marplan und Medien-Markt-Analysen. Die wichtigsten Fakten zur MA im Überblick:

▶ MA – Die Medien: Die MA rekrutiert ihre Mitglieder aus den Bereichen Zeitschriften, Beilagen, Stadtmagazine, Zeitschriftenzirkel, Tageszeitungen, Radio, Kino und TV.

▶ MA – Befragung: Die Befragung der MA geschieht in nach dem sogenannten ADM-Zufallsprinzip. Dazu werden ca. 26.000 der „Face-to-Face-Fragebögen" ausgewertet, wobei sich die Fallzahl über das sogenannte Quotenauswahlverfahren erhöht.

▶ MA – USP: Die MA beschäftigt sich vor allem mit den folgenden Fragestellungen: Einstellungen zu Verbrauchsgütern des täglichen Bedarfs, der Lebenssituation (Haushaltsausstattung ...), den Freizeitaktivitäten und dem Einkaufsverhalten.

▶ MA – Radio: Ergänzend zur MA – Press Media, gibt es für den Bereich Radio und TV eine gesonderte MA, die MA Radio. Hierbei handelt es sich um eine tiefergehende Sonderauswertung der MA.

Wie bei der AWA, so gilt auch bei der MA – Press Media: Dabei sein bedeutet auch, Anzeigen zugeteilt zu bekommen. Es ist in jedem Einzelfall zu prüfen, ob die Zusatzumsätze die Studienkosten decken. Die Ergebnisse sind auf jeden Fall „Pflichtlektüre" für jeden Anzeigenverkäufer. Neben den Onlinediensten der großen Publikumszeitschriften findet man die aktuellen MA-Ergebnisse natürlich auch in Branchenblättern wie der w&v, horizont, media & Marketing usw.

Typologie der Wünsche

Die Typologie der Wünsche, kurz TdW, gilt für viele als einer der Klassiker der Markt-Media-Studien in Deutschland. Der inhaltliche Schwerpunkt dieser MA-kompatiblen Studie liegt auf der Abfrage von Markenverwendungen in den jeweiligen für die Werbewirtschaft relevanten Zielgruppen. Als 1974 die erste Ausgabe der TdW-Intermedia erschien, war diese von dem Wunsch getragen, die in Bewegung geratene Gesellschaft besser zu verstehen und in ihren differenzierten Medien- und Konsumgewohnheiten zu beschreiben. Die Zielgruppe sind die ab 14-Jährigen.

Der wesentliche Nutzen der TdW besteht darin, dass sie als Planungsgrundlage für Mediaentscheidungen die Daten zur Zielgruppendefinition liefert. Über die TdW werden die psychografischen Zielgruppenmodelle (SINUS, Konsummotive, Länder-Sympathien und Familien-Lebenswelten) für die Mediaplanung nutzbar gemacht. Insgesamt werden über 400 Produktbereiche „geclustert". In den neueren Erhebungen wurden zudem Fragestellungen ergänzend aufgenommen (Strommarkt, Online, TV-Sonderformate, Buchnutzung, Wellness, Call by Call ...). Im Gegensatz zu anderen Studien verwendet die TdW-Intermedia für die Markenabfrage farbige Produktfotos bzw. Originallogos und beschränkt sich nicht auf die Nutzung heute, sondern erfasst auch Nutzungswahrscheinlichkeiten und die sogenannte „Nutzung gestern". Individuelle Auswertungen kann jeder Verlag selbst erstellen. Die dazu notwendige Software werden von drei Instituten angeboten, darunter ist auch der Axel Springer Verlag (mds-service@asv.de). Daneben besteht auch die Möglichkeit, über http://www.tdwi.com direkte Onlinezählungen durchzuführen. Der Dienst ist nicht kostenfrei. Die TdW-Intermedia ist ein Muss für jeden, der sich im Segment der Markenartikelanzeigen bewegt. Die branchen- und produktspezifischen Auswertungsmöglichkeiten verschaffen ein fundiertes Hintergrundwissen und liefern im Umkehrschluss stichhaltige Argumente für den Anzeigenverkauf.

VA und VuMA

Die VA ist eine gesonderte Auswertung auf Basis der MA. Im Auftrag von Axel Springer und der Verlagsgruppe Bauer steht die Bewertung von Produktsegmenten im Vordergrund. Die Daten der VA basieren auf der MA und untersuchen das Konsumverhalten, Freizeitverhalten, Produktinteressen, Markenverwendung und psychologische Merkmale. Die Studie wird von den Instituten Marplan und IPSOS durchgeführt. Nach dem gleichen Zufallsverfahren wie im Rahmen der MA werden ca. 31.000 Fragebögen analysiert. 500 Produkte und 1.800 Marken bilden den Kern der Befragung. Im Ergebnisband werden auch Sinus-Milieus und Finanztypologien erstellt. Neben den „klassischen" Abfragemedien werden auch Citylight-Poster und Großformatplakate berücksichtigt.

Die Verbrauchs- und Mediaanalyse erfolgt im Auftrag der ARD, der RMS und des ZDF. Die Ausrichtung auf elektronische Medien – basierend auf einer Single-Source-Erhebung – bietet vor allem umfassende Informationen zu den Reichweiten und Nutzung von TV und Radio. Erhoben werden aus 246 Produktfamilien rund 900 Marken. Im Vordergrund steht die Bewertung der Markentreue im Rahmen der verschiedenen Produktsegmente. Der Codeplan zur Studie ist direkt und kostenlos bei der Verlagsgruppe Bauer KG Research & Media Marketing zu beziehen (dataservice@convidis.com). Aufgrund seines hohen Spezialisierungsgrades ist die VA gerade für den Anzeigenverkauf ein wahre Fundgrube für die Argumentationssammlung. Da im Auftrag von zwei der größten deutschen Verlagshäuser erstellt, ist die Stoßrichtung der VA ohnehin vorbestimmt.

PZ-Online

Eines der hilfreichsten Tools für den Anzeigenverkauf ist das Internetangebot des vdz, des Verbandes der deutschen Zeitschriftenverleger, welches unter www.pz-online.de zu finden ist. Unter diesem Angebot befinden sich unzählige sinnvolle Werkzeuge für die tägliche Arbeit. Anzeigenpreise, Auflagen (aktuell und rückwirkend), Infos zur Werbewirkung, aktuelle Studien und vieles mehr. Fast das gesamte Angebot ist zudem kostenlos. So lassen sich auch für den Kunden schnell gesamte Marktübersichten erstellen, Statistiken erheben und Vergleiche anstellen. Die wichtigsten Inhalte im Überblick:

- Mediadaten aller in der IVW gemeldete Publikationen.
- Aktuelle IVW-Zahlen.
- Alle IVW-Zahlen zu allen Titel, die jemals gemeldet wurden.
- Alle Studien zur Werbewirkung, die je vom vdz in Auftrag gegeben worden sind.
- Umfangreiche Bestellmöglichkeit zu Publikationen über den Printmarkt.

Alle Daten stehen zum Download bereit und lassen sich so auch sehr einfach weiterverarbeiten. Damit erspart man sich das aufwendige und kostenintensive Pflegen eigener Datenbanken und ist immer up-to-date. Zudem kennt nicht jeder Kunde diese Adresse oder erahnt den breiten Nutzen, der sich dahinter verbirgt. Somit ist auch dieses Angebot ein guter Tipp am Rande.

VDZ

Der Verband der Deutschen Zeitschriftenverleger wurde am 27. September 1949 gegründet und ist hervorgegangen aus dem am 15. Januar 1929 gegründeten RDZ, dem Reichsverband Deutscher Zeitschriften-Verleger. Der VDZ ist die logische Konsequenz aus der Tatsache, dass die Deutschen seit der Veröffentlichung der ersten

Zeitschrift im Jahr 1647, dem Mercurius, Weltmeister im Lesen von Zeitschriften waren. Mit über 3.500 Zeitungen und Zeitschriften bis ins Jahr 1790 verfügte Deutschland über weit mehr Veröffentlichungen als der Rest der Welt zu jener Zeit.

Als erster sogenannter Massentitel in der deutschen Zeitschriftengeschichte gilt die große „Berliner Illustrierte Zeitung", die wie auch die als illustriertes Fachblatt bekannt gewordene „Gartenlaube" in ihrer Glanzzeit Ende des 19. Jahrhunderts über 400.000 Exemplare verkaufte. Der VDZ ist der Dachverband der Deutschen Zeitschriftenverleger und wird von sieben Landesverbänden getragen. Im VDZ sind zurzeit rund 400 Verlage organisiert, die zusammen mehr als 3.000 Zeitschriften verlegen. Das sind mehr als 50 Prozent der 5.923 aktuell in Deutschland erhältlichen Publikationen (Quelle: IVW, VDZ, Fachpresse-Statistik). Neben den regelmäßigen News-Meldungen bietet der VDZ eine ganze Reihe von sehr informativen Downloads auf seiner Homepage www.vdz.de. Dabei finden sich in der Rubrik Anzeigen Veröffentlichungen zu den Themen Werbewirkung von Anzeigen, Crossmediakampagnen, Print vs. TV, Fallbeispiele, Studien und vieles mehr. Zwei der interessantesten Beispiele sind zum einen die Werbewirkungsfallstudie zur Nivea-Kampagne und die Abhandlung zum Thema Erfolgskonzept Print. Beide sind, wie die anderen Inhalte auch, als Download verfügbar. Aktuell tritt der VDZ als Initiator der Kampagne „Print wirkt!" auf, die sich zum Ziel gesetzt hat, die Werbewirkung von Anzeigen zu belegen, indem lediglich die Motive großer Kampagnen gezeigt werden (ohne Firmenlogo und Texte der „regulären Anzeige"). Allein über die Motive sollen die Leser der Zeitschriften den Bezug zur Marke herstellen, was im Umkehrschluss die Wirkung von Anzeigen eindrucksvoll belegt.

Mediadaten Verlag

Ein wichtiges Informationsmittel für die Mediaplaner sind die Publikationen des Mediadaten Verlags. In den Publikationen des Mediadaten Verlags findet jeder Mediaplaner schnell und übersichtlich nahezu alle Mediadaten der in Deutschland vertriebenen Zeitschriften. So kann er sich schnell und unkompliziert einen fundierten Überblick über die ihn interessierenden Magazine verschaffen. Die veröffentlichten Angaben setzten sich zum einen aus den offiziellen Mediadaten der Verlage und zum anderen aus den speziellen Fragebögen des Mediadaten Verlags zusammen. Das Ausfüllen seitens der Verlage ist zeitintensiv, lohnt aber den Aufwand. Zusätzlich zu den Magazinbeschreibungen kann jeder Verlag entgeltlich das Logo und ein Titelcover mit abbilden lassen und so einen professionelleren Auftritt realisieren, als es mit der reinen textlichen Beschreibung möglich wäre. Für den ersten Eindruck kann dies einen entscheidenden Wettbewerbsvorteil bringen. Wenn allerdings der Mitbewerber ebenfalls in diesem Umfang vertreten ist, kann die Investition nur noch unter Imagewerbekosten verbucht werden. Jeder Anzeigenverkäufer sollte sicherstellen, dass die Einträge in diesem Kompendium aktuell und richtig sind.

ZAW

Interessenverbände und Vertretungen übernehmen wichtige Aufgaben im Zusammenspiel der verschiedenen „Kräfte" einer Marktwirtschaft. Der ZAW ist die Dachorganisation aller zur Werbewirtschaft zählenden Gruppen. Dabei gehören dem ZAW nur Verbände an, deren Mitglieder Wirtschaftswerbung betreiben, durchführen, gestalten und vermitteln (siehe auch: Lexikon des Anzeigenverkaufs/VDZ; Bezugsadresse im Anhang). Zurzeit sind 40 Organisationen/Verbände im ZAW organisiert, die sich in vier wesentliche Bereiche unterteilen:

- werbungtreibende Wirtschaft
- Werbeagenturen
- Werbung durchführende und Werbmittelhersteller
- Werbeberufe sowie Marktforschung

Der ZAW versteht sich als runder Tisch, der die gemeinsame Politik - auch auf Basis der europäischen Gesetzgebung formuliert - und für den notwendigen Interessensausgleich aller Beteiligten Sorge trägt. In Bezug auf das Anzeigengeschäft gibt es im ZAW einen spezialisierten Fachausschuss, der sich primär um entsprechende Grundsatzfragen kümmert. Dazu gehören:

- Allgemeine Geschäftsbedingungen
- Richtlinien für redaktionell gestaltete Anzeigen
- Rahmenschema für Werbeträger-Analysen

Der ZAW liefert dem Anzeigenverkauf eine ganze Reihe sinnvoller Werkzeuge, wie zum Beispiel die grundsätzlichen Allgemeinen Geschäftsbedingungen, die als Basis für die individuellen Geschäftsbedingungen dienen sollten.

Studienmanipulation

Die Statistik ist sicher eine plausible – und wenn sauber angewendet – auch hilfreiche Wissenschaft. Weniger hilfreich sind allerdings die zahlreichen und gerne genutzten Möglichkeiten, Studienergebnisse im Sinne des Auftraggebers zu frisieren. Die häufigsten Möglichkeiten, „gewollte" Ergebnisse herbeizuführen, sind:

- Projektive Fragen („Sie sind doch auch der Meinung, dass ...").
- Parteiische Hypothesen (Zufriedenheitsabfragen unter bewusstem Weglassen einzelner Konkurrenten).
- Zielgruppenverknappung (die bewusste Ausgrenzung „unvorteilhafter" Konsumenten).
- Ergebnisverschmelzungen (das Zusammenfassen von Skalierungsergebnissen unter einem Oberbegriff).
- Eingrenzung von Zeitverläufen (Auswahl von Zeiträumen mit einer positiven Tendenz).

Werbung für Markenartikel

„99 Prozent aller Kaufentscheidungen werden ohne jegliches Fachwissen getroffen!" heißt es in der Verhaltenspsychologie. Auf die Frage: „Wer baut die qualitativ hochwertigsten Autos?", wird weltweit als Antwort „Mercedes" genannt. Und die Frage nach den besten Sportwagen wird überall auf dieser Welt (außer in Italien) mit Porsche beantwortet. Aber warum? Wer ist schon Automechaniker? Wer ist schon 400.000 km mit einem Mercedes 200D gefahren, um die Qualität wirklich einschätzen zu können? Oder wer hat schon einmal einen 911-er Motorblock ausgebaut? Wie also entstehen Marken? Marken entstehen immer aus dem virtuosen Zusammenspiel der beiden Funktionen: Bekanntheit (Ich kenne Dich) und dem Mehrwert (Ich will Dich). Roland Zarella, Marketingchef General Motors, formuliert den Wert einer Marke wie folgt: „Kinder, die heute Nike-Schuhe kaufen, werden in 15 Jahren Autos kaufen. Deshalb können wir eine Menge lernen, wenn wir uns anschauen, wie Nike seine Produkte entwickelt, um die Bedürfnisse ihrer Kunden zu befriedigen." Rolf W. Schirm, Anthropologe und Begründer des sogenannten Struktogramms (Persönlichkeitsanalysetool), hat es einmal wie folgt definiert:

Das Überleben hängt in entscheidendem Maße von der Fähigkeit ab, aus dem überwältigenden Angebot von Milliarden von Signalen, die wenigen, lebenswichtigen Signale herauszufiltern. Ständiges Ausprobieren, ohne sichere Markenzeichen, ist zum Überleben zu aufwendig. Somit stellt die Marke in unserem täglichen Sein einen wichtigen Orientierungspunkt dar. Dabei ist es eher zweitrangig, ob der empfundene Mehrwert subjektiv oder objektiv ist. Der Bauch regiert! Die Studie gibt jährlich einen Indikator in Sachen Produkte und Markenbekanntheit. Demnach zählen zu den beliebtesten Marken in Deutschland: Volkswagen, Sparkassen und BMW. Diese, so wie viele andere Studien, sind zu finden unter www.wuv.de/studien. Eine Marke ist eine Orientierungshilfe für den Verbraucher. Markenartikelanzeigen wollen genau diese Orientierung vermitteln. Die Argumente im Verkauf auf diesen Aspekt abzustimmen, zeugt von Kompetenz.

Markenartikel faszinieren seit jeher die Anbieter von Werbeträgern, bieten Markenartikel doch offensichtlich eine Fülle von Argumenten, die die Notwendigkeit von Werbung geradezu heraufbeschwören. Ein paar der besten „Vorurteile" sind:

▶ Werbung erst lässt aus Produkten Marken werden.
▶ Marken müssen beworben werden, da ansonsten ihr Bekanntheitsgrad/Markenwert sinkt.
▶ Markenartikelfirmen haben - gemessen am Ziel - realistische Budgets.
▶ Konsum-Markenartikel passen in eine Vielzahl von Werbträgern.
▶ Nicht die Qualität der Zielgruppenansprache entscheidet, sondern rein die Quantität.

Es lohnt, einen Blick hinter die Kulissen zu werfen und sich folgende Frage zu stellen: Was bleibt, wenn man den Namen der Produkte entfernt? Ein schwarzes Getränk, eine Zigarette? Also ist der Name dafür verantwortlich, dass Marken wie Coca-Cola oder Marlboro einen Wert von über 40 Millionen Dollar haben? Mit rationalen Überlegungen kommt man dem Phänomen Marke wohl nicht auf die Spur. Da tröstet es sicher auch wenig, dass der Uno von Fiat auf Finnisch ein Trottel ist oder der VW Jetta in Italienisch eine Pechsträhne assoziiert.

Die Marketingfachzeitschrift „absatzwirtschaft" hat folgendes Ranking veröffentlicht, welches die Produktgruppen aufführt, die in besonderem Maße davon leben, mit einer Marke in Verbindung zu stehen. Für diese Produkte ist es sehr wichtig, durch Werbung die Markenbotschaft bei den Konsumenten zu verankern. Somit sind es auch genau diese Branchen, die für den Anzeigenverkauf im Blickpunkt stehen:

Tabelle 49: Ranking der Produktgruppen

Rang	Branche	Wert
▶ 1	▶ Designer Sonnenbrillen	▶ 3,73
▶ 2	▶ Zigaretten	▶ 3,68
▶ 3	▶ Bier	▶ 3,44
▶ 4	▶ Mittelklassewagen	▶ 3,28
▶ 5	▶ Kompaktwagen	▶ 3,25
▶ 6	▶ Kopfschmerzmittel	▶ 3,11
▶ 7	▶ Tafelschokolade	▶ 3,08
▶ 8	▶ Waschmittel	▶ 3,08
▶ 9	▶ Sportschuhe	▶ 3,07
▶ 10	▶ Champagner	▶ 3,07
▶ 11	▶ Softdrinks	▶ 3,02
▶ 12	▶ Mobilfunkbetreiber	▶ 2,96
▶ 13	▶ Duschgel	▶ 2,90
▶ 14	▶ Joghurt	▶ 2,82
▶ 15	▶ TV-Zeitschriften	▶ 2,80

QUELLE: ABSATZWIRTSCHAFT, MARKE & PRODUKT, DÜSSELDORF 2008

Marken haben für den Kunden immer dann eine Relevanz, wenn sie wichtige Funktionen im Kaufprozess übernehmen. Grundsätzlich übernehmen Marken drei Funktionskreise:

1. Ideeller Nutzen
2. Risikoreduktion
3. Informationseffizienz

Den *ideellen Nutzen* definiert der Kunde über sein Gefühl, das die Verwendung des Markenprodukts und manchmal auch nur sein Besitz bei ihm bewirkt. Nach dem Motto: *„Da weiß man, was man hat"*, vermitteln Marken auch ein hohes Maß an Sicherheit, was im Gegenzug auf Kundenseite zu einer Risikoreduktion führt. Neben diesen beiden Punkten ist der Kauf von Marken im heutigen Produktüberangebot auch effizient, weil die der Auswahlprozess keine Zeit in Anspruch nimmt und die Verfügbarkeit in hohem Maße gewährleistet ist. Frauen lieben dabei ihre Marken dreimal mehr als Männer. Sie sind ihnen treu und empfehlen sie weiter. Das ist eine der Kernthesen aus dem Buch „EVAluation – Die neue Macht des Weiblichen" von Faith Popcorn, Amerikas populärster Trendforscherin.

Anzeigenverkauf – die 7P

In den Sechzigerjahren definierte Jerome McCarthy die berühmten 4P des Marketings, die von Philip Kotler in den späten Achtzigerjahren um zwei weitere P erweitert wurden. In Ergänzung zur USP-Entwicklung lassen sich so die wichtigsten Antworten auf die Frage „Warum gerade dieser Titel?" formulieren.

Tabelle 50: Die 6 P des Anzeigenverkaufs

Segment	Beschreibung
▶ Produkt	▶ Positionierung und Qualität
▶ Preis	▶ Zusammenspiel Verkaufspreis, Gesamtpreis (Kampagne)
▶ Platzierung	▶ Medien- und Seitenauswahl
▶ Promotion	▶ Grundlagen der Anzeigengestaltung
▶ Politik	▶ Rahmenbedingungen zum Gesamtmarktauftritt
▶ Public Opinion	▶ Öffentliche Meinung zum Produkt und Hersteller

Ergänzt um die Persönlichkeit des Anzeigenverkäufers ergeben sich so die 7P des Anzeigenmarketings. Jedes einzelne P ist von entscheidender Bedeutung für die Werbewirkung der Anzeige. Die Anzeige allein kann die Schwachstellen in anderen Bereichen nicht kaschieren. Es ist also von elementarer Bedeutung, allen Bereichen die entsprechende Aufmerksamkeit zu schenken. Die Chancen wie auch die Grenzen von Anzeigen zu verstehen heißt, das Wesen der Anzeigen zu begreifen. Im Kundengespräch auf das Zusammenspiel der einzelnen Faktoren hinweisen zu können, kann dem Kunden bei der Beurteilung der Relevanz des Titels für die Mediaplanung helfen.

5. Zielgruppen und Ansprechpartner

Für den Anzeigenverkauf besteht eine der schwierigsten und größten Aufgaben darin, die Anforderungen von Agenturen und Kunden „unter einen Hut zu bringen". Beide verlangen nach einer spezialisierten Ansprache und benötigen zum Teil sehr unterschiedliche Informationen. Häufig bedienen sich die Werbekunden der Werbeagenturen, um einen Puffer zwischen sich und den Medien zu schaffen. Die Werbeagenturen ihrerseits übernehmen dann eine Mittlerfunktion zwischen dem Kunden und dem Verlag. Sie sollen den Kunden so objektiv wie möglich bei der Werbeplanung beraten und unterstützen, ihn über Trends und Entwicklungen informieren und neue, kreative Ansätze liefern, die gewählten Zielgruppen zu erreichen – und das alles nach Möglichkeit mit minimalem Risiko. Eine spannende Aufgabe.

Zielgruppenbestimmung

Ein Grundsatz der Zielgruppenforschung lautet: „Zähle nicht die, die du erreichst, sondern erreiche die, die zählen!" Aber wie erreicht man die? Zur Charakterisierung von Zielgruppen gibt es die unterschiedlichsten Ansätze. Folgende sind dabei die gebräuchlichsten:

- ▶ Soziodemografische Merkmale (Geschlecht, Alter, Bildung ...).
- ▶ Persönlichkeitsmerkmale (Meinungen, Denkarten ...).
- ▶ Verhaltensmerkmale (Einkaufsintensität, Markentreue ...).
- ▶ Beobachtbare, produktspezifische Einstellungen (Nutzung, Positionierung).

Häufig werden auch Mischformen aus den genannten Zielgruppenmerkmalen verwendet (Typologiesymbiosen). Wenn bekannt ist, an wen sich unser Angebot richtet, dann stellt sich zwangsläufig die Frage, wie und wo man diese Zielgruppe findet. Die folgenden Anregungen sollen dabei helfen.

Anregungen zur Zielgruppenbestimmung:

- Mitbewerberanalyse, Empfehlungen und Kundenumfragen (Warum gerne mit uns?).
- Nielsen S&P (Nielsen Werte-Index), (Toplist-)Marktsegmentanalyse.
- Messen, Tagungen und Seminare (Messekataloge/Internetverzeichnisse).
- Branchen CDs (Hoppenstedt, XXL, D-Info ...).
- Onlinesuchmaschinen.
- Aktive Werbe- und PR-Maßnahmen.
- Adressenbroker/Direktmarketing Firmen, Nachschlagewerke, Zeitschriften, Bibliotheken.
- IHK-Verzeichnisse, Clubs, Verbände (BaTB, Kommunikationsverband, Marketing Club ...).

Die Suche nach der Zielgruppe beschäftigt sowohl die Kunden als auch den Anzeigenverkauf. Da es beiderseitig stets um die Ausweitung des Geschäftsvolumens geht, gehört das Finden der Zielgruppe zum Handwerkszeug.

Ansprechpartnerspezifische Vorbereitung

Ob Jahresgespräch oder Präsentationstermin, entscheidend ist die richtige Auswahl der Gesprächsthemen. Das bedeutet im Besonderen, die richtigen Fragen zum richtigen Zeitpunkt zu finden und zu stellen. Oftmals verlaufen Gespräche nicht optimal und geraten in Kommunikationssackgassen, weil im Vorfeld zu wenig über die möglichen speziell auf den Kunden zugeschnittenen Fragen nachgedacht wurde. Diese Nachlässigkeiten münden immer wieder in dem eisernen Grundsatz des Verkaufs: „Wer in der Vorbereitung versagt, bereitet sich auf das Versagen vor." Im Fall von Geschäftsterminen reduziert sich der Inhalt dann nur zu schnell einzig auf den Preis. Die folgenden Aufstellungen helfen dabei, geeignete Fragen auszuwählen, um sich gezielt auf ein Gespräch vorbereiten zu können. Mit etwas Übung (Wiederholung), lassen sich die Fragen auch als Repertoire im Gedächtnis abspeichern und sind auch dann einsetzbar, wenn es zu unvorhergesehenen Gesprächen kommt (zufälliges Treffen auf einem Kongress, einer Messe oder einer sonstigen Veranstaltung).

Nur mit der richtigen Auswahl an Fragen lässt sich eine auftragsorientierte Bedarfsanalyse durchführen. Der Gesprächspartner muss spüren, dass der Verkäufer sich zu 100 Prozent an seinen Bedürfnissen orientiert. Die Antworten auf die

Fragen bilden später das Fundament für die Lösungspräsentation. In Bezug auf die richtigen Fragen gilt es, zwischen den beiden Inhaltsebenen „Geschäft" und „Person" zu unterscheiden. Je mehr Informationen aus der Ebene „Person" vorliegen, umso stärker können später einzelne Angebotspunkte emotionalisiert werden, also auf die wahren Beweggründe des Kunden ausgerichtet werden.

Gesprächsthemenauswahl – Geschäft:

- Fragen zum abgelaufenen Geschäftsjahr (Umsatz, Gewinn …).
- Fragen zum kommenden Geschäftsjahr (Schwerpunkte, Highlights, Aktivitäten …).
- Fragen zu kommenden Produkten (Positionierung, Ziele …).
- Fragen zu den Schwerpunkten bei den angebotenen Leistungen (Kerngeschäft).
- Fragen zur aktuellen Unternehmenssituation (Newsmeldungen, Pressemitteilungen …).
- Fragen zu aktuellen Marktgeschehnissen (Basis: vorherige Recherche: Presse, Internet …).
- Frage nach Unternehmensbroschüre, Werbematerial, Geschäftsberichten …
- Vorsicht bei Gerüchten und Negativmeldungen. Wenn überhaupt, sollte in diesen Fällen sehr sensibel nachgefragt werden und auch nur dann, wenn es einen Zusammenhang zu möglichen Lösungen aus dem Angebotsportfolio gibt.

Gesprächsthemenauswahl – Person:

- Fragen zur Rolle des Kunden im Unternehmen (Position, Mitarbeiter, Mitentscheider …).
- Fragen zu seinen Zielvorgaben und Leistungsparametern (Wofür wird er bezahlt?).
- Fragen zu seinem Werdegang (Ausbildung, Lehre/Studium, vorherige Positionen …).
- Fragen zu seiner Zukunft (Wo möchte er hin, was sind die nächsten Schritte).
- Fragen zu seinen weiteren Interessen (Hobbys, Familie, Planung, Ziele …).
- Fragen zur Person (Namensherkunft, Sternzeichen/Geburtstag …).
- Fragen zu seinen Kommunikationsdaten (Telefondurchwahl, E-Mail …).

Alle diese Fragen werden helfen, die Bedürfnisse des Kunden genau zu erfassen und konkrete Lösungshilfen zu formulieren, deren Wert nicht mehr am Preis gemessen wird. Bei allen Fragen ist es wesentlich, dass sie nicht als Verhör empfunden werden, sondern ein integraler Bestandteil des Gesprächs sind. Das setzt ein wahres Interesse des Fragenden voraus. Das Wissen aus den Antworten sollte möglichst umgehend schriftlich festgehalten werden. Weitere Pluspunkte sammelt der, der sich vor dem Gespräch auch Gedanken über diejenigen Informationen macht, die auf der Kundenseite positive Emotionen hervorrufen können. Hier einige Beispiele.

Fakten und Daten für positive Emotionen auf der Kundenseite:
- Studien, die belegen, was gesagt wird.
- Zeitungsartikel zum Thema bzw. zum Umfeld.
- Empfehlungen, möglichst von Partnern, die der Kunde kennt.
- Expertisen von anerkannten Koryphäen.
- Emotionale Verkaufskataloge.
- Seriöse Mitbewerbervergleiche.
- Testergebnisse.
- Gewonnene Awards und Auszeichnungen.
- Fotos von begeisterten Kunden/Events/Produkten im Einsatz.

„Die Vorbereitung auf diejenige Tätigkeit, die wir planen (Besuch, Telefonat, Kaltakquise ...) entscheidet zu 90 Prozent über unseren Erfolg" (Henry Ford). Um möglichst perfekt in eine Verhandlung zu starten, empfiehlt sich die Beantwortung der folgenden Vorbereitungsfragen:

- Was weiß ich über meinen Kunden?
- Welche Funktion hat er innerhalb des Unternehmens?
- Ist er der Entscheider?
- Was weiß ich über sein Unternehmen?
- Welche Produkte stellt das Unternehmen her?
- Wer sind seine Kunden?
- Wer sind seine Wettbewerber?
- Welche Ziele könnte der Kunde haben?
- Was möchte ich noch von ihm wissen?
- Welche Art der Werbung macht er momentan?
- Wenn ja, in welchen Mitbewerbertiteln, welche Formate?
- Welche Zielgruppen will er erreichen?
- Welche Ziele habe ich (minimal, real, maximal)?

Auf Dauer macht sich die Zeitinvestition in die Vorbereitung bezahlt. Sie gibt Sicherheit und spart am Ende Zeit und Ärger. Die Vorbereitung auf einen Gesprächstermin für einen Anzeigenverkäufer eines Computer- und Videospielemagazins könnte beispielsweise so aussehen:

Aktuelle Daten:
- Internet Headlinestorys liefern aktuelles Hintergrundwissen.
- Aktuelle IVW Zahlen.

- Toplistauswertung zu den Anzeigenumsätzen und Streuplänen.
- Awards und/oder Awards zur Überreichung.
- Aktueller Stand der Jahresvereinbarung.
- Produkt-Releaseliste.
- Pressemitteilung und Ergebnisberichte.
- Neuste Projekte in plakativer Darstellung.
- Individueller Gesprächsleitfaden (Ziele, Alternativen …).
- Drei individuelle Angebote zur Auswahl/eins zum Verbleib.

Standarddaten:

- Studien (AWA, ACTA, KICK).
- Aktuelle Ansichtsexemplare.
- Mediadaten sauber aufbereitet (in Mappe).
- Visitenkarten in ausreichender Menge.
- Block und Stift.
- Gesamtpreislistenübersicht (schnelle Excel-Übersicht).
- Auftragszettel (alternativ auf dem PDA/Tablett PC).
- Taschenrechner.
- Imagefolder zum Verlag.
- Schriftliche Referenzen und Empfehlungen.

Spezielle Daten:

- Professionelle Selektion aus dem Gesamtportfolio.
- Übersicht mit Erklärungen zum Gesamtportfolio.
- Newsletterinfo.
- BpJS Infos, Rechtshilfetexte, Prüfungsleitfaden.

Dankeschön:

- Werbegeschenke (Stifte, Vistenkartenhüllen, Telefonkabelentwirrer, Feuerzeuge …).
- Gebäck, Eis oder Blumen.

Ansprechpartner und Bedürfnisse

„Geh nicht zum Gesellen, geh zum Meister" heißt eine alte Volksweisheit, die im Grunde auch für den Anzeigenverkäufer gilt. Dabei geht es nicht um eine etwaige Geringschätzung von Positionen. Den richtigen Ansprechpartner herauszufiltern ist einer der wesentlichen Erfolgsfaktoren im Beziehungsmanagement. Den richtigen Ansprechpartner zu haben, bedeutet zeit-, kosten- und nutzeneffizient zu agieren/arbeiten.

So unterschiedlich die Ansprechpartner für den Anzeigenverkäufer sind, so personenbezogen sollte die jeweilige Ansprache sein. Auf den unterschiedlichsten Verwaltungs- und Geschäftsebenen wird mit den verschiedensten Partnern gesprochen. Für den Anzeigenverkäufer ist dabei grundsätzlich zwischen Kunden- und Agenturseite zu unterscheiden. Beide Seiten haben ihrerseits verschiedene Funktionsunterteilungen:

Tabelle 51: Ansprechpartner des Anzeigenverkäufers

Auf Kundenseite:	Auf Agenturseite:
▶ Geschäftsführer/Vorstände/Gründer	▶ Geschäftsführer/Vorstände/Gründer
▶ Marketingleiter	▶ Mediaplaner
▶ Produktmanager	▶ Mediaeinkäufer
▶ Sekretärinnen/Assistenten	▶ Assistenten

Die Agentur – als Dienstleister und Berater des Kunden – liefert ihm die augenscheinlichen und logischen Argumente für oder gegen eine Kaufentscheidung. Dazu zählt alles, was sich messen und beweisen lässt. Somit „überträgt" die Agentur die eigene Verantwortung meist auf Studien- oder Marktforschungsergebnissen. Lässt ein Kunde sich darauf ein, und es funktioniert nicht, so ist die Liste an Rechtfertigungen genauso lang wie die der Verkäufer, wenn sie keinen Verkaufserfolg haben. Der Kunde setzt die mögliche Entscheidung in Beziehung zu allen ihm bekannten Faktoren und trifft die eigentliche und letztendliche Entscheidung auf Basis seiner Gefühle hinsichtlich der zu erwartenden Ergebnisse. *Kunden reagieren eher auf Emotionen/Gefühle, da ihnen die Marken-/Werbebotschaft wichtig ist. Agenturen versuchen, mit der Ratio zu arbeiten, da für sie die Messbarkeit der Maßnahmen entscheidend ist.* Bei der Neukundenansprache – also in den Fällen, in denen der Ansprechpartner nicht bekannt ist – hat es sich immer bewährt, von oben nach unten „durchgereicht" zu werden. Dieser einfache Vorgang wird auch als „Top-down-Selling" bezeichnet, also das Verkaufen von oben nach unten. Dazu kontaktiert man zu allererst den Inhaber, Vorstand oder Geschäftsführer mit relevanten Themen. Auch wenn dieser Ansprechpartner dennoch kein Interesse zeigt, so weiß er zumindest, wer der entsprechende Ansprechpartner in seinem Unternehmen ist.

Die folgenden Fragen sind für den Mediaplaner von absoluter Wichtigkeit und sollten von Seiten des Anzeigenverkaufs beachtet und beantwortet werden.

Relevante Inhalte für Fragen an den Mediaplaner:

- Produktcharakter des Mediums.
- Die absolute Budgethöhe.
- Der Produktdistributionsgrad.
- Die angesprochene Zielgruppe.
- Das Kampagnenziel.
- Das Konkurrenzverhalten.
- Die Medienverfügbarkeit.
- Die Flexibilität der Medien.
- Die Werbebotschaft.

Um den Mediaplaner überzeugen zu können, muss der Anzeigenverkäufer wissen, wie der Mediaplan seitens der Agentur und des Kunden erstellt und beurteilt wird. Ein gängiger Weg ist dieser:

1. Wettbewerbsanalyse (Leistungsdaten der Medien ...)
2. Zielgruppendefinition (seitens der Kundenvorgaben)
3. Mediastrategie (zwischen Agentur und Kunde abgesprochen)
4. Mediamix (zumeist hoheitlich von der Agentur erstellt)
5. Mediaselektion (Zusammenarbeit zwischen Kunde und Agentur auf Basis der Agenturempfehlung)

Anzeigenverkaufsunterlagen sollten auch auf die Bedürfnisse der Mediaplaner abgestimmt werden. Obige Aufstellung liefert die inhaltlichen Strukturen und hilft dabei, den ehernen Grundsatz der Mediaplanung zu verwirklichen: *Zähle nicht diejenigen, die du erreichst, sondern erreiche diejenigen, die zählen.*

Für beide Kundengruppen des Anzeigenverkäufers (Kunde und Agentur) gilt das Gleiche wie für alle Menschen: Sie bewegen sich permanent im einem Spannungsfeld zwischen Bedürfnissen, die nach Befriedigung schreien, und Ängsten, die sie zögern lassen, die nächsten notwendigen Schritte zu tun. Die Bedürfnispyramide nach Maslow gehört zu den Klassikern der Kommunikationstheorie. Auch und gerade für den Anzeigenverkauf ist es von höchstem Wert, die verschiedenen kundenseitigen Bedürfnisse erkennen und klassifizieren zu können. Sehr stark vereinfacht hat Maslow das gesamte Spektrum der menschlichen Bedürfnisse in vier Kategorien eingeteilt:

1. Ich-Bedürfnisse
2. Soziale Bedürfnisse
3. Sicherheitsbedürfnisse
4. Physiologische Bedürfnisse

In der untersten Stufe (4) stehen alle die Bedürfnisse, die der Arterhaltung dienen. Essen, Schlafen und Fortpflanzung seien an dieser Stelle genannt. Im direkten Kundenkontakt kann diese Ebene allenfalls eine untergeordnete Rolle spielen. Ein völlig übernächtigter und hungriger Gesprächspartner dürfte eher die Ausnahme sein. Die Ebene der Sicherheitsbedürfnisse (3), spielt dahingegen schon eine weitaus wichtigere Rolle in der täglichen Arbeit. Die geplanten Investitionen sollen wirtschaftlich, mess- und überprüfbar sein. Im Falle der Reportingpflicht an Vorgesetzte braucht der Kunde stichhaltige Argumente, die seine subjektive Entscheidung objektiv belegen können. Das ist für ihn gleichbedeutend mit der Sicherung und Rechtfertigung seines Arbeitsplatzes. Eng mit den Sicherheitsbedürfnissen verbunden sind die sozialen Bedürfnisse (2), wie zum Beispiel Annahme und Anerkennung durch den Chef, die Mitarbeiter oder die Kunden aufgrund der richtigen Entscheidung. Die Ich-Bedürfnisse (1), also alles rund um das Thema Selbstverwirklichung, sind dann eher ein Punkt für die Kreativen in den Agenturen. Das Gewis Institut in Hamburg hat 1.204 Männer im Alter von 20 bis 50 Jahren befragt, wovor sie Angst haben.

Tabelle 52: Ängste der Männer (20 bis 50 Jahre)

Platzierung	Angst	Nennungen in Prozent
▶ 1	▶ Arbeitslosigkeit	▶ 47%
▶ 2	▶ Krankheit	▶ 39%
▶ 3	▶ Karriereknick	▶ 32%
▶ 4	▶ Zukunft	▶ 30%

Quelle: Gewis Institut. http://www.gewis.de/archiv/alltag.html#19 (Hamburg 2009)

Dem Kunden diese Ängste zu nehmen bedeutet, ihm die Entscheidung für die Leistung des Verlags zu erleichtern. Wenn das Angebot diese Ängste eliminiert, spielt der Preis eine unwesentliche Rolle im Gesamtkontext. Das Eingehen auf die persönlichen Bedürfnisse und Ängste des Kunden ist von entscheidender Bedeutung. Argumentation und Präsentation müssen darauf eingehen und abgestimmt sein.

Die wichtigsten Entscheidungskriterien

Wer blickt da noch durch? Es gibt 30/100 TV-Kanäle, 180 Fachzeitschriften, 400 Publikumstitel, 80 Stadtmagazine, 55 Funksender, 240 Tageszeitungen, Plakate, Kino, Branchenblätter, Onlineseiten. Die richtige Auswahl aus diesem mannigfaltigen Angebot ist nicht nur aufgrund immer begrenzter Etats absolut erfolgsentscheidend. Bei den Auswahlkriterien, die für ein Werbemedium sprechen, gibt es nur eine geringe Bedeutungsdiskrepanz zwischen dem, was der Agentur, und dem, was dem Kunden wichtig ist.

Tabelle 53: Medien-Auswahlkriterien

Platz	Werbeagentur:	Kunde:
▶ 1	▶ Hohe Zielgruppenaffinität	▶ Hohe Zielgruppenaffinität
▶ 2	▶ Preis/Leistung	▶ Preis/Leistung
▶ 3	▶ Hohe Reichweite	▶ Redaktionelle Kompetenz
▶ 4	▶ Redaktionelle Kompetenz	▶ Hohe Auflage
▶ 5	▶ Hohe Auflage	▶ Hohe Reichweite

Die wesentlichen Unterschiede liegen in der Bewertung der redaktionellen Qualität und der Reichweite der Werbeträger.

Sachschaltmotive

Es ist wichtig, die wahren Motive und Gründe, von denen eine Anzeigenschaltung abhängt, in Erfahrung zu bringen. Innerhalb eines bestimmten Marktsegments kann man die einzelnen Titel nur schwer voneinander unterscheiden oder abgrenzen. Sofern keine emotionale Beziehung zum Medium und/oder zum Verkäufer/Verlag besteht, reduzieren sich die Bewertungskriterien auf analytisch belegbare Fakten, auf die Sachschaltmotive. Auf dieser rein sachlichen Entscheidungsebene (meist auf Seiten der Agenturen) herrschen die folgenden Auswahlkriterien vor:

- Absolute Werte auf Basis der großen Markt-Medien-Studien (AWA, ACTA, MA …).
- Garantieauflage in Abhängigkeit zur jeweiligen offiziellen Auflagen-/Reichweitenzahl.
- Marktführerschaft (besonders bei kleinen bzw. Restbudgets).
- Aufmerksamkeitsstärke des Mediums und damit verbundene Erinnerungswerte.
- Monopolstellung eines Magazins/Verlags.
- Wirksamkeit des Mediums in Bezug auf die Erreichung der Werbeziele.
- Dauer bis zur Veröffentlichung/Ausstrahlung/Umsetzung.
- Redaktionelle Kompetenz des Magazins/Verlags/Senders.
- Reine Preiskäufer.

Neben diesen Sachschaltmotiven haben verschiedene, allgemeine Marktforschungsstudien die folgenden fünf Kaufmotive ermittelt:

1. Gute Qualität
2. Niedriger Preis
3. Schnelle Lieferung
4. Guter Service
5. Einfacher Kauf

Insbesondere die Punkte 3 bis 5 sind in wesentlichem Maß vom Anzeigenverkauf zu beeinflussen. Wichtig ist hier insbesondere der fünfte Punkt. Erreichbarkeit, Transparenz und Schnelligkeit der Auftrags-/Angebotserstellung, Verlässlichkeit in Bezug auf Angebot und Rechnung, Bearbeitung von Sonderwünschen … Die Zahlen müssen sitzen. Nur wenn auf rein quantitative Fragen umgehend geantwortet werden kann, ergibt sich die Möglichkeit, über diese Zahlen zu den weichen Faktoren überleiten zu können. Diese sind letztendlich entscheidend. Professionalität strahlt aus, wer alle Daten jederzeit sauber aufbereitet vorlegen, erklären und auch interpretieren kann. Das gilt auch für die Basisdaten der Mitbewerber.

Werbeagenturen in Deutschland

Welche wirtschaftliche Bedeutung haben die Werbeagenturen in Deutschland, welches Budgets werden von ihnen verwaltet, verplant und gestreut? Der Deutsche Werbemarkt konzentriert sich sehr stark auf die großen Agenturen, was nicht immer für Heiterkeit auf Kundenseite sorgt, auch wenn die drei ganz großen Agentur-Holdings eher Finanz-Holdings sind, die auf den jeweiligen operativen Teil der Arbeit ihrer Beteiligungsfirmen keinen Einfluss nehmen.

Ein Blick in die aktuellen Agenturrankings und Umsatzstatistiken belegt, dass es kaum kleine und unabhängige Agenturen gibt. „Size matters" sagt Werner Reineke von Universal McCann. „Wir brauchen Größe und finanzielle Mittel, um Studien durchzuführen und um uns international auszutauschen." Großkunden wie Mercedes und Coca-Cola erwarten heutzutage ein Netzwerk. Einige der großen Verbundagenturen sind an der Börse und stehen somit unter dem Druck der Analysten; dies erklärt die häufig beklagte, fehlende Kreativität. 6.000 Werbedienstleister findet man unter www.vdwa.de. Mit Tätigkeitsbeschreibung und Referenzkundenliste lässt sich hier sehr schnell ein Agenturprofil erstellen. Die Konzentration auf einige wenige, aber dafür große Agenturen ist für den Anzeigenverkauf Chance und Risiko zugleich. Chance, weil sich viele Kontakte unter einen Dach vereinigen (Kombipräsentationen), und Risiko für den Fall, das Agenturvorlieben (TV) sich automatisch auf alle Kunden übertragen.

Ein wesentlicher Partner des Anzeigenverkäufers ist die Media-/Werbeagentur. Meist als Bindeglied zwischen Kunde und Verlag, übernimmt sie in vielen Fällen die „Vorauswahl", entscheidet also maßgeblich über den Einsatz des Werbeetats. Das Hauptproblem eines jeden Mediaplaners besteht sicherlich in dem Spannungsfeld zwischen Medienoptimierung, also die wesentlichen, die wichtigen, die preiswerten Medien aus dem Gesamtangebot herauszufiltern und der dafür zur Verfügung stehenden Zeit. Dieses Spannungsfeld führt dann zu teilweise marktfremden Fehleinschätzungen der Medienlandschaft, wie eine Studie der TNS Emnid dokumentiert. So belegt diese Studie unter anderem, dass sich die Marketingleiter der jeweiligen Werbekunden zumeist besser und schneller in die Zielgruppe hineindenken können und die entsprechenden Medien herausfiltern als die ihnen eigentlich von Seiten der Agentur zu Hilfe stehenden Spezialisten. Das liegt gemäß der Auswertung zum größten Teil daran, das den Mediaplanern zumeist die spezifischen Markt- und Medienkenntnisse fehlen. Auch der Faktor Bequemlichkeit spielt immer wieder eine Rolle. Eine TV-Kampagne einzubuchen verschlingt in der Regel genau so viel Geld wie eine vergleichbare Print-Kampagne in 20 bis 25 Fachtiteln. Der Unterschied liegt hier in der Quantität der Aufträge und dem Aufwand bei der Auswahl. Nicht immer steht die Werteoptimierung für den Kunden im Vordergrund. Die Wirkung einzelner Medien ist in vielen Fällen belegbar. Doch von Seiten der Agenturen wird diese Erfolgskontrolle von Werbung im Bereich Mediaplanung selten durchgeführt. Es fehlen auch immer noch geeignete Tools. Thomas Koch, ehemals Gesellschafter der Thomas Koch media GmbH, sagte in einem Interview: „Ein entscheidender, messbarer Punkt bei der Qualität von Medienagenturen ist die Fähigkeit, dem Kunden die richtigen Fragen zu stellen, um ihn zu verstehen." Nach Überzeugung des Rechtsanwalts Rainer Rothe, der sich auf Medien und Werberecht spezialisiert hat, können sich Medienagenturen schadensersatzpflichtig machen, wenn sie nachweislich fahrlässig Buchungsempfehlungen ausgeben, die zu einem wirtschaftlichen Schaden seitens des Werbekunden führen. Mediaagenturen sind wichtige Partner. Zu wissen, welche Erwartungshaltung der Kunde an seine Agentur hat, hilft dem Anzeigenverkäufer, der Agentur die notwendigen Mittel an die Hand zu geben, um den Kundenerwartungen gerecht zu werden.

Das Verhältnis zwischen Agentur und Kunde

Für den Anzeigenverkauf kann es sich als sehr hilfreich erweisen, wenn er, neben den Inhalten eines Agenturbriefings, auch die Kriterien kennt, nach denen Agenturen aus Kundensicht ausgewählt werden. So können Angebote seitens des Verlages auf dieses Anforderungsprofil zugeschnitten werden. Die folgenden Probleme treten bei der Agenturauswahl immer wieder auf und sind kundenseitig häufig Grund zur Unzufriedenheit:

- Ein geschultes Präsentationsteam „pitscht" um den Etat.
- Danach ist dieses nicht mehr in den eigentlichen Prozess integriert.
- Nach dem Etatpitsch wird der Auftrag gemäß „Schema F" von anderen Abteilungen abgewickelt.
- Die Mediaplaner/-einkäufer sind rein operative Stellen, die weder Kunden noch Briefing kennen.

Wenn Kunden ihrer Agentur „auf den Zahn fühlen" möchten, empfehlen unabhängige Kundenberater einige der folgenden Reizfragen:

- Was genau ist Ihre Mediastrategie und in welchen Punkten ist sie für uns individuell erstellt?
- Welche Wettbewerber sind in dieser Strategie berücksichtigt und warum?
- Warum, glauben Sie, werden wir mit dieser Strategie Erfolg haben?

- Welche Methoden zur Messung/Dokumentation des Werbeerfolgs wollen Sie einsetzen?
- Welches wäre eine Alternative zu diesem vorgestellten Konzept?
- Welche kreativen Ansätze haben Sie verfolgt und wo sind sie sichtbar?
- Wie genau sieht die angesprochene Zielgruppe aus?
- Wie sieht der Intermediavergleich aus und nach welchen Kriterien wurde er erstellt?
- Was halten Sie von Pulsing, Waving, Kontinuität?
- Halten Sie den Etat für zu hoch oder zu niedrig und warum?
- Warum haben Sie sich an unsere Briefing-Vorgaben gehalten?

Die Antworten auf die Reizfragen sind ein Indiz für die Wertigkeit der Kampagne und ein Indikator für den möglichen Return of Investment. Der Agentur mögliche Antworten auf die Reizfragen bezüglich des eigenen Titelangebots zu geben erhöht die Abschlusswahrscheinlichkeit des Anzeigenverkäufers.

Zu einem professionellen Agenturbriefing seitens des Kunden sollten in der Regel die folgenden Punkte gehören:

- Informationen zum Unternehmen und zur Marke.
- Informationen zum Wettbewerber und im Speziellen zum Hauptwettbewerber.
- Informationen zur Historie (Alt- oder Neuagentur).
- Bekanntgabe der definierten Ziele (Marketing -und Kommunikationsziele).
- Informationen zur Zielgruppe im Zeitfächer (gestern, heute, morgen).
- Vorgaben (Wunschmedien, Etat, Zeitraum, weitere Aktionen, POS, PR, Sponsoring ...).
- Darstellung der Erwartungshaltung.

Die Realität sieht allerdings meist anders aus. Nur selten sind diese Briefings umfassend und vor allem schriftlich niedergelegt. So ergeben sich häufig Grauzonen oder Spielräume, die im Nachhinein nur schwer zu kontrollieren sind und somit die Wertigkeit der Werbemedien in Frage stellen können.

Idealerweise wird ein professionelles Briefing durch die folgenden Informationen ergänzt:

- Unternehmensbroschüre, Bilanzen, Presseberichte, CI-Book, CD-Vorgaben/Vorlagen.
- Produktbeispiele (Muster) mit Datenblättern, Nutzen und Einwandkatalog, Preisfindung.
- Verkaufsunterlagen.
- Marktforschungsergebnisse und Tracking-Daten.
- Vorjahreskampagnen.

- Distributionskanäle.
- Marktanteilsentwicklung.

Die Frage, wann wen „briefen", kann sich zu einem Politikum unter den Agenturen entwickeln. Aus Kundensicht erscheint es ideal, die Kreativagentur gemeinsam mit der Mediaagentur zu informieren. Zu wissen, was die Agentur wissen sollte, hilft bei der Einschätzung des Gesprächspartners. Es muss allerdings auch klar sein, dass obige Aufstellung dem schwer zu erreichenden Ideal entspricht.

Agenturen haben oftmals ein grundlegendes Interesse daran, den Wert ihrer Arbeit, sprich ihrer Kampagnenplanung zu belegen. Dazu haben einige – neben den Standardmessungen – eigene Messsysteme entwickelt. Sie zu kennen hilft dem Anzeigenverkauf, die strategische Denkrichtung von Agenturen zu verstehen. Marketing- und Werbekampagnen haben seit jeher die Eigenart, dass sich deren Wirkung trotz wirtschaftswissenschaftlichen Messinstrumentariums allenfalls näherungsweise bestimmen lässt. Während der lokal ansässige Händler noch die Wirkung seiner Anzeige, zum Beispiel in der Tagespresse, wegen einer überschaubaren Anzahl an Einflussfaktoren und den direkt in der Folge gemachten Umsätzen zumindest einigermaßen sicher abschätzen kann, steigt die Unsicherheit mit der Kampagnengröße und der Reichweite.

Die bewährten Instrumente der Werbewirkungsforschung liefern Werbetreibenden sowohl im Handel als auch in der Industrie eine erheblich höhere Sicherheit, einerseits die anvisierte Zielgruppe zu erreichen, andererseits die gewünschte Werbebotschaft zu übermitteln. Allerdings liefern auch bestehende Erfahrungswerte aus der Werbeforschung bereits interessante Anhaltspunkte zur Gestaltung der eigenen Kampagne, ohne notwendigerweise im Vorfeld zusätzliche Mittel für die Wirkungsanalyse investieren zu müssen.

Einige Agenturen arbeiten heute bereits mit ihren eigenen Techniken zur Ermittlung der Werbewirkung, gerade beim Einsatz mehrerer Medien (MediaMix). So zum Beispiel die Eigenauswertung der Nielsen Daten durch Michael Conrad & Leo Burnett oder der Media Observer von TMP. Die Basisdaten zu diesen agentureigenen Studien findet man in den meisten Fällen im Internet auf den Homepages der Agenturen. Je mehr Beweise zur Werbewirkung dem Anzeigenverkauf vorliegen, desto größer ist die Erfolgswahrscheinlichkeit im Anzeigenverkauf. Zudem steigt das Verständnis für die Arbeitsweise und die strategische Ausrichtung der Agentur und damit auch die des betreuten Werbekunden.

In der Geschichte der Zusammenarbeit zwischen Agenturen, Werbekunden und Medien kam es immer wieder vor, dass Agenturen mit Medien über zusätzliche, nicht eindeutig Kunden zugeordnete Rabatte verhandelt haben. Oftmals auch mit nicht unbedenklichem Nachdruck. Für die Medien offenbart sich dann immer ein massiver Interessenkonflikt. Gehen sie darauf ein und bezahlen die Agentur sozusagen neben der Agenturprovision extra, könnte sich die Frage stellen, wo dann der Kundennutzen liegt. Allerdings besteht die Gefahr, so wird es zumindest in solchen Verhandlungen gerne zweideutig formuliert, dass die Medien, die sich nicht zu solchen Zugeständnissen bereit erklärten, unter Umständen hier und da nicht berücksichtigt werden. „Agenturen müssten schließlich auch von etwas leben!"

Wer davon ausgeht, ein optimales Medium für einen bestimmten Kunden im Angebot zu haben und dann feststellen muss, bei der Auswahl der Agentur aufgrund von Nichtzahlung eines separaten Agenturbonusses nicht berücksichtigt worden zu sein, der ist geneigt, an den Agenturen vorbei auf sich aufmerksam zu machen. Die Forderung nach einem Ehrenkodex ist hier legitim, auch wenn diese schon mehrfach auch und gerade von Kundenseite geäußert wurde. Diese sind nämlich die wirklich Geschädigten. Bei der Auswahl der Medien stehen im ungünstigsten Fall nicht die Leistungswerte im Vordergrund, sondern die Frage, ob und wenn ja, wie viel zuvor an die Agentur bezahlt (Bargeld, Extrarabatt, Naturalanzeigen ...) wurde.

6. Verhandlungsführung im Anzeigenverkauf

Muss der Anzeigenverkauf sein „Produkt", die Anzeige, lieben und damit die viel geforderte Liebe zum Produkt leben? Nein. Lieben muss er das, was die Anzeige dem Werbekunde an positiven Effekten/Leistungen bringen wird. Er muss die Überzeugung entwickeln und beständig nähren, dass die Anzeigen dem Kunden zusätzliche Umsätze ermöglichen, die bestehenden Umsätze und Marktanteile sichern, neue Produkte in den Markt einführen können usw.

Die richtige Vorbereitung und Planung

Auch das Verhandeln im Allgemeinen und nicht nur bezogen auf die Einwandbehandlung will gelernt sein. Eine weltweite McKinsey Studie zur Qualität von Verkaufsgesprächen hat ergeben, dass deutsche Verkäufer in den Punkten Fachwissen und Produktkenntnis überdurchschnittlich gut sind, in allen anderen Punkten (Verhandlungsführung, Bedarfsermittlung, Nutzenargumentation …) allerdings unterdurchschnittlich sind. Die folgende Checkliste bietet Ansätze zum wirksamen, kundenorientiertem Verhandeln.

Checkliste für wirksame Preisverhandlungen:
- Überblick verschaffen.
- Perfekte Vorbereitung (Namen, Hintergründe, Aktuelles, Mitbewerber …).
- Kernpunkte und Ziele festlegen.
- Alternativen bereithalten.
- Interessenanalyse (unvereinbar, gemeinsam …).
- Notizen erstellen.
- Moral und Ethik.
- Bandbreiten abstecken (Verhandlungsspielraum).
- Objektivität wahren.
- Je konkreter die Planung, desto besser die Verhandlungsposition.
- Für Krisengespräche: von Polizei-Verhandlern lernen.

- ▶ Ohren haben Vorfahrt.
- ▶ Verhandlungsproblem (Einkäufersicht): Langeweile, Ermüdung, identisch zum Mitbewerb.

Im Gegensatz zu Dauerläufern (z. B. Waschmitteln), deren Werbeaussage sich einzig und allein gegen das Vergessen/Verdrängen richtet, stehen Produkte mit einem extrem kurzen Abverkaufszyklus vor ganz eigenen werbetechnischen Herausforderungen. Am Beispiel der Produktgattung „Computerspiele" lässt sich das sehr anschaulich darstellen. Abgesehen von schwer planbaren Produktionszyklen verkauft sich ein durchschnittliches Computerspiel zum Vollpreis nur in den ersten zwei bis drei Monaten. Produkt- und Release-Verschiebungen sind hierbei eher die Regel als die Ausnahme. Danach planen die Vermarktungsstrategen bereits Budgetversionen (Low-Price-Versionen) oder Lizenzvergabe in Spielesammlungen oder Beilagen für Verlage.

Diese extrem kurze Vermarktungsspanne erfordert eine absolute Konzentration auf Kernzielgruppen. Erst bei einer an die 100 Prozent heranreichenden Botschaftswahrnehmung in den Kernzielgruppen kann man weitere Vermarktungsmöglichkeiten aufgreifen. In diesen zwei, drei Monaten muss ein massiver Auftritt in den Zielgruppenmedien (TV, Print und Online) ohne Streuverluste erfolgen. Ein weiteres Phänomen ist der Run auf das vermeintliche Weihnachtsgeschäft. Zu diesem Zeitpunkt ist das Angebot und damit auch die Konkurrenzsituation derart groß, dass, obwohl mehr Käufer zur Verfügung stehen, die Abverkäufe sich abermals auf einige wenige Produkte konzentrieren. Einige der großen Firmen gehen bereits andere Wege. Da es nahezu unmöglich erscheint, Markenidentifikation auf Basis der beschriebenen Zyklen aufzubauen, verlegt man sich mehr auf den Aufbau der eigenen Marke. Zu wissen, wie der Kunde plant, und vor allem, welche Zeiträume für ihn entscheidend sind, ermöglicht es, die Angebote für den Kunden auf den Punkt zu bringen. In obigem Fall bedeutet das: Vollgas für einige wenige Wochen. Für diese Zeit stehen die Gelder zur Verfügung. Hier muss auch das Anzeigenseitenaufkommen maximiert werden.

Grundlagen zwischenmenschlicher Kommunikation

Beziehungen leben und sterben mit der Kommunikation. Wirksam kommunizieren zu können ist seit jeher eine der wertvollsten Fähigkeiten, die ein Anzeigenverkäufer besitzen kann. Im Folgenden erhalten Sie einige Tipps zur effizienten Kommunikation:

Tipps zur wirksamen Kommunikation:

- Positive Grundeinstellung (nicht übertrieben, aber es zwingt uns keiner zu tun, was wir tun).
- Volle Konzentration auf den Augenblick. Keine Gesten der Abwesenheit/des Desinteresses.
- Blickkontakt halten, aber nicht starren.
- Aktiv Hinhören.
- Notizen machen.
- Wiederholen und zusammenfassen.
- Bestätigungen einholen.
- Einen konkreten Verbleib vereinbaren.
- Jede Zusage einhalten.
- Ein Bewusstsein dafür entwickeln, dass man nicht nicht kommunizieren kann.
- Es ist egal, was gesagt wird, entscheidend ist, wie es ankommt.
- Sprache braucht Wahrhaftigkeit und Effektivität.
- Psychosomatik = Seelisches setzt sich im Körper fort (Psyche = Seele & Soma = Körper).
- „In medias res (Homer)" - Sofort auf den Punkt kommen.
- Die Bezugstechnik einsetzen: einen aktuellen, firmenrelevanten Aufhänger auswählen.
- Referenztechnik einsetzen – (Beispiel: Bekannte ...).
- Reiztechnik einsetzen: einen Spannungsbogen aufbauen (Worum geht es?).
- Stets mehr fragen als antworten/reden!

Wirksame Kommunikation in einem adäquaten Workflow ist ein wesentlicher Garant für Effektivität und Effizienz im Anzeigenverkauf. An keiner Stelle im gesamten Verkaufsprozess werden derart eklatante Fehler gemacht wie in der persönlichen Beziehung zwischen Kunde und Verkäufer. Ärger ist die Vorstufe des Kundenverlusts. Laut einer Studie des amerikanischen Verkäufermagazins „Selling Power" ärgern sich Kunden über folgende Punkte (siehe Tabelle 54):

Tabelle 54: Gründe für Kundenverärgerung

Grund der Verärgerung	In Prozent
▶ Unfreundliches Personal	▶ 72%
▶ Überzogene Preise	▶ 70%
▶ Mangelnde Hilfsbereitschaft	▶ 61%
▶ Schlampige Auftragserfüllung	▶ 57%
▶ Undurchsichtige Rechnungen	▶ 56%
▶ Lange Wartezeiten	▶ 56%

QUELLE: SELLING POWER, WHAT IS WRONG?, FREDERICKSBURG/USA 2008, ISSUE 4

Die expliziten Defizite der Verkäufer verteilen sich dabei wie folgt:

Tabelle 55: Verkäuferdefizite

Defizite der Verkäufer	In Prozent
▶ Erreichbarkeit	▶ 80%
▶ Zuverlässigkeit	▶ 76%
▶ Schnelligkeit	▶ 61%
▶ Freundlichkeit	▶ 55%

QUELLE: SELLING POWER, WHAT IS WRONG?, FREDERICKSBURG/USA 2008, ISSUE 4

Hier sollten Verkäufer ihre Hausaufgaben machen und sich darüber bewusst sein, dass im Zweifel jedes Wort und jedes Tun auf die Waagschale gelegt wird. Kundenservice ist eine Geisteshaltung, die sich nicht an- und ausstellen lässt, sondern die den gesamten Tag gelebt wird.

Doch was braucht der Kunde wirklich? Warum kauft er? Eine nahe liegende Antwort lautet sicherlich: „Weil der Kunde einen Bedarf befriedigen möchte." Zu verstehen, warum Menschen kaufen, hilft zu verstehen, wie erfolgreich verkauft werden kann. In der Zeitschrift „Psychologie Heute" wurde ein Zeitungsartikel des britischen Konsumpsychologen Paul Buckley zitiert. Es ging um die Frage, ob Shopping/Konsum glücklich macht. *„Für mich dreht sich beim demonstrativen Konsum alles um Angst – Angst, nicht dazuzugehören, Angst, von der sozialen Gruppe nicht akzeptiert zu werden. Es sind die schwächeren Persönlichkeiten mit geringem Selbstwertgefühl, die diese Ängste haben. Einkauf als Therapie – der Kauf von sozialer Akzeptanz – ist ein hoffnungsloser Heilungsversuch schwacher Seelen, die eine Persönlichkeit erhalten wollen."* Diese These klingt im Grunde plausibel und dürfte auch auf eine ganze Reihe von „Persönlichkeiten" zutreffen. Allerdings besteht auch die Gefahr einer zu starken Verallgemeinerung. Es sind häufig die „außerordentlichen" Leistungen, die auf Basis von Neid nur zu gerne mit einem schwachen Selbstwertgefühl gleichgesetzt werden. Bodybuilder sind ein gutes Beispiel für diese These. Häufig werden die extremen Muskelberge als schwache Persönlichkeiten „abgetan". Die enormen Anstrengungen und die damit verbundene und notwendige Disziplin bleiben bei dieser „Schubladen-Persönlichkeitsanalyse" unberücksichtigt. Wahrheit oder Neid?

Ganz ähnlich verhält es sich mit dem Konsum. Die dafür notwendigen Mittel bedürfen ebenfalls außerordentlicher Leistungen in anderen Gebieten, deren Ergebnis keine Muskeln, sondern Kapital ist. Bei uns herrscht die Einstellung: Geld zeigt man nicht, Geld hat man. Die Klassifizierung und Bewertung von Verhaltensmerkmalen ist allenfalls ein erstes Hilfsmittel auf dem Weg, sich selbst oder andere zu erkennen.

Kundenverlust

Es gibt vielfältige Möglichkeiten, Kunden zu verlieren. Der Praxisletter Werbung hat unter Bezug auf den amerikanischen Marketingexperten Jerry Wilson folgende Hitliste in Bezug auf den Kundenverlust veröffentlicht. Demzufolge fühlen sich 68 Prozent der Kunden zu wenig beachtet und weniger als zehn Prozent sind reine Preiskäufer.

Tabelle 56: Gründe für Kundenverlust

Gründe für den Kundenverlust	In Prozent
▶ Tod des Kunden	▶ 1%
▶ Umzug des Kunden in einen anderen Ort	▶ 3%
▶ Freunde des Kunden, bei denen er lieber kauft	▶ 5%
▶ Konkurrenten, bei denen der Kunden günstiger einkauft	▶ 9%
▶ Beschwerde des Kunden, die ergebnislos blieb	▶ 14%
▶ Gefühl des Kunden, nicht ausreichend beachtet zu werden	▶ 68%

QUELLE: VERLAG FÜR DEUTSCHE WIRTSCHAFT, DER WERBEBERATER, BONN 2008

Tabelle 57: Ranking der Gründe für Kundenverärgerung

Platzierung	Prozentsatz	Begründung
▶ 1	▶ 33%	▶ Gleichgültigkeit des Verkaufspersonals
▶ 2	▶ 21%	▶ Wiederholte Fehler
▶ 3	▶ 13%	▶ Ungenügende Auskünfte
▶ 4	▶ 11%	▶ Unhöflichkeit
▶ 5	▶ 8%	▶ Nichteinhaltung von Zusagen
▶ 6	▶ 3%	▶ Zu hoher Preis
▶ 7	▶ 3%	▶ Qualitätsmangel
▶ 8	▶ 8%	▶ Sonstige Gründe

QUELLE: VERLAG FÜR DEUTSCHE WIRTSCHAFT, DER WERBEBERATER, BONN 2008

Immer wieder kommt es vor, dass auch durchaus gute Kunden nicht mehr kaufen. Allerdings wird nur selten hinterfragt, was die Gründe dafür sind. Das deutsche Konsumbarometer liefert aufschlussreiche Ergebnisse.

Sage und schreibe 86 Prozent der Kundenverluste sind dementsprechend auf die sogenannten weichen Faktoren (Punkte 1 bis 5) zurückzuführen, sind also auch von Mitarbeitern zu vertreten.

Wie viele Konzepte wurden schon geschrieben, wie viele Präsentationen perfektioniert? Alles unter dem Deckmantel *am Kunden* zu arbeiten. Doch am Ende eines Tages wurden mit diesen passiven Aktivitäten keine Abschlüsse erzielt. Verkäufer haben einen aktiven Part in der Unternehmensstruktur zu erledigen und den können sie nur *beim Kunden* erfüllen. Indem sie direkt vor Ort sind und dem Kunden mit allen ihnen zur Verfügung stehenden Mittel unterstützen, werden sie Abschlüsse erzielen und zwar zu stabilen Preisen. Denn dieser persönliche Kontakt lässt sich nicht in Geld messen. Vor Ort können aktiv Kundenprobleme gelöst werden, für die unter Umständen auch deutlich mehr bezahlt werden würde, einzig weil sie für den Kunden von höchster Wichtigkeit sind. Da ist es dann völlig egal, was in den Präsentationen an schönen Inhalten eingebaut wurde. Stabile Preise und Folgegeschäfte bedingen die *Arbeit beim Kunden*, nicht *an* ihm. Einer allgemeinen Theorie zufolge ist die Gewinnung eines Neukunden siebenmal so zeit- und kapitalintensiv wie die effektive Betreuung eines Bestandskunden. Tom Peters hat in seinem Buch „Der Wow-Effekt" die Ergebnisse einer Kundenverlustanalyse veröffentlicht. Es galt herauszufinden, warum Bestandskunden „plötzlich" nicht mehr kaufen.

Gründe für einen plötzlichen Kundenverlust:
- 15 Prozent der Kunden verabschieden sich aufgrund von Qualitätsmängeln.
- 15 Prozent der Kunden verabschieden sich aus Preisgründen.
- 70 Prozent der Kunden waren mit dem Geschäftsgebaren in menschlicher Hinsicht unzufrieden.

In der Verhaltenspsychologie gibt es ein unter dem Titel „Dr. Tattersalls Brief", bekanntes Experiment: Eine Gruppe von 48 Patienten wurde willkürlich in zwei Gruppen unterteilt. Die eine Gruppe erhielt nach der Behandlung einen Brief, die andere Gruppe nicht. 13 der 24 Briefempfänger äußerten sich bei einer späteren Befragung „vollkommen zufrieden" - die bestmögliche Bewertung. Nur vier aus der Gruppe, die keinen Brief erhalten hatten, beurteilten die Zufriedenheit ebenso positiv. Nur ein einziger Brief erhöht die Quote der vollauf zufriedenen Patienten um mehr als das Dreifache. Die Pflege von Bestandskunden ist der Schlüssel zum Erfolg. Neukunden sind Sahnehauben, Bestandskunden das tägliche Brot.

Die Macht der Kulanz

Fehler passieren immer und überall. Dies ist menschlich. Entscheidend ist, wie der Anzeigenverkauf mit solchen Fehlern, die auf Kundenseite für Probleme sorgen, umgeht. Wer preisstabil verkaufen will, braucht, quasi als Rückendeckung, eine perfektes und großzügiges Kulanzsystem. Nur wer im „Ernstfall" Kunden schnell und unbürokratisch helfen kann, darf sich auch zukünftig über weitere Aufträge freuen. Dabei wird der sogenannte Multiplikatoreneffekt sichtbar: Kunden unterhalten sich nach einem erfüllten Anzeigenauftrag mit anderen Menschen darüber.

Tabelle 58: Kundentypen und Multiplikatoreneffekt

Kundentypus	Multiplikatoreneffekt
▶ Zufriedener Kunde	▶ 3-5x
▶ Unzufriedener Kunde	▶ 11x
▶ Unzufriedener Kunde und großzügig wieder eingerenkt	▶ 20x

Effektive Bedarfsermittlung

Der Kunde an sich ist kein abstraktes Wesen. Natürlich ist er ein Mensch, was an sich keine wirklich bedeutende Erkenntnis ist. Betrachten wir allerdings den Umgang mit den Kunden in den meisten Unternehmen, so könnte man zu der Auffassung gelangen, dass sich diese Erkenntnis nicht wirklich durchgesetzt hat. Dort wird er eher nach seiner Kundennummer als nach seinem Namen gefragt. Akzeptanz und Anerkennung sind zumeist Fremdwörter.

Wer wartet wo auf uns und unsere Leistungen? Wo gibt es offensichtlichen aber auch noch unerkannten Bedarf? Antworten liefert die Beantwortung einer Zusatzfrage: Wer gewinnt durch unsere Leistung? Dabei gilt: Je tiefer der Einstieg in die Bedarfsproblematik, desto wirkungsvoller der Lösungsansatz.

Effektivitätsverbesserungen und Gewinnmaximierungen stehen dabei immer im Fokus von bedarfsgerechten Lösungsansätzen. Wohlgemerkt: Lösungsansatz, nicht reiner Nutzen. Der Nutzen allein führt nicht zum Kauf. Einen Nutzen bieten zu können, ist gut, aber nicht kaufentscheidend („Tolle Sache, brauchen wir auch nicht!"). Daher gilt früher wie heute der Satz: Löse die Probleme deiner Kunden so wie deine eigenen! Erwartungen und Wünsche des Kunden sind nicht immer auf den ersten Blick erkenntlich. Es bedarf großen Einsatzes, die unbewussten und kundenspezifischen Motive zu erkennen. Die echten Motive und Bedürfnisse verstecken sich häufig hinter „rationalen" Argumenten. Nur der individuelle Bedarf zeigt dem Verkauf echte auftragsrelevante Lösungsansätze. Je mehr Informationen zum Kunden, seiner Firma, seinem Wettbewerb und seinen Markt vorliegen, desto mehr Möglichkeiten für bedarfsgerechte Lösungsansätze gibt es.

Ansätze für bedarfsgerechte Lösungsansätze:

- Offensichtliche Probleme (z. B. bei Hilfeanfragen direkt vom Kunden) Schwachstellen und nachweisliche Schwächen (z. B. Standortfrage, Preispolitik …)
- Schwierigkeiten (z. B. Organisationsstruktur, Personalfluktuation …)
- Wettbewerbsnachteile (z. B. Lieferzeiten, Warenumschlagszeiten …)

In einer großen amerikanischen Werbefachzeitschrift wurden die folgenden „Golden Regeln des Kundenservices" für die Medienwelt zusammengefasst.

Tabelle 59: Goldene Regeln des Kundenservice

Nr.	Verkaufsregeln
▶ 1	▶ Frage den Kunden, was er will, und gib es ihm immer und immer wieder.
▶ 2	▶ Nutze Systeme und Werkzeuge, die sicherstellen, dass Du den Job immer wieder richtig machst.
▶ 3	▶ Versprich weniger als Du lieferst (Menge, Zeit ...).
▶ 4	▶ Die Antwort auf eine Kundenanfrage ist immer „Ja".
▶ 5	▶ Jeder Verkäufer muss die Kompetenz haben, Kundenbeschwerden aus der Welt zu schaffen.
▶ 6	▶ Keine Beschwerden? Da läuft etwas schief!
▶ 7	▶ Messe alles, immer!
▶ 8	▶ Bezahle Menschen wie Partner!
▶ 9	▶ Zeige Respekt, immer!
▶ 10	▶ Lerne, improvisiere, imitiere und verbessere Dich stetig!

Verantwortung ist einer der Schlüssel zum persönlichen Verkaufserfolg. Die Verantwortung für das eigene Tun und Handeln zu übernehmen und keine Ausflüchte und Schuldigen mehr zu suchen, das unterscheidet den Angestellten vom unternehmerisch denkenden Anzeigenverkäufer. Natürlich gibt es immer wieder Punkte, die nicht in seiner Macht liegen, gibt es Vorkommnisse, die er nicht direkt, ja noch nicht einmal indirekt verursacht hat und trotzdem beim Kunden ausbaden muss. Was macht es dann für einen Eindruck, wenn vor dem Kunden über Firma und Kollegen hergezogen wird und vor allem, was interessiert es den Kunden? Dieser will eine Lösung und mit größter Sicherheit sind alle Beteiligten (Schuldigen) daran interessiert, im Kundeninteresse die Angelegenheit zu klären und zu seiner Zufriedenheit zu bearbeiten. Allerdings sinkt diese Bereitschaft, wenn sie direkt „platt" gemacht werden. Dann werden nämlich Ausflüchte gesucht und weitere Schuldige benannt. In den doch zumeist recht komplexen Unternehmungen gibt es immer „Ausweichschuldige". Der Kunde bleibt derweil unbefriedigt außen vor und sucht sich eventuell einen neuen Partner. So spannend kann Wirtschaft sein.

„Ich will Sie ja nicht drängen, aber da warten noch zwei Käufer für dieses Auto nur auf einen Anruf von mir. Allerdings, weil Sie mir so sympathisch sind, möchte ich, dass Sie diesen Traum in Stahl bekommen. Sie müssten sich nur jetzt entscheiden." So wird das nichts. Heute dürfte ein solches Vorgehen noch nicht einmal mehr beim Gebrauchtwagenhändler um die Ecke funktionieren. Obwohl ...

Die Verknappung im Anzeigengeschäft darf nicht künstlich sein. Sie muss real sein und jeder Überprüfung standhalten. Damit ist die Verknappung ein unternehmerisches Strategieelement. Sie bedarf der genauen Planung und eignet sich nicht als Ad-hoc-Maßnahme. Das bekannteste Beispiel für ein verknapptes Angebot sind die Umschlagseiten. Doch da gibt es ja auch noch die erste Doppelseite, die Anzeige neben dem Editorial, die erste Anzeige überhaupt, die einzige Anzeige in der Heftmitte, die einzige 1,5-seitige Anzeige, die letzte Anzeige, die einzige Anzeige im Exklusiv-Interview ... Für einen Verlag könnte das zum Beispiel auch in Form einer limitierten Anzahl von Anzeigenflächen in einem Magazin funktionieren. Anstatt bei jeder Ausgabe um maximale Seitenumfänge zu kämpfen, empfiehlt sich im Vorfeld eine genaue Potenzialanalyse. Die Gesamtanzeigenseitenzahl pro Ausgabe liegt dann z. B. um 25 Prozent unter dem Potenzial, der Anzeigenpreis um 30 Prozent über dem Durchschnitt. Einmal kommuniziert, wird von diesen Werten nicht mehr abgewichen.

In der Markenartikelindustrie ist der Uhrenhersteller Rolex für seine Wartelisten zum Model Daytona bekannt geworden. Wartezeiten von bis zu sechs Jahren waren eher die Regel als die Ausnahme. Über den Preis wurde dabei nie gesprochen und Rabatte (in der Uhrenindustrie zum Teil auch ohne Verhandlung bis zu 30 Prozent) waren nie ein Thema. Für die Taschenserie von Louis Vuitton 2003 gab es allein in Nürnberg Vorbestellungen im dreistelligem Bereich. Verfügbar waren pro Modell nicht mehr als zehn Exemplare. Preise? Unwichtig. Welche Motive stecken dahinter?

Im Grunde könnte man den gesamten Komplex der Motivation (intern und extern) unter: „Was ich möchte, gebe ich auch anderen!", zusammenfassen. Eine der größten Herausforderungen bei der Kundenorientierung besteht in dem Phänomen des sogenannten Herdentriebs. Menschen neigen dazu, das zu kaufen, was andere kaufen. Daraus lässt sich folgern, dass man potenzielle Käufer eher über die Popularität eines Produkts begeistern kann als über allgemeine, technische Informationen. Die Aufstellung in Tabelle 60 zeigt, was Kunden wünschen.

Um die Kundenbedürfnisse zu befriedigen, bedarf es der Beantwortung von zwei Fragen. Erstens: „Was biete ich an?" Und zweitens: „Welche Kunden kommen dafür in Frage?" Immer wieder erlebt man, dass Wunsch und Wirklichkeit im Werbegeschäft weit auseinander klaffen. „Wir sprechen mit unserem Titel doch die jungen Männer an. Da müssten wir doch auch die entsprechenden Kunden bekommen können." Doch die jungen Männer werden von vielen Medien angesprochen, von Fashion-, Health-, Surf-, Computerspielemagazinen usw.

Tabelle 60: Kundenwünsche

Platz	Kundenwunsch
▶ 1	▶ Bequemlichkeit
▶ 2	▶ Zuverlässigkeit
▶ 3	▶ Schnelligkeit
▶ 4	▶ Individueller Service
▶ 5	▶ Sorge ums eigene Wohlergehen
▶ 6	▶ Innovative Serviceleistungen
▶ 7	▶ Kommunikation
▶ 8	▶ Gesamteindruck des Unternehmens
▶ 9	▶ Persönlicher Kontakt
▶ 10	▶ Ehrlichkeit

QUELLE: SZAMEITAT & ASSOCIATES GMBH, KAUFÖKONOMIK. WIE SIE KUNDEN KAUFEN LASSEN, ALTDOFRF 2010, SEITE 46

Welchen Titel man letztendlich nutzt, ist für den Kunden meist unerheblich. Daher obliegt es dem Anzeigenverkäufer, die speziellen Vorzüge klar und deutlich zu kommunizieren. Ausnahmslos jeder Kunde ist ein sogenannter „Key Account". Und wenn nicht heute, dann vielleicht schon morgen, und die besten Kunden verdienen unseren besten Service. Kundenservice ist für viele Unternehmensbereiche immer noch ein Fremdwort. In den Management-Manuals werden die Kapitel zwar immer dicker, aber an der Umsetzung in der täglichen Praxis hapert es häufig gewaltig.

Einen gedruckten Werbeträger „populär" für die Kunden zu machen, das kann auf verschiedenen Wegen geschehen. Zum einen auf der „Aha-Schiene", indem man mit Empfehlungen und Referenzen arbeitet. So fühlen sich bestehende Kunden in ihrer Entscheidung bestätigt und neuen Kunden wird die noch anstehende Entscheidung erleichtert. Zum anderen lässt sich Popularität auch über ein Event- und Vip-Konzept erreichen. Wenn es gelingt, Veranstaltungen ins Leben zu rufen, die Prestige ausstrahlen und an denen gerne teilgenommen wird, entsteht durch dieses Rahmenprogramm ein positiver Rückkoppelungseffekt für das Objekt.

Ideen für VIP Konzepte:

▶ Messe- und/oder Eventsponsor (mit Einladungen für die Kunden)
▶ Veranstalter eigener Events (Preisverleihungen, Galaabende, Sportevents wie beispielsweise Agenturcups ...)
▶ Roundtable- oder Kamingespräche zu Kernthemen
▶ Seminare oder Workshops

Sehr hilfreich ist es immer wieder, in „sich hineinzuhören": „Was würde ich mir wünschen? Wie sieht eine Firma aus, mit der ich gerne zusammenarbeiten würde?" Sicherlich kann der Anzeigenverkauf nicht den gesamten Verlag von heute auf morgen zum Kundenservice motivieren, aber auch hier höhlt steter Tropfen den Stein. Beginnen kann jeder, sofort. Eine saubere und schnelle Abwicklung von Anzeigenaufträgen ist ebenso wünschenswert wie eine unproblematische Erreichbarkeit. Wer begeistern will, dem helfen die folgenden Fragen weiter.

Wichtige Fragen auf dem Weg zur Kundenbegeisterung:

- Welche Werte und Dienstleistungen erwartet der Kunde von uns?
- Welche zentralen Probleme hat unser Kunde und wie können wir ihm bei der Lösung helfen?
- An welchen Punkten bieten wir dem Kunden mehr, als es unsere Mitbewerber tun/können?
- Bekommt der Kunde Feedback über den Markt, dass er mit uns die richtige Wahl getroffen hat?
- Strebt unser Kundenservice nach Perfektion?

Vom Nutzen zur Leistungsargumentation

Papier gibt es in jedem Schreibwarenladen. Welchen spezifischen Nutzen bieten Anzeigen? In der Geschichte des Anzeigenverkaufs wurde definitiv noch nie eine Anzeige verkauft. Niemals. Kein Kunde hat oder würde für Tausende von Euro ein buntes Blatt Papier in einen Magazin kaufen. Das erste Zauberwort heißt Nutzen. Kunden kaufen immer nur den Nutzen, den die Anzeige bietet. Bei dem Versuch, exakt zu bestimmen, welchen spezifischen Nutzen eine Anzeige liefern kann, entstand die Theorie der drei Nutzen. Gemäß dieser Theorie befriedigt eine gute Anzeige die folgenden drei Nutzenmerkmale. Sie ist somit niemals nur auf einen einzigen Wirkungsbereich beschränkt.

Tabelle 61: Mini Cooper

Anzeigennutzen	Mini Cooper-Kampagne 2001/02 (Agentur Jung von Matt)
▶ Grundnutzen	▶ Die Anzeige Informiert über ein den neuen Mini Cooper aus dem Hause BMW.
▶ Objektiver Zusatznutzen	▶ Der Kaufwunsch wird geweckt.
▶ Subjektiver Zusatznutzen	▶ Durch gezielte und gekonnt umgesetzte Sympathiewerbung wird ein Image aufgebaut, das den Mini nicht als Auto erscheinen lässt, sondern als eine Art Freund, mit dem man jede Menge Spaß haben kann. Slogan: „Is it love?"

Die Drei-Nutzen-Theorie sollte Bestandteil jeder Präsentation sein. Eine Anzeige wirkt nie nur eindimensional, sondern immer in drei Richtungen. Dieser Punkt sollte in der Konzeptvorstellung deutlich herausgearbeitet werden und ist die Grundlage für die nun folgende Leistungsargumentation. Die traditionelle Verkaufsschulung spricht immer wieder von der sogenannten Nutzenargumentation, also über die Ableitung von Kundennutzenargumenten aus der Liste der Leistungseigenschaften. Doch das ist, salopp gesagt, nur die halbe Miete. Im Umfeld der Kunden gibt es ungezählte Leistungen, deren Nutzen durchaus ersichtlich ist, die aber nicht eingekauft werden. Es fehlt schlicht und einfach der Kaufreiz. Nutzenargumente sind nur dann sinnvoll, wenn man aus ihnen Lösungsargumente ableitet. Die Systematik der Argumentationsableitung lautet:

1. Leistungsargumente
2. Kundennutzenargumente
3. Problemlösungsargumente

In einem ersten Schritt gilt es, alle, wirklich alle Leistungsmerkmale eines Produkts aufzulisten. Einer der häufigsten Fehler besteht in dem Versuch, Leistungen über Leistungsargumente zu verkaufen. Diese meist technischen Argumente sind nur von geringem Wert für den Kunden. Er will wissen, welcher Nutzen sich für ihn daraus ergibt, und dieser Nutzen ist auch nur dann kaufentscheidend, wenn er ein dringendes Problem des Kunden vollständig löst. Somit sind die Problemlösungsargumente die einzig verkaufsrelevanten Argumente.

„Was ich nicht weiß, macht mich nicht heiß", lautet eine weitere Volksweisheit. Doch leider ist zumeist das Gegenteil der Fall. Nicht zu wissen, was die Kunden denken und wollen, kann den Anzeigenverkauf sehr schnell ins Abseits bringen.

Welche Maßnahmen bieten sich an, um den Kundenbedürfnissen auf der Spur zu bleiben?

1. Die strukturierte, mündliche Außendienst-Kundenbefragung. Dazu werden drei für den Verlag wesentliche Fragen definiert, die bei jedem Kundenkontakt mit abgefragt werden.
2. Die schriftliche jährliche Kundenbefragung.

Allerdings sind schriftliche Kundenbefragungen nicht ganz einfach. Damit sie einen größtmöglichen Erfolg erzielen, empfiehlt sich die Beachtung der folgenden Tipps:

Tipps und Tricks zur schriftlichen Kundenbefragung:

- Immer Adresse und Kommunikationsnummern mit abfragen.
- Nicht länger als eine Seite.
- Nicht mehr als 20 Fragen (15 zum Ankreuzen, 5 mit persönlichen Stellungnahmen).
- Immer sechs Felder für die Benotung zur Verfügung stellen (Bei fünf Feldern zeigt die 3 keine Tendenz, ist also keine positive, oder negative Antwort. Der Kunde soll sich aber entscheiden, da ansonsten keine Verbesserung möglich ist.).
- Garantie der Vertraulichkeit.
- Persönliche Beantwortung jeder Einsendung mit Stellungnahme zu den Problemfällen und Lösungsansätzen.
- Kleines Präsent für jeden eingesandten Fragebogen.
- Auslobung eines Gewinnspiels mit attraktiven Preisen als zusätzlichem Anreiz (Warum nicht mal eine Gratisanzeige?).

Die Scheu, den Kunden nach seiner Meinung zu fragen, scheint den gleichen Ursprung zu haben wie die Scheu vor der Abschlussfrage. Dabei antwortet jeder Mensch gerne auf Fragen, wenn er weiß, dass die Beantwortung zu Ergebnissen führt. Zu viele Kundenbefragungen scheitern, da es kaum zu einer Auswertung kommt, geschweige denn, der Kunde ein konstruktives Feedback erhält.

Einwandverhandlung

Analysiert man Verkaufsgespräche, so gewinnt man sehr schnell den Eindruck, dabei würde es sich in erster Linie um Umgang mit Einwänden handeln. In diesem Zusammenhang wird auch des Öfteren von der Einwandbehandlung gesprochen, als wären Einwände eine Krankheit. Dazu sind zwei Punkte festzuhalten:
1. Ohne Einwände bräuchte man keine Verkäufer.
2. Einwände sind nur ein Teil des gesamten Verhandlungsprozesses.

Eines der größten Schreckgespenster im Anzeigenverkauf stellen in der Tat die (Preis-)Einwände dar. Sie werden nur allzu leichtfertig mit Ablehnung gleichgesetzt und somit fast immer missverstanden. Hinsichtlich jeglicher Form von Einwänden galt und gilt schon immer der Grundsatz: Wer Einwände hat, hat Interesse. Einwände im Verkaufsgespräch sind dem Grunde nach mit Reklamationen im Rahmen einer späteren Geschäftsbeziehung gleichzusetzen. Es darf nicht zu viele Einwände geben, da dies ein untrügerisches Anzeichen dafür wäre, dass das Gesamtangebot zu diesem Kunden nicht passt. Doch nichts ist für die Ewigkeit, weder der Verkauf noch das nicht abgeschlossene Geschäft. Die Anforderungen und Rahmenbedingungen ändern sich im Laufe der Zeit und dann werden die Karten neu gemischt (neuer Gesprächspartner, neue Unternehmensausrichtung, der aktuelle Gesprächspartner wechselt die Firma usw.).

Das folgende Schema (siehe Abbildung 5) zeigt einen Musterablauf zur Wendung von Einwänden. Wichtig ist bei dieser Betrachtung, dass es sich nicht um ein starres Schema handelt. Ein- und Ausstiege sowie Ab- und Verkürzungen sind jederzeit möglich. Das Schema zeigt von oben nach unten die einzelnen Teilabschnitte bei der Wendung von Einwänden.

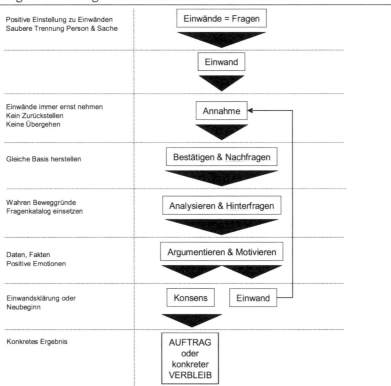

Abbildung 4: Wendung von Einwänden – Ablaufschema

Erläuterung zur Ablaufsystematik

Grundlegend ist die innere Einstellung zu jedem Einwand. Einwände sind Fragen, die sich an der Sache orientieren und keine persönlichen Angriffe. Die Einnahme einer Verteidigungshaltung ist eine unsinnige, rein emotionale Verhaltensweise. Der Kunde äußert mit seinem Einwand eine Frage. Ihm ist etwas in unserem Angebot noch nicht ganz klar, wobei er durch seinen Einwand vorhandenes Interesse signalisiert. Der Einwand muss sofort und mit völliger Konzentration auf diesen Punkt angenommen werden. Jedes „Übergehen" oder Ablenken könnte das Scheitern der Verhandlung mit sich bringen. Durch Nachfragen und Hinterfragen lässt sich der Kundenstandpunkt analysieren und verstehen. Somit erhält der Verkäufer die Basis für eine passende Argumentation, zu der Daten und Fakten herangezogen werden. Dies wird so lange fortgeführt, bis es zu einem einvernehmlichen Konsens kommt. Im besten Fall ist dies ein Auftrag, mindestens aber ein konkreter Verbleib (individuelles Angebot, nächster Termin, neues Produkt, Empfehlung ...).

Schlagfertigkeit ist eines der wesentlichen Merkmale des professionellen Anzeigenverkäufers. Alle „Return-Fragen" dürfen aber nicht dazu dienen, sich mit dem Kunden eine Art Tennis-Match zu liefern, bei dem die Bälle hin- und hergeschlagen werden. Sie sollten vielmehr immer zum Ziel haben, die noch offenen Fragen des Kunden zu klären und ihm Entscheidungssicherheit zu vermitteln. Dazu ein paar erste Praxistipps, die sich primär auf Preiseinwände beziehen:

- Preisrelativierung durch Verteilung auf die Nutzungsdauer, Reichweite ...
- Suchen nach Mess- und Vergleichsgrößen zur Relativierung
- Preise dem Kunden stets visualisieren, bildhaft darstellen
- Abstrakte Zahlen ohne Lösungsbezug verschrecken
- Aufgeschlossen sein und nicht vorschnell oder unüberlegt handeln
- Zündstoff im Vorfeld erkennen (Recherche/Vorbereitung) und entfernen
- Herausfinden, ob die wirklichen Widerstände verborgen werden, weil sie eventuell peinlich sind
- Wenn gar nichts mehr geht: Versuch es mal mit Ruhe und Gemütlichkeit ...

Einwände bieten die einzigartige Chance, etwas ganz Spezielles für den Kunden zu tun. Wer in diesen Situationen professionell agiert, erzeugt auf Kundenseite wesentlich positivere Gefühle als jeder noch so schöne Hochglanzprospekt.

Der Katalog der Einwandverhandlung

Der folgende „Katalog" umfasst die wichtigsten Einwände gegen Anzeigen sowie die in der Praxis bewährten Wendungen. Nicht jede Wendung passt auf jede Situation. Mit ein wenig Übung und Fingerspitzengefühl wird dieser Katalog aber ein wahre Fundgrube für jeden Verkäufer.

Die Anzeige ist zu teuer:

- Das kann ich verstehen. Es ist einfacher, sich einmal intensiv mit dem Kunden über den Preis auseinanderzusetzen, als sich jahrelang wegen schlechter Qualität zu entschuldigen.
- Sagen Sie mir bitte, in welchem Bereich Ihnen der Preis zu hoch erscheint.
- Im Verhältnis wozu?

- Darf ich Sie so verstehen, dass Sie bezweifeln, für Ihr Geld auch einen angemessenen Gegenwert zu erhalten?
- Genau. Und gerade deswegen können wir Ihnen alles das bieten, was Sie von einem verlässlichen Partner erwarten. Reichweite, genau definierte Zielgruppen, bestes Preis-Leistungs-Verhältnis …
- Ja. Unsere Anzeigen sind nicht billig. Aber jedes Jahr halten Hunderte von zufriedenen und langjährigen Kunden diese Preise für angemessen und bezahlen sie. Wollen Sie wissen, warum?
- Ja, der Preis muss stimmen. Vor allem muss er im Verhältnis zur Leistung stimmen, und die Leistungen umfassen unter anderem vor allem …
- Mir geht es häufiger so, dass ich ein sehr gutes Produkt gekauft habe, dessen Preis mir zunächst etwas zu hoch erschien. Aber bereits nach ein paar Tagen war der Preis vergessen und die Qualität begeistert mich bis heute.
- Unser marktgerechter Preis ist ein klassisches Nachfrageergebnis.
- Ist der Preis die letzte Tür zum Auftrag?
- Abgesehen von den Konditionen …
- Wenn wir Ihnen den Preis X machen würden, würden Sie den Auftrag dann erteilen?
- Sind Sie unsicher, ob diese Investition von der Geschäftsleitung/Kollegen kritisiert wird?
- Ist ein niedriger Preis wichtiger als die Reichweite und das damit verbundene Kundenpotenzial?
- Glauben Sie nicht auch, dass Sie sich an die Qualität unseres Produkts wesentlich länger erinnern werden als an den Preis?
- Unsere Preise stehen im Verhältnis zu unseren Leistungen.
- Möchten Sie das Erstbeste haben, oder gibt es für Sie noch andere Entscheidungskriterien?
- Die Preise bestimmen auch unsere Kunden gemäß den Gesetzmäßigkeiten von Angebot und Nachfrage.
- Können Sie mir das ein wenig näher erläutern?
- Das Gesetz der freien Marktwirtschaft verbietet es, etwas Gutes billig zu bekommen. Das Ziel der freien Marktwirtschaft ist die Erzielung von Gewinnen. Daher ist etwas augenscheinlich Billiges auf Dauer auch immer nur das wert.
- Genau aus diesem Grund sollten Sie bei uns buchen. Durch unsere transparente und wirtschaftliche Preiskalkulation ist es uns möglich, die besten Redakteure zu verpflichten, bei den renommiertesten Bildagenturen einzukaufen, auf allen wichtigen Veranstaltungen präsent zu sein, ständig und erfolgreich in Forschung und Entwicklung zu investieren, die optimalen Vertriebswege zu

nutzen, erfolgsorientierte Eigen-Werbekampagnen zu initiieren, industrierelevante Aktivitäten zu unterstützen, sprich die mit Abstand werberelevanteste Plattform anbieten zu können.

Die Konkurrenz ist billiger:
- Unsere Konkurrenten sind gute Kaufleute. Die wissen, wie viel ihr Produkt wert ist.
- Um wie viel ist die Konkurrenz denn billiger? ...! Da ist sicher noch mehr ...
- Ich glaube Ihnen, was Sie sagen. Mein Vorstand aber nicht. Wenn ich mit ihm über Preisnachlässe für einen Kunden sprechen will, bei dem uns unsere Konkurrenz unterbietet, dann muss ich es auch selber gesehen haben.
- Welchen Preis haben Sie sich denn eigentlich vorgestellt?
- Es gibt Produkte, die ähnlich sind. Die Unterschiede zeigen sich dann erst im Detail.
- Bitte sagen Sie mir, um welchen Wettbewerber es sich handelt.
- Als Fachmann wissen Sie ja auch, dass die Konditionen alleine nicht entscheidend sein können.
- Wenn ich Ihnen darlegen kann, dass unser Angebot, bezogen auf die tatsächliche Reichweite, und nur auf die kommt es letztendlich doch an, nicht um 15 Prozent über dem Mitbewerber liegt, sondern sieben Prozent darunter, autorisieren Sie dann den Auftrag?
- Bei einem solchen Angebot gibt es Unterschiede. Und nicht nur Unterschiede im Preis. Sie kennen z. B. ...?
- Sie erhalten, Sie verdienen ... Wo bietet der Mitbewerber mehr?
- Macht Sie so ein niedriger Preis nicht auch sehr nachdenklich?

Das Produkt ist noch zu neu:
- Warum sollte das ein Nachteil sein?
- Wir vereinen das Beste aus allen Erfahrungen.
- Das ist ein Teil der natürliche Auslese/Evolution. Die Entwicklung bleibt nicht stehen.

Das Produkt bietet nichts Neues:
- Warum sollte das ein Nachteil sein?
- Nicht selten sind Neuheiten noch mit zahlreichen Kinderkrankheiten behaftet. Diesen Ärger haben Sie mit einem bewährten Produkt natürlich nicht.
- Als erfahrener Mediaplaner sind Sie sicherlich auch der Meinung, dass es nicht darauf ankommt, dass ein Produkt neu ist, sondern dass es gut/zielgruppengerecht ist.
- Neuheiten entpuppen sich oftmals bei genauerem Hinsehen als nur äußerliche oder gar nur werbetechnische Veränderungen. Ein Beispiel ...

Wir werben schon vielfach:
- Der Leser verlangt ständig nach neuen Magazinen. Neue Anzeigenumfelder zeichnen den fortschrittlichen Geschäftsmann/Produzenten/Werber aus, meint der Leser.
- Ein erst kürzlich durchgeführter Anzeigentest ergab eine erfreulich positive Bestellresonanz von 18,4 Prozent.
- Auch Ihr Warenangebot verändert sich ständig. Es wird laufend aktualisiert und optimiert. Bitte prüfen Sie doch einmal anhand Ihrer Rücklaufkontrollauswertungen die Wirtschaftlichkeit der bis dato ausgewählten Werbeträger. Ich bin mir sicher …
- Wir haben da ein faszinierendes Neukundenmodell …

Wir haben keinen Bedarf:
- Als verantwortungsvoller Mediaplaner denken Sie doch sicherlich im Voraus. Darf ich Ihnen deshalb ein paar Anregungen zum Thema Jugendmarketing und Zielgruppenoptimierung geben?
- Unser Produkt ist nicht nur ein Bedarfsdecker. Es ist vielmehr ein Bedarfswecker.
- Ich verstehe. Aber wenn Bedarf entsteht, dann wollen Sie doch sicherlich die richtigen Quellen kennen. Treffen wir uns doch zu einem unverbindlichen Informationsgespräch.
- Dann haben Sie ja Glück. So können wir in aller Ruhe die Alternativen prüfen.
- Bei diesem Termin geht es mir auch vorrangig um Ihre Meinung als Fachmann zu unserem Produkt.

Wir haben kein Geld:
- Sie meinen, dass Sie eine Anzeigenbuchung im Moment nicht vertreten/verantworten können?
- Gerade deshalb bin ich hier. Damit die Kasse wieder klingelt.
- Ich verstehe, dass Sie nicht in Liquiditätsengpässe kommen wollen. Wenn ich für Sie eine Lösung finde, würden Sie sich dann für XYZ entscheiden?
- Das verstehe ich natürlich. Aber vielleicht finden wir eine Lösung, die wir beide tragen können.
- Sie wollen sagen, dass dieses Produkt für Sie im Moment keine Priorität hat. Bitte lassen Sie mich Ihnen zeigen, wie Sie die besonderen Vorteile unserer Angebote für sich nutzen können.
- Für welchen Zeitraum gilt das?
- Gilt das für alle unsere Magazine und Werbeformen (Sonderhefte, Messeausgaben …)?

Die Qualität ist ungenügend:

- Unsere Qualität ist sehr nutzen- und zweckorientiert. Wir wollen Informationen transportieren und keine Designerpreise gewinnen.
- Unsere Marktforschung hat gezeigt ...
- Dieser Eindruck kann auf den ersten Blick entstehen. Wenn man aber ...
- Man erkennt den Fachmann. Nur Wenige erkennen, dass wir aus folgenden Gründen nicht ausschließlich erste Qualität verwenden ...
- Ich war eine Zeitlang der gleichen Ansicht, bis ich die folgenden Informationen erhielt ...
- Das Papier ist vielleicht nicht das Beste, dafür stimmt der Preis.

Das Risiko ist zu hoch:

- Welcher Punkt beunruhigt Sie?
- Sie gehen keinerlei Risiko ein. Ich geben Ihnen folgende Garantieleistungen ...
- Genau aus diesem Grund lohnt sich diese Investition. Die Gutachten und Leseranalysen beweisen, dass die Gewinnchancen jetzt am größten sind.
- Warum dem Mitbewerber den Markt überlassen?
- Gerne nenne ich Ihnen die direkten Telefondurchwahlen unserer Referenzkunden.
- Was kann ich tun, damit Sie sich sicher fühlen?

Wir haben mehrere Angebote:

- Wo würden Sie unser Angebot auf einer Skala von 0 bis 100 Prozent einordnen?
- Sollten Sie von einem Mitbewerber ein günstigeres Angebot erhalten, könnten Sie sich dann erklären, wie man dort kalkuliert?
- Sie sind ein viel beschäftigter Mann. Ich will Ihnen helfen, Zeit zu sparen. Eine Übersicht über die Angebote unserer Mitbewerber habe ich hier.
- Ich verstehe, dass Sie die einzelnen Anbieter untereinander vergleichen möchten. Unsere Exklusivvorteile finden Sie in dieser Darstellung noch einmal übersichtlich zusammengefasst.
- Gibt es sonst noch einen Punkt, der Sie zögern lässt zu buchen?

Die Nachfrage hat sich verändert:

- In welcher Weise?
- Gerade deshalb bin ich hier, um Ihre Gewinne zu sichern.

Die Entscheidung trifft der Chef:

- Wenn Sie alleine entscheiden könnten, wie würden Sie entscheiden?
- Würde Ihr Chef Ihnen Vorwürfe machen, wenn Sie heute bestellen würden?

- Was halten Sie von einem Gespräch zu dritt? Wenn Ihr Chef zusätzliche Informationen benötigt, dann kann ich Ihnen direkt helfen.
- Können wir Ihren Chef vielleicht gleich sprechen?
- Das heißt, Sie möchten Ihrem Chef bei der Auftragserteilung nicht vorgreifen, aber Sie würden unser Angebot akzeptieren/autorisieren und es Ihrem Chef auch empfehlen, weil Sie von der Qualität des Angebots/der Leistungen überzeugt sind?
- Gibt es darüber hinaus noch Punkte, die Sie von einer Buchung abhalten?

Wir bekommen viele Beschwerden:
- Worüber genau?
- Es tut mir leid, dass Sie schlechte Erfahrungen gemacht haben. Geben Sie mir eine Chance.
- Ich verstehe Sie. Bitte sagen Sie mir, welcher Natur die Beschwerden waren.

Wie viel Rabatt bekommen wir?
- Damit treffen Sie eine der Grundsäulen unseres Unternehmens. Die Preissicherheit. Darf ich Sie fragen, ob Sie Ihren Kunden alle Rabattwünsche erfüllen können?
- Darf ich Sie fragen: Kaufen Sie Rabatte oder Nutzen?
- Wenn Sie drei Prozent Rabatt bekämen, würden Sie dann hier und jetzt buchen?
- Den Rabatt bestimmen Sie. Wenn Sie zwölf Anzeigen buchen, dann können wir den Rabatt ...
- Rabat ist für unsere Firma eine Stadt in Marokko.

Wir haben kein Interesse:
- Sind Sie wirklich nicht an zusätzlichem Umsatz interessiert? Einem Umsatz, der über Hunderttausende von Lesern der XY generiert wird?
- Das ist verständlich. Deshalb rufe ich Sie an. So können wir persönlich die Möglichkeiten prüfen.
- Es gibt auch keinerlei Gründe, warum Sie unsere Magazine interessieren sollten, bevor ich Ihnen nicht die vielfältigen Vorteile anschaulich zeigen konnte.

Wir brauchen Zeit zum Überlegen:
- Welcher Punkt lässt Sie zögern, macht Sie nachdenklich?
- Wenn Sie noch überlegen möchten, ist Ihnen wahrscheinlich etwas unklar geblieben. Bitte sagen Sie mir, was.
- Sie machen auf mich den Eindruck eines entscheidungsfreudigen Mediaplaners. Was hindert Sie daran, Nägel mit Köpfen zu machen?

Wir wollen zunächst noch etwas abwarten:
- Ich verstehe, dass das eine wichtige Entscheidung für Sie ist. Vielleicht kann ich Ihnen helfen. Ich habe hier ein paar Zahlen vorbereitet.
- Was wird sich Ihrer Meinung nach in der nächsten Zeit ändern? Steigende Preise, steigende Marktunsicherheiten?
- Was glauben Sie, können Sie gewinnen, wenn Sie die Entscheidung vertagen?
- Wenn Ihr Mitbewerber auch so denkt, wäre das doch eine tolle Gelegenheit, ihm eine Nasenlänge voraus zu sein.
- Darf ich Ihnen einige Briefe von Kunden zeigen, die vor einigen Monaten bereits bei uns geschaltet haben und heute mehr als zufrieden sind?
- Ich bin nun seit zehn Jahren in diesem Markt. Ich weiß, dass der Bedarf da ist.
- Wir haben 18 Monate an dem Konzept gearbeitet. Das beweist unser großes Vertrauen in diesen Markt.
- Welche Kriterien müsste der Titel erfüllen, damit Sie sofort buchen könnten?

Wir sind bereits Kunde der Konkurrenz:
- Was schätzen Sie besonders an ...
- Ich weiß, dass Sie mit XY sehr zufrieden sind. Das können Sie auch. XY ist ein hervorragendes Medium. Wie interessant sind die ... Exklusivleser, die Ihnen unser Titel bietet?
- Das kann ich sehr gut nachvollziehen. Doch denken Sie an die größere Absicherung Ihrer Marketingstrategie, wenn Sie sich auf diese beiden Titel konzentrieren würden.
- Glücklicherweise sagen das unsere Kunden auch sehr häufig. Dennoch testen gerade unsere besten Kunden dann und wann auch die Angebote unserer Mitbewerber, um zu sehen, ob sie noch gut bedient werden.

Ich habe keine Zeit:
- Das heißt, ich muss Ihnen in drei Minuten Ihren Nutzen und Ihre Gewinnmöglichkeiten durch unsere Fachzeitschriften darlegen?
- Wenn Sie gerade keine Zeit haben, wann hätten Sie ca. acht bis neun Minuten für ein möglicherweise äußerst lukratives Geschäft?

- Darf ich Ihnen einen Vorschlag machen? Sie können binnen vier Minuten entscheiden, ob mein Angebot Ihnen die erhofften Vorteile bringt. Wenn nicht, bin ich sofort weg.
- Da komme ich glaube ich genau richtig. Wenn Sie mir eine Minute zuhören möchten, zeige ich Ihnen, welche enormen Zeitvorteile es mit sich bringen wird, wenn Sie mit XYZ zusammenarbeiten.
- Ich verstehe. Die Zeit, die Sie anderen widmen, ist eine Investition. Die Zeit, die Sie in unser Gespräch investieren, wird sich als mehr als nur gewinnbringend erweisen.
- Ich verstehe, dass Sie sehr beschäftigt sind. Doch unsere Geschäftsbeziehung könnte einen Großteil Ihrer geschäftlichen Zukunft entscheidend beeinflussen.

Sie sind ein unbekannter Verlag:

- Die Leistungsfähigkeit einer Firma entspricht nicht immer ihrem Bekanntheitsgrad. Sie erinnern sich doch bestimmt noch an den Elch-Test?
- Angenommen ... Würden Sie den Auftrag aus dem Grund nicht autorisieren, weil wir eine noch kleine Firma sind?
- Gerade deswegen können wir einen unschlagbaren Kundenservice bieten. Sie haben immer den gleichen Ansprechpartner und sind nicht nur eine Nummer in einer undurchsichtigen Maschinerie.
- Ich spreche häufig mit Menschen, die mir von Firmen erzählen, deren Namen ich noch nie zuvor gehört oder gelesen habe. Und auf einmal begegne ich dieser Firma überall.
- Als Sie angefangen haben, sind Ihnen sicherlich Einkäufer mit dem gleichen Argument begegnet. Wie haben Sie darauf reagiert?

Sie haben keine IVW Prüfung (keine Prüfung durch offizielle Stellen):

- Es kommt nicht nur auf den Nachweis der Verbreitung an, sondern vor allem auf den Nachweis der Werbewirkung. Unsere Referenzliste gibt Ihnen einen ersten Eindruck ...

Wir haben volle Auftragsbücher:

- Das hört man gerne. Wie sichern Sie diesen Umstand für die Zukunft?

Redaktionelle Koppelgeschäfte:

- Das hängt einzig und allein von der Redaktion ab, bei der ich gerne ein gutes Wort einlege.
- Mit welchem Gesamtumsatz darf ich rechnen?
- Ich darf Ihnen gerne unsere Preisliste für PR-Beiträge zukommen lassen.

Sie sind schon der Dritte heute:
- Das ist ein Beweis dafür, dass Ihr Haus einen exzellenten Ruf hat.
- Darf ich Sie morgen früh anrufen, dann wäre ich der Erste.
- Das Beste kommt zum Schluss!

Sie haben die falsche Zielgruppe:
- Darf ich erfahren, wer Ihre Zielgruppe ist?
- Gibt es jetzt oder später Produkte/Dienstleistungen Ihres Hauses, für die unsere Zielgruppe interessant wäre?

Die Zeitschrift wird nicht gelesen:
- Wie haben Sie das festgestellt?
- Darf ich Sie auf eine Freiproduktanzeige einladen?

Die Auflage ist zu gering!
- Neben der absoluten Auflagenzahl spielt auch die verfügbare Kaufkraft der erreichbaren Zielgruppe eine Rolle.

Bei uns ist die Planung noch im Gang:
- Darf ich fragen, wann Sie erwarten, mit den Planungen fertig zu sein?
- Was kann ich zu dieser Planung beitragen?
- Wir schalten nur zu bestimmten Anlässen:
- Darf ich erfahren, welche Art von Anlässen das ist?

Wir geben kein Geld für einen Anzeigenfriedhof aus:
- Es kommt nicht auf die Platzierung an, sondern ob und wie die Anzeige wahrgenommen wird.
- Werbung bringt nichts!
- Kennen Sie das Fallbeispiel Stefan Kappers?
- Kennen Sie das Fallbeispiel Kemco Coffee?
- Kennen Sie das Fallbeispiel Wallis?

Unserer Ansicht nach wird zu viel Werbung gemacht:
- Das zeigt Ihnen und uns ja auch die Wichtigkeit und das Potenzial des Marktes

Bitte wenden Sie sich an die Agentur:
- Sagen Sie mir bitte, wer dort genau die Entscheidungen für Sie trifft.
- Darf ich mich auf Sie berufen?

Nicht das Wortgefecht ist das Ziel, sondern die Verhinderung von Sprachlosigkeit. Es geht darum, aus Einwänden Verkaufsargument zu entwickeln und die wahren Beweggründe des Kunden kennenzulernen.

Einwandverhandlung – die Sonderfälle

Unter den Einwänden gibt es zwei Sonderfälle, die hier gesondert behandelt werden, die Mitbewerberdrohung und die Mittel-, Groß-, Kleinstrategie.

Mitbewerberdrohung

„Beim Mitbewerb bekomme ich 50 Prozent Rabatt auf die Anzeigen. Entweder kommen Sie mir da entsprechend entgegen, oder ich schalte dort!" Das ist eine von vielen Varianten, in denen die sogenannte Mitbewerberdrohung ausgesprochen wird. Bei solchen direkten Konfrontationen sind drei Fragen entscheidend:

1. Ist das ein Bluff?
2. Stimmt das?
3. Warum spricht er überhaupt mit mir?

Für den Fall, dass es ein Bluff sein sollte, empfiehlt sich der Hinweis auf den folgenden Sachverhalt: Wenn der Mitbewerb sich nicht an seine Preislisten hält und im Markt mit Dumpingpreisen arbeitet, ist das zum einen ein Verstoß gegen das Gesetz gegen unlauteren Wettbewerb (UWG) und zum anderen dürfte er sich auch bald vom Markt verabschieden. Grundsätzlich gilt, dass kein Verlag Geld zu verschenken hat. Eine auf Respekt und Vorsicht aufgebaute Beziehung zum Anzeigenleiter oder zur Anzeigenleiterin des Mitbewerbers kann solche Provokationen entkräften. Ist der Mitbewerb Mitglied im maz, ist ein Abweichen von der Preisliste ohnehin äußerst unwahrscheinlich. Wenn der Kunde kein Interesse an dem Titel hätte, dann würde er auch nicht mit dem Anzeigenverkauf sprechen. Also lässt sich prinzipiell festhalten, dass der Kunde interessiert ist. Somit ergibt sich die Aufgabe, die eigenen Leistungen zu den eigenen Preisen zu verkaufen.

Ebenso ist davon auszugehen, dass das Mitbewerberangebot nicht identisch mit dem eigenen ist. Es gilt, die Unterschiede herauszuarbeiten und dezidiert darauf hinzuweisen. Wie sieht es mit der Platzierung, den Terminen, den Farbzuschlägen, Skonti, der Beleganzahl, dem Image, der Zielgruppenschnittmenge, den Doppellesern bzw. Exklusivlesern, dem TKP, TAP und den IVW-Zahlen aus?

Zudem kann die Begehrlichkeit geweckt werden, indem man eine Buchung wegen „Grenzerreichung" nicht annimmt („Ausgebucht/Überbucht"), denn was der Kunde nicht haben kann, dass will er umso mehr. Keine Leistung ohne Gegenleistung. Sollte sich trotzdem keine Annäherung abzeichnen und es einzig und allein um den Preis gehen, sollten Zugeständnisse beim Format, der Platzierung, den Zahlungsbedingungen (Vorauskassen) usw. vom Kunden eingeholt werden. Ist auch da nichts zu machen, empfiehlt es sich, auf den Kunden zu verzichten.

Die Mittel-, Groß-, Kleinstrategie

Häufig wird die Mittel-, Groß-, Kleinstrategie (MGK-Strategie) von Einkäufern eingesetzt, um die Preise zu „drücken". Wie kann auch der Verkauf mit dieser Strategie erfolgreich arbeiten? Die Strategie ist alt, die Wirkung jedoch immer wieder verblüffend. Ein Kunde ruft an und sagt, er plane eine umfangreiche, imagebildende Anzeigenkampagne (mittel). So zwei Seiten pro Ausgabe. Der Anzeigenverkauf möge doch einmal ein entsprechendes Angebot erstellen. Sobald das Angebot eingeht, zeigt sich der Kunde erfreut über die fairen Konditionen und überlegt, ob er nicht bei einem entsprechenden Angebot auch drei Seiten pro Ausgabe schalten solle (groß). Das Angebot wird nicht lange auf sich warten lassen. Dann wird noch einmal, auf Basis des drei Seiten pro Ausgabe umfassenden Angebots, „nachverhandelt". Es wäre ja schließlich auch für den Verlag ein bedeutendes Geschäft. Dann steht der Preis, beide Parteien sind sich im Grunde einig.

Ein gewisse Zeit später, der Auftrag ist immer noch nicht unterschrieben, meldet sich der Kunde wieder. Eine „höhere" Instanz (Geschäftsführung, Vorstand ...) habe das Projekt gekippt. Es wäre nur noch ein kleiner Etat übrig geblieben. Die einzige Chance zusammenzukommen sei, zu den drei Seiten pro Ausgabe-Konditionen 1/1 Seiten zu schalten (klein). Dabei kalkuliert der Kunde auf zwei wesentliche Einstellungen seitens des Verkaufs:

- Eine 1/1 Seite ist besser als gar nichts.
- Es wurde schon so viel Zeit in Angebot gesteckt, dass kein Abschluss keine Alternative ist.

Grundsätzlich handelt es sich um eine Strategie, die ein Kunde auf einen Werbeträger anwendet, den er gerne im seinem Mediaplan hätte. Ansonsten würde er sich die ganze Mühe nicht machen. Das Spiel der „höheren" Instanz ist für den Anzeigenverkauf ebenso einsetzbar. Strategische, also verhandlungsrelevante Entscheidungen, können immer in Abhängigkeit zu dieser „höheren" Instanz gesetzt werden. Somit könnten auch Absagen, die solchen Kunden im Zweifel erteilt werden müssen (Gebot der Fairness gegenüber allen anderen Kunden) begründet werden.

Preisgespräche führen

Für jeden Anzeigenverkäufer nimmt das Preisgespräch eine Sonderstellung ein. Die Gründe dafür sind vielfältig. Theoretisch besteht immer die Möglichkeit, trotz aller Vorarbeit, allen Markenaufbaus und aller Markenpflege, in ein Preisgespräch verwickelt zu werden. Unter denen, die sich auf Verhandlungen spezialisiert haben, gilt seit jeher der Grundsatz: Wer die Trümpfe hält, der braucht die Ruhe nicht zu verlieren, und wer keine Trümpfe hat, der darf die Ruhe nicht verlieren. Trümpfe sind im Verständnis des preisstabilen Verkaufens die Markenattribute, für die der Verkäufer steht. Wer sich noch keine Trümpfe erarbeiten konnte, dem hilft die richtige Atmung über die ersten, plötzlichen Hürden hinweg. Die erfolgreichsten Polizeiverhandler, also Verhandlungsführer, die in höchst angespannten Verhandlungssituationen bestehen müssen, empfehlen einfache Atemübungen, die einen Zustand der äußerer Ruhe bewirken. Wer sich intensiv mit Verhandlungen beschäftigen will, dem sei in diesem Zusammenhang das Buch „Verhandeln im Grenzbereich" empfohlen.

Die Frage nach dem Preis kommt bei Einkäufern in den meisten Fällen, weil sie wissen, dass der Verkäufer nur ganz schlecht mit dieser Frage umgehen kann und sie allein durch diese kleine Frage bessere Konditionen bzw. Zugeständnisse erhalten werden. Hinzu kommt, dass der Preisdruck, der im Markt herrscht, den Einkäufern zugute kommt. Darüber hinaus gibt es natürlich noch eine Reihe weiterer Punkte.

Gründe, warum nach dem Preis gefragt wird:
- Wertigkeit der Leistung aus Sicht des Kunden ist nicht gegeben.
- Der Preis wurde noch nicht genannt.
- Es gibt keinen Bedarf aus Sicht des Kunden.
- Es gibt aus Sicht des Kunden gleichwertige Alternativen.
- Es gibt ungelöste Probleme mit der Firma des Verkäufers (negative Vorgeschichte).
- Es gibt andere/weitere Berührungspunkte des Kunden mit der Firma des Verkäufers.
- Es besteht eine Antipathie zum Verkäufer.
- Die Frage nach dem Preis verspricht oftmals bessere Konditionen.

Zu diesen Gründen kommt noch hinzu, dass die Bestimmung/Kalkulation von Anzeigenpreisen nicht immer transparent ist. Beachtet werden jedoch die sogenannten Schwellenpreise, deren einzige Begründung in ihrem optischen Erscheinungsbild liegt. So sieht beispielsweise 0,99 Euro schöner als 1,00 Euro aus. Mündige Käufer werden sich davon kaum beeindrucken lassen und unter Umständen kann der Schuss auch nach hinten losgehen. Es gibt zudem ein Reihe von Beweggründen für Preisgespräche.

Preisgespräche und ihre Hintergründe:
- Preise stehen immer in Relation zum Wettbewerb, zum Wertgefühl und zum Budget des Kunden.
- Nicht erfolgter Zielgruppengrundsatz: Für wen löse ich mit meinen Leistungen Probleme?
- Kundengewinn ist das Zünglein an der Preiswaage (ein hoher Wert relativiert den Preis).
- Preisnachlässe haben einen wesentlichen Einfluss auf die zukünftige Preisstruktur.
- Einmal gültige Preise lassen sich nur sehr schwer wieder auf ein wirtschaftliches Niveau erhöhen.
- Hauptproblem: Preise werden defensiv verteidigt und Verkäufer haben Angst vor dem Preisgespräch.

Die Betriebswirtschaftslehre definiert eine Reihe von Kalkulationsverfahren zur Preisfindung. Allerdings handelt es sich dabei um rein theoretische Modelle. Faktoren wie Kundenzufriedenheit, Vertrauen, Verhältnis zum Unternehmen und Verkäufer usw. finden keine Berücksichtigung. Das Vertrauen des Kunden in die Leistung wird maßgeblich vom Verhalten des Verkäufers in den Punkten Beständigkeit, Zuverlässigkeit, Fairness und Kulanz bestimmt. Es gibt Analogien in Preisgesprächen, die dem Anzeigenverkäufer helfen, kundengerecht zu handeln. Preisgespräche folgen in der Regel immer einem dieser beiden Muster:

1. Der Einkäufer ist noch nicht restlos vom Wert der Anzeige überzeugt.
2. Der Einkäufer verhandelt aus Prinzip, nach dem Motto: „Ein bisschen was geht immer!"

Wer einige wenige Grundsätze und Tipps zum Preisgespräch beachtet, der wird schon bald Gefallen daran finden können.

Tipps für das Preisgespräch:
- Jede Preisverteidigung signalisiert: Der Preis steht nicht fest.
- Die Frage nach dem Preis bedingt die sofortige Antwort in ruhiger Sprache.
- Zusage: Das Produkt ist nicht billig, aber seinen Preis wert, weil (Nutzenargumentation).
- Preise nach Baukastensystem aufbauen (Den Preis bestimmen Sie über ...).

- Nutzennachweis auch mittels Sympathie, fachlicher Kompetenz und Vertrauenswürdigkeit.
- Zum Nutzennachweis die Gesamtangebote der Firma nennen/einbeziehen.
- Kein Kunde kauft den Preis, sondern die günstigste Kombination aus Preis und Qualität.
- „Konfrontation" im Preiskampf darf die Kooperation in anderen Bereichen nicht beeinflussen.
- Das Preisgespräch immer sportlich sehen (wie ein Tennisspiel).
- Richtige Vorbereitung ist die beste Voraussetzung für das Preisgespräch = Nutzenketten.
- Alle Konditionen kennen und erstklassig dargestellt dabei haben.
- Das geschriebene Wort zählt.
- Preiskompetenz durch Zahlenspiele, kleinrechnen, großrechnen (schnell und sicher).
- Abgrenzungsmöglichkeiten zum Mitbewerb definieren (Konkurrenzpreise sind kein Druckmittel).
- Arbeiten mit spontaner Visualisierung (nachvollziehbare Zeichnungen direkt beim Kunden).

Preisgespräche sind ein wesentlicher Bestandteil im Verkaufsprozess. Perfekte Vorbereitung macht „sattelfest" und strahlt die für den Abschluss notwendige Souveränität aus. So formulierte es auch Christian Altmann in seinem gleichnamigen, empfehlenswertem Buch „Kunden kaufen nur von Siegern". Um Preise verstehen zu können, muss der Verkäufer die Relation zwischen Umsatz, Gewinn, Rabatten und Kosten kennen. Der Rabatt schmälert beispielsweise in erster Linie den Deckungsbeitrag des getätigten Umsatzes.

Ausgehend vom Umsatz werden im ersten Schritt alle Erlösschmälerungen abgezogen, was zum sogenannten bereinigtem Umsatz führt. Von diesem bereinigtem Umsatz werden dann die Herstellungs- bzw. Produktionskosten abgezogen und das Ergebnis ist der Deckungsbeitrag 1, der dann alle übrigen Kosten des Unternehmens und auch den Gewinn sichern soll.

Umsatz
./. Erlösschmälerungen (Boni, Skonti, Rabatte)
= bereinigter Umsatz
./. Wareneinstandskosten, Herstellkosten
= Deckungsbeitrag 1 (Rohmarge)

So verbissen auch um den Preis „gefeilscht" wird, so schnell ist dieser im „Alltag" vergessen. Erfüllt die gekaufte Leistung ihren Zweck, spielt der Preis keine Rolle. Erfüllt sie ihn nicht, überwiegt der Ärger. Die Folgekosten relativieren jeden zuvor gezahlten vermeintlich günstigen Preis. Diese Erkenntnis ist nicht wirklich neu. Erstaunlich aber ist, wann sie erstmals zu Papier gebracht worden ist: 1846 von John Ruskin (1819 bis 1900), einem englischer Schriftsteller und Sozialreformer.

> „Es ist nicht klug, zu viel zu bezahlen, es ist aber auch nicht klug, zu wenig zu bezahlen! Wenn Sie zu viel bezahlen, ist alles, was Sie verlieren können, ein wenig Geld. Das ist alles!
> Wenn Sie zu wenig bezahlen, verlieren Sie vielleicht alles, weil das Ding, das sie kauften, unfähig ist das zu tun, wofür Sie es kauften.
> Wenn Sie sich mit dem niedrigsten Anbieter einlassen, so ist es gut, dem Angebot noch etwas Geld hinzuzufügen, für das Risiko, das Sie eingehen.
> Und wenn Sie das tun, dann haben Sie auch genügend Geld, etwas Besseres zu kaufen."

Wenn das Preisgespräch unvermeidlich ist, wenn es Einkäufer geradezu darauf anlegen, dann ergeben sich für den Verkäufer zwei Möglichkeiten: Entweder das Gespräch abbrechen oder sich der Herausforderung stellen. Beim Verhandlungsabbruch wird getestet, wie ernsthaft der Einkäufer an der angebotenen Leistung wirklich interessiert ist. Das ist durchaus riskant, aber spannend. Es bedarf in diesem Fall eines guten Gespürs für den Verhandlungspartner und seinen Bedarf. Allerdings gilt in der Konsequenz immer, dass trotz intensiver Vorarbeit nicht jeder potenzielle Kunde auch ein realer Kunde wird. Ein einmal reduzierter Preis lässt sich nur in den seltensten Fällen wieder anheben. Ebenso sind gewährte Rabatte nur schwer wieder zu reduzieren. Ganz zu schweigen von den möglichen Irritationen im Markt, wenn verschiedene Preise im Umlauf sind. Wer sich der Herausforderung stellt, sollte immer die möglichen Strategieansätze der Einkäufer im Auge haben. So lassen sich bereits am Anfang Fehler und Zugeständnisse vermeiden, die am Ende schwerwiegende Konsequenzen haben können.

Verkäufertaktiken im Preisgespräch

- Strategie der Zähigkeit:
  Preisnachlässe werden kategorisch immer und immer wieder abgelehnt. Somit testet der Verkäufer bis zu einem gewissen Grad auch den wahren Kaufwunsch des Einkäufers. Die Überzeugung, mit der dieses Gespräch geführt wird, sollte am Ende auch den Einkäufer überzeugen, auf die richtige und preiswerteste Leistung zu setzen.

- Marginal-Kolosal-Strategie:
  Auch kleinste Nachlässe werden durchaus positiv und motivierend als das verkauft, was sie sind: große, individuelle Zugeständnisse für diesen speziellen Einkäufer.

- Einzigartigkeitsstrategie:
  Es gibt einen Aspekt im Leistungskatalog, den kein anderer Mitbewerber bietet. Zum Beispiel die lebenslange Garantie von Lands`End, dem Modeversandhaus aus den USA, welches auch getragenen und nachweislich vom Kunden abgenutzte Produkte unbegrenzt und ohne Nachfragen erstattet. Dafür lassen sich auch die entsprechenden Preise am Markt erzielen.

Preisbewusstsein für Anzeigen

Um nicht über Preise sprechen zu müssen, bedarf es eines Preisbewusstseins: Der Preis muss in allen Details erklärt werden können. Die wichtigsten Fragen, die sich der Anzeigenverkauf diesbezüglich selber beantworten können sollte, lauten:

- Wie hoch ist die Gewinnspanne pro Leistung?
- Wie hoch ist der Anteil der fixen Kosten im Verhältnis zu den variablen Kosten?
- Welche Fixkosten gibt es?
- Welche variablen Kosten gibt es?

Nur so entwickelt der Anzeigenverkauf ein Verständnis für die Preispolitik des Verlags und kann die Preise auch in die richtigen Relationen setzen. Nur zu oft zweifeln Anzeigenverkäufer an der Wertigkeit ihres Angebots, weil sie die einzelnen Komponenten, die zur Preisbildung herangezogen werden, nicht kennen und dann die absoluten Preise in Relation zu falschen Gegenwerten (z. B. dem eigenem Gehalt) setzen. Dabei ist der Wert einer Anzeige neben den internen Kalkulationsfaktoren enorm vielschichtig. Der Kunde will natürlich kein bedrucktes Papier kaufen. Er will die Leser und die Lösungen. Auch der Einkäufer braucht das Gefühl, dass der Verkäufer hundertprozentig hinter seiner Leistung und seinem Preis steht. Wichtig dabei ist das Bewusstsein, dass jeder Einkäufer einen Verhandlungserfolg braucht. Entweder um seine Position vor seinen Vorgesetzten zu rechtfertigen bzw. auszubauen oder einfach nur aus Gründen des Prestiges. Allerdings will kein Einkäufer wirklich Qualitätseinbußen hinnehmen. Ausfälle und Beschwerden sind für ihn genauso geschäftsschädigend wie für den Verkäufer. Die Bindung des Einkäufers durch Zusatzleistungen (Wissensvermittlungen und Arbeitsunterstützung) kann ein Abwandern verhindern. Die Kosten-Gewinn-Rechnung muss der Verkäufer aber für sich selber aufmachen. Auch Käufer, die sich für preisstabile Leistungen entscheiden, wollen diese Entscheidung für sich begründen können. Die folgende Aufzählung zeigt einige der besten Argumente für stabile, hohe Preise. Diese Beispiele liefern die zweckmäßigen und notwendigen Begründungen für die bereits getroffene Entscheidung. Nur wer sich selber seine Preise glaubhaft erklären kann, der kann sie auch dem Kunden verkaufen.

Begründungen für hohe Preise:
- Hundertprozentige Bedarfserfüllung und damit eine überzeugende Lösung für ein dringendes Kundenproblem.
- Erstklassige Qualität (wird von Kunden auch häufig vorausgesetzt).
- Extreme Wertbeständigkeit.
- Perfekter und zuverlässiger Service.

Abschlusstechniken einsetzen

Jegliche Verkaufsanstrengung war umsonst, wenn es nicht zum Abschluss des Anzeigenauftrags, also zur Unterschrift des Kunden kommt. Nur dann wird Geld verdient. Die Abschlussgleichung ist ein mathematischer Ansatz, der die Voraussetzungen für einen erfolgreichen Abschluss aufzeigt. Erst bei der Übereinstimmung von Kundenwunsch und Verkäuferangebot ergibt das Stellen einer der vier möglichen Abschlussfragen Sinn.

$$KW = VA = A$$
Kundenwunsch = Verkäuferangebot = Abschluss

Der Abschluss ist ein in sich geschlossener Vorgang. Strategisch empfiehlt sich beim Abschluss das systematische Vorgehen, Stufe für Stufe. Es ist aber kein starres System. Wenn sich die Gelegenheit ergibt, können auch Stufen übersprungen werden.

1. Abschlussvorbereitung
2. Abschlusseinleitung
3. Abschlussfrage
4. Abschlussform

Zu einer professionellen Abschlussvorbereitung gehört auf jeden Fall, dass alle Unterlagen klar geordnet und strukturiert vorliegen. Dazu kommt der Einsatz des FüF-Systems (Fragen über Fragen-System), bis der K_w (Kundenwunsch) hundertprozentig geklärt ist. Dazu gehört die formelle Abklärung, ob der jetzige Ansprechpartner auch der richtige ist.

Vor der Abschlussfrage sollte dann die Bereitschaft des Kunden zum Kauf geprüft werden. Zum Beispiel so: *„Darf ich Sie fragen, ab wann Sie die Vorzüge unseres Mediums gerne in Anspruch nehmen möchten?"* Sollten auf diese Frage weitere Einwände folgen, ist der Kunde noch nicht endgültig bereit für den Abschluss. Es bedarf weiterer Fragen zu den Bedürfnissen des Kunden.

Für die Abschlussfrage gibt es zwei Möglichkeiten. Die direkte Variante, z. B. *„Möchten Sie die Anzeige buchen?"*, oder die indirekte Variante, z. B.: *„An wen dürfen wir die Bestätigung schicken?"* Wohlgemerkt: An dieser Stelle soll eine Entscheidung getroffen werden, die Zeit für offene Fragen ist an dieser Stelle vorbei.

Jeder Abschluss sollte schriftlich bestätigt und gegengezeichnet werden. Die alte Weisheit: Wer schreibt, der bleibt, bestätigt sich auch hier. Zudem macht es einen sehr professionellen Eindruck und durch das „Gegenzeichnenlassen" ist sichergestellt, dass wirklich alle Punkte zur beiderseitigen Zufriedenheit besprochen bzw. verhandelt worden sind. Die Unterschrift ist die Bestätigung für eine erfolgreiche Arbeit und Verpflichtung zur Erfüllung aller versprochenen Leistungen. Doch irgendwie bereitet es vielen Verkäufern immer wieder Bauchschmerzen, den Kunden nach der Unterschrift zu fragen. Dann helfen diese vorbereitenden Maßnahmen:

▶ Verträge vorbereiten, eventuell mit Lücken, die im Verlauf der Verhandlung gefüllt werden.
▶ Deutliches Markieren der Stelle, an der unterzeichnet werden soll.
▶ Bitten Sie den Kunden, die besprochenen Verhandlungspunkte gegenzuzeichnen, abzuzeichnen oder zu autorisieren. Das klingt bei Weitem wertiger als die reine Aufforderung zur Unterschrift.

Folgeaufträge, Empfehlungen und Referenzen sind das Tor zum nächsten Verkaufserfolg. Im Anzeigengeschäft gilt eigentlich erst der zweite Auftrag als wirklicher Verkauf. Wenn der Kunde gerne wiederkommt und ein zweites Mal dem Magazin sein Vertrauen schenkt, erst dann stimmt die Qualität des Verkaufs. Der sichere Umgang mit der Abschlussfrage rundet den professionellen Gesamtauftritt im Verkauf ab. Es gibt am Ende einer Verhandlung keinen erdenklichen Grund, die Frage nach dem Abschluss nicht zu stellen. Warum sollte uns der Kunde bis hier gefolgt sein? Um jetzt ohne Einkauf nach Hause zu gehen? Wohl kaum.

Preiserhöhungen argumentieren

Preiserhöhungen sind immer eine Herausforderungen. Ein leicht nachvollziehbares Kriterium für die Erhöhung von Anzeigenpreisen ist die Verbesserung von Leistungswerten. Diese können die Reichweiten der MA oder AWA sein oder auch die verbesserten, verkauften Auflagen gemäß der IVW. Ebenso logisch wäre natürlich die Senkung der Anzeigenpreise bei entsprechender Verschlechterung der Werte. Ebenso lassen sich die Erhöhungen über Neuinvestitionen in beispielsweise High-End-Testlabors oder die Vergrößerung der Redaktion begründen. Allerdings muss dem Kunden immer auch einsichtig sein, dass sich diese Investitionen seitens des Verlags unmittelbar in einer erhöhten Leser-Blatt-Bindung widerspiegeln und somit seine Anzeigen einen deutlich höheren Effekt erzielen können (Beweise über Studienergebnisse, Copy-Anzeigen-Test usw.).

Tabelle 62: Anzeigenpreiserhöhungen

Ansatz	Erklärung
▶ Premiummarke	▶ Wenn es gelingt, den eigenen Titel durch konsequentes Marketing und eine ausgefeilte Objektstrategie als Premiumtitel zu etablieren, rechtfertigt dies unter Umständen auch einen entsprechenden Preis.
▶ Betriebswirtschaftlich	▶ Anzeigenpreise sind ein wesentlicher Bestandteil der Verlagskalkulation. Eine Erklärung über die betriebswirtschaftlichen Kennzahlen des Verlags erzeugt Transparenz und Glaubwürdigkeit.
▶ Papierpreis	▶ Der Papierpreis spielt für den Anzeigenverkäufer in den unterschiedlichsten Zusammenhängen eine wichtige Rolle. Steigende Papierpreise werden immer wieder gerne zur Begründung von Preiserhöhungen herangezogen. Und tatsächlich sind die Papierpreise in den letzten acht Jahren um knapp 35 Prozent gestiegen.

Preiserhöhungen müssen gerade bei Anzeigen erstklassig begründet werden können. Da es sich bei der Anzeige ohnehin um eine emotionale Ware handelt, sind rationale Begründungen ein Muss. Viele Firmen arbeiten mit der sogenannten „Preisgleitklausel", die es ihnen erlaubt, bei bestehenden Verträgen die Preise im Fall von Kostensteigerungen über Preiserhöhungen weiterzugeben. Der kaufmännische Kodex gebietet es allerdings, die Kunden vor der Leistungserbringung jeweils gesondert auf diesen Zustand hinzuweisen. Ansonsten verschlechtert sich automatisch und teils unbewusst die Ausgangsposition für die zukünftigen Geschäfte. Der Preis an sich ist abstrakt und kein Mensch kauft einen Preis, sondern immer nur die damit verbundenen Problemlösungen. Daher kann auch niemand nur über den Preis sprechen, eine Preisverhandlung ist daher im Grunde Unsinn. Wenn über den Preis gesprochen wird, dann muss über alle Einflussfaktoren gesprochen werden. Die folgende Aufstellung zeigt die wichtigsten Beeinflusser im Hinblick auf den Preis:

Preis-Einflussfaktoren:

- Forschung
- Entwicklung
- Herstellung
- Verwaltung
- Personal
- PR
- Marketing
- Werbung
- Vertrieb
- Versicherungen
- Finanzierung
- Steuern
- Forderungen und Verbindlichkeiten
- Kapitalmärkte und Zinsen
- Aktienmärkte
- Konsumklima

Einige dieser Einflussfaktoren lassen sich sicher zur Argumentation heranziehen, über andere darf der Verkäufer keine Informationen weitergeben (Interna). Inwiefern und welche Faktoren relevant sind, muss individuell entschieden werden. Die Aufstellung zeigt aber deutlich, dass der Preis nicht isoliert betrachtet werden kann.

Bei der Preisnennung gilt ein wesentlicher Grundsatz: Der einmal genannte Preis ist als selbstverständlich zu betrachten. Ein Preis ist nicht per se unverbindlich oder eine Verhandlungsbasis, auch wenn das viele Einkäufer so sehen. Dazu ist es wichtig, dass auch der Preis im persönlichen Gespräch deutlich und unter Blickkontakt genannt wird, und zwar so zeitig, dass der Käufer nicht unsicher wird. Somit kann bei Zeiten erkannt werden, wie das Leistungspaket zusammengestellt werden sollte, damit es für den Kunden sinnvoll und wünschenswert ist. Eine rechtzeitige Nennung des Preises suggeriert dem Käufer zugleich die Kompetenz und Aufrichtigkeit des Verkäufers. Hier wird nichts verschleiert. Der Preis wird für den Verkäufer zu einem von mehreren Verkaufsargumenten und für den Käufer zu einem von mehreren Kaufargumenten.

Ein wesentlicher Bestandteil der Preisverhandlungen ist das genaue Wissen um die Preise der Konkurrenz. Der höchste und der niedrigste Anbieter markieren dabei jeweils die allgemeine Ober- und Untergrenze der Preisspanne für diese Leistung. Oft fehlt auf Kundenseite diese Gesamtübersicht. Die Bandbreite darstellen und die Unterschiede belegen zu können, verhindert eine Preiskonfrontation.

Verbindliche Preise festlegen

Wie für jede offizielle, allgemein zugängliche Preisliste, so gilt auch für die Verlagsmediadaten im Grundsatz die Preislistentreue: Alle abgedruckten Preise und Bedingungen sind für alle Kunden und Werbeagenturen gleich und auch verbindlich. Allerdings sind die meisten Preislisten das Papier nicht wert ist, auf denen sie gedruckt wurden. Immer wieder kommt es vor, dass verschiedene Mitarbeiter aus ein und derselben Firma mit unterschiedlichen Preisen arbeiten. Für die Preisstabilität ist es daher unabdingbar, intern klare Verhältnisse zu schaffen und in diesem Bereich die volle Rückendeckung seitens der Vorgesetzten zu haben. Ein willkürliches Abweichen von der Preisliste stellt einen Verstoß gegen das UWG, das Gesetz gegen unlauteren Wettbewerb dar. Die Preislistentreue hat natürlich auch eine Reihe von Vorteilen:

- ▶ Preislistentreue schafft Planungssicherheit
- ▶ Preislistentreue schafft Planungsqualität
- ▶ Preislistentreue fördert den Wettbewerb

Durch eine Mitgliedschaft in der „maz", der „Meldestelle im Anzeigengeschäft von Zeitschriftenverlagen e. V.", verpflichten sich die Mitglieder auch gegenseitig dazu, alle Bedingungen in der Preisliste zu veröffentlichen und auch gegebenenfalls überprüfen zu lassen. Der Anzeigenverkauf steht auch mit seinem guten Namen für ein seriöses Geschäftsgebaren. Die Preislistentreue ist ein wesentlicher Garant für die Seriosität.

Betriebswirtschaftlich gesehen, ist die Preisdifferenzierung der Versuch, auf verschiedenen Märkten unterschiedliche Preise durchzusetzen. Der Stolperstein liegt allerdings in der Definition der Märkte. Als anschauliches Beispiel für diese Problematik gelten Autokäufe in der EU. Welchen Wert hat ein bestimmtes Auto für den Kunden, wenn es beim Händler hinter der offenen Grenze bis zu 35 Prozent weniger angeboten wird? Hier wird deutlich, wie eng das Wertempfinden und der Marktpreis zusammenhängen.

Preisstabilität

Ist es wirklich realistisch, Leistungen quasi losgelöst vom Preis zu verkaufen? Handelt es sich dabei nicht vielmehr um theoretisches Wunschdenken? Wenn es möglich ist, warum haben Anzeigenverkäufer dann solche Probleme, ihre Preise am Markt durchzusetzen? Hunderte von Markenproduktbeispielen zeigen Tag für Tag, das es möglich ist. Das Geheimnis der erfolgreichsten Marken dieser Welt liegt in ihrer Sogwirkung. Sie aktivieren, faszinieren und wecken Wünsche. So lässt sich in wenigen Worten auch eine der wichtigsten Aufgabe des Anzeigenverkaufs beschreiben: den Sog auf die eigenen Leistung entstehen zu lassen.

Zum Verständnis der Ansätze der Preisstabilität empfiehlt sich eine kurze Exkursion in die Betriebswirtschaftslehre. Diese unterscheidet zwischen objektiven und subjektiven Preistheorien. Die objektive Preistheorie geht auf A. Smith und D. Ricardo zurück. Der Marktpreis pendelt in dieser Theorie um den Kostenpreis (auch natürlicher Preis genannt) ein, wobei sich im Verlauf des natürlichen Produktlebenszyklus eine immer größere Annäherung ergibt. Die subjektive Preistheorie stellt dahingegen die Wertschätzung des Käufers und Verkäufers in den Vordergrund, worin sich dann auch die Subjektivität begründet.

Die moderne Preistheorie berücksichtigt beide Ansätze. Die wesentlichen methodischen Ansätze sind die Methode des partiellen Gleichgewichts nach A. A. Cournot und die totale Gleichgewichtsanalyse nach L. Walras und V. Pareto. Erste betrachtet die Preisbildung in einem isolierten Markt, ohne Rückkopplungen auf andere Märkte. Bei der totalen Gleichgewichtsanalyse handelt es sich um ein mikroökonomisches Modell der gesamten Volkswirtschaft. Preissysteme werden hier unter Berücksichtigung aller ökonomischen Größen betrachtet. Wie die „Tour de France", so kann auch Preisstabilität nur in Etappen gewonnen bzw. erreicht werden. Schritt für Schritt fügt sich eins ins andere und schließlich zum großen Ganzen.

Schritte zur Preisstabilität:

- Gleichbleibende Qualität
- Alles aus einer Hand
- Detaillierter, übersichtlicher Schriftverkehr (Angebote, Aufträge …)
- Schnelle und umfassende Kulanzregelungen
- Verkauf der Gesamtheit

Mit den richtigen Fragen lässt sich sehr schnell herausfinden, was dem Kunden wichtig ist und was ihn somit unsensibler für den Preis macht.

Fragen zur Preisstabilität:

- Gibt es Leistungen, bei denen Sie nicht auf den Preis achten?
- Arbeiten Sie mit Preiskorridoren (Ober- und Untergrenzen)?
- Wie viele Verkäufe liegen an der Obergrenze (Prozent)?
- Wie viele Verkäufe liegen an der Untergrenze (Prozent)?
- Haben Sie Leistungen mit dem höchsten Preis (absolut) am Markt?
- Welche Maßnahme ergreifen Sie, um die Preise stabil zu halten?

Der Weg zur Marke und damit zur Preisstabilität ist lang. Es braucht Zeit, sich als Verkäufer den Status einer Marke aufzubauen. Dem einen oder anderen mag das nicht immer schnell genug gehen. Zu verlockend erscheinen die kurzfristigen, gewinnversprechenden Geschäfte. Doch auf lange Sicht kehrt sich ein solches Geschäftsgebaren immer ins Gegenteil. Früher oder später wird der Kunde jede Übervorteilung erkennen und nicht mehr vergessen. Ein einmal enttäuschtes Vertrauen ist nie mehr wieder herzustellen. Betrachtet man die positiven Vorzüge einer Marke, so sind es vier wesentliche Attribute der Markenattraktivität, die auch für den Verkäufer von größter Relevanz sind:

- Wiedererkennung
- Erinnerung
- Abheben
- Vertrauen

Verlagsmarken haben ihre eigene Konjunktur. Sie können sich gegen Trends stemmen und auch dann erfolgreich sein, wenn andere mit größten Schwierigkeiten zu kämpfen haben. Auch wenn hunderte Firmen zu den Verlierern gehören, man wird immer zwei oder drei finden, denen es ausgezeichnet geht, die satte Gewinne machen und ihre Leistungen zu ihren Preisen verkaufen.

Gemäß dieser Theorie ist die nachgefragte Menge abhängig vom Preis: Bei niedrigem Preis hohe Nachfrage und umgekehrt. Es handelt sich also um eine Gegenläufigkeit. Ein Angebotsüberhang lässt also den Preis sinken. In Bezug auf die Preisstabilität gilt daher: Stabile Preise verbieten einen Angebotsüberhang und erfordern einen Nachfrageüberhang. Im Idealfall entsteht eine Art Wettbewerb unter den Nachfragern. Gemäß der Angebots-Nachfrage-Theorie entwickelt sich ein Gleichgewichtspreis durch die marktbedingte Annäherung von Angebot und Nachfrage, was auch als automatische Preisbildung bezeichnet wird. Diese Preisflexibilität steht natürlich im Widerspruch zur Preisstabilität. Daher ist es wesentlich, die Leistungen mit Bedacht und selektiv zu vertreiben und die Preise konsequent hoch zu halten.

Die Faszination des hohen Preises

Die Psychologie geht davon aus, dass jede Beziehung zu fünf Prozent auf Logik und Fakten beruht und zu 95 Prozent auf einem Gefühl. Das ist immer dann der Fall, wenn der „Bauch spricht". Immer dann, wenn man sich bei etwas wohl fühlt. Das Streben eines jeden Menschen zielt auf die Erfüllung dieses Bedürfnisses ab. Das ist ein völlig natürliches Verlangen, welches der unterdurchschnittliche Anzeigenverkäufer, mit absolut unnatürlichen Mitteln versucht zu befriedigen. Statt die Emotionen zu entfachen, ersticken sie die Flammen der Begeisterung in Zahlen und unsinnigen Präsentationen. Diese Erkenntnis alleine würde ausreichen, die renditeträchtigen Umsätze eines jeden Verkäufers in ungeahnte Höhe zu treiben. Ein Beispiel aus dem Marketing soll verdeutlichen, wie wenig die Rationalität gegen die Emotionalität auszurichten versteht. Immer wieder werden Auto-Testberichte veröffentlicht. Immer wieder gewinnen „gesichtslose" Wagen (z. B. Lexus oder Golf) gegen Marken wie Porsche und BMW. Doch verkaufen Porsche und BMW daraufhin weniger Fahrzeuge? Nein. Denn ein Test kann nicht vermitteln, wie es sich anfühlt, einen BMW zu fahren oder was es bedeutet, einen Porsche in der Garage zu haben. Wer positive Gefühle (Freude, Zuneigung ...) hervorrufen kann, dem genügen fünf Prozent Fakten zum Erfolg.

Aber wie lassen sich nun diese Emotionen schüren? Wie den Kunden begeistern, ja ihn förmlich vom Stuhl reißen? Die Antwort begründet sich in der Gier des Menschen. Und die Gier ist gut, wenn es sich um die Neugier handelt. Der Mensch wird von der Suche nach Antworten getrieben. Die Kunst besteht darin, diesem natürlichen Trieb Raum zu geben. Ein Umfeld aufzubauen, welches Neugier weckt, welches unsere Partner im positiven Sinne unruhig werden lässt. Die drei wichtigsten Emotionen, die der Anzeigenverkauf bei seinen Kunden schüren kann, sind Habgier, Angst und Einzigartigkeit.

- Habgier: Etwas besitzen zu wollen, gehört zu den stärksten Antrieben des Menschen. Der Preis spielt bei dieser Emotion eine absolut untergeordnete Rolle.
- Angst: Die Angst, etwas zu verpassen, wenn das Produkt nicht gekauft wird, lässt sich z. B. durch eindrucksvolle Rechenbeispiele mit Reichweiten und daraus resultierenden, theoretischen Umsätzen schüren.
- Einzigartigkeit: Der Wunsch, etwas Besonderes zu sein oder zu haben, lässt sich in Bezug auf Anzeigen z. B. über exklusive Platzierungen, Umfelder, Formate usw., die der Mitbewerber des Kunden nicht hat, befriedigen.

Keine Rolle spielt der Preis, wenn:

- ein Monopol und ein absoluter Bedarf bestehen,
- ein ungetrübtes Vertrauensverhältnis zwischen Kunde und Verkäufer vorliegt,
- ein Mythos das Produkt umgibt, der Begehrlichkeiten weckt.

In diesem Zusammenhang empfiehlt sich ein Blick auf die menschliche Psyche bzw. auf das, was Menschen fasziniert:

- Gestaltung (z. B. Feng Shui)
- Fließende Formen (z. B. Wasser)
- Urgewalten (z. B. Feuerwerk)
- Ebenmaß und Symmetrie
- Harmonische abgestimmte Farben
- Lichtfluten
- Erhobenheit (z. B. Berge)
- Wachstum (z. B. Erntefelder)
- Fülle
- Lebensquellen (z. B. Brunnen)

Rabatt

Alle wollen Rabatte, viele gewähren sie. Aber kaum einer weiß, wie fatal sich Rabatte auf das Ergebnis auswirken können. Zumal viele Rabatte aus Agentursicht nichts bringen, wenn sie nicht zählbar und somit „offiziell", also in den Mediadaten abgedruckt sind. Preisgespräche können unter guten Kaufleuten immer nur

Tauschgespräche sein. Weniger zahlen bedeutet automatisch weniger Leistung. Alles andere bedeutet auf Dauer den sicheren Ruin, also ist für jede Zusage eine Gegenleistung einzufordern (z. B. Skontoverzicht, fixe Termine …). Das Preisgespräch sollte in der Regel nach der Nutzenpräsentation folgen, also der vorletzte Teil des aktiven Verkaufsgesprächs sein. Erst wenn alle Punkte geklärt sind, folgt der Abschluss. Verstecken gilt allerdings auch im Preisgespräch nicht. Wenn die Frage auf den Preis kommt, gilt es als schlechter Stil, ihr auszuweichen. Dies signalisiert eher Unsicherheit und schürt den Verdacht, da gäbe es was zu verschleiern.

An dieser Stelle gilt es den Preis in zwei Nutzenargumente zu packen, was man klassisch als Sandwich-Methode bezeichnet, und dem Kind einen Namen zu geben. Für diesen speziellen Punkt empfiehlt sich die Vorbereitung eines Nutzenasses. Ein Nutzenargument, welches in dieser Form noch nicht verwendet wurde und welches die gesamte Stärke des Angebots noch einmal auf den Punkt bringt. So zum Beispiel: „Für den Gegenwert von 25 verkauften Produkten, die in der Anzeige beworben werden, erhalten Sie bereits eine ganzseitige, vierfarbige Anzeige inklusive einer aufmerksamkeitsstarken Platzierung. Das heißt, wenn aufgrund dieser Anzeige nur 25 Produkte mehr verkauft werden, würden Sie mit jedem weiteren Produkt Profit machen. Wie viel macht das bei 50 Produkten in Euro?

Unter speziellen Umständen können Rabatte Sinn ergeben. Hier einige Beispiele für den Anzeigenverkauf: Mengen-Malrabatt (Beteilung an Kostenvorteilen), Vor-Order-Rabatt (günstigere Planung/Planungssicherheit), Nebensaisonrabatt (frühe Übernahme, speziell in den Sommermonaten), Erstbuchertestrabatt, Einführungsrabatt, Treuerabatt (einmaliger Rabatt). Ein bewährter Grundsatz zum Thema Rabatte lautet: „Rabatte werden gewährt, Boni verdient." Es empfiehlt sich zudem, Preiserhöhungen als Preisanpassung zu bezeichnen. Bezogen auf Rabatte und Preiskalkulationen sind zwei Feststellungen von elementarer Bedeutung:

1. Ohne Gewinn zu verkaufen ist unsozial.
2. Mit Verlust zu verkaufen ist kriminell.

Seit in Deutschland am 25.07.2001 das Rabattgesetz aufgehoben wurde, weiß es jeder: Wer nicht um den Preis verhandelt, der zahlt den Rabatt, der dem nächsten Kunden eingeräumt wird! Im Anzeigengeschäft sind Preisverhandlungen ein fester Bestandteil der täglichen Arbeit. In den Augen der Kunden lässt sich Werbung eben doch nicht genau belegen, also gibt es ihrerseits auch keine genaue Wertvorstellung. Wie lassen sich auch harte Preiskämpfe in gewinnbringende Verträge ummünzen? Preiskäufer sind untreu. Sobald ein in ihren Augen besseres Angebot auf dem Markt auftaucht, sind sie weg. Damit sind sie für den Anzeigenverkauf unberechenbar und in den seltensten Fällen lohnenswert. Warum sollte man den schlechtesten Kunden die besten Konditionen geben? Damit verprellt man auf Dauer nur die Bestandskunden.

Auswahl an Gegenleistungsforderungen aus Sicht des Anzeigenverkaufs:
- Skontoverzicht und/oder Vorauszahlungen
- Nur Standardformate
- Keine Sonderdrucke
- Vereinbarung einer Rabattnachbelastung im Falle der Nichterfüllung
- Keine Platzierungszusagen oder Platzierungen in Sammelbereichen oder auch linksseitig
- Kein Konkurrenzausschluss
- Keine Alleinstellung (Zusammenstellen kleinformatiger Anzeigen)
- Nur Sammelversand von Belegen (keine Einzellieferungen an Agenturen ...)
- Keine Terminverschiebungen für Buchungs- und/oder Druckunterlagenschluss

Gerade bei Verhandlungen über Anzeigen beobachtet man immer wieder, wie der Verkauf im Preisgespräch einbricht. Die Preisverhandlung gehört zu den Höhepunkten in des Anzeigenverkaufs. Sie ist der Indikator, wie der Verkaufsprozess gelaufen ist, und ein wesentlicher Baustein zum Erfolg. Daher gilt es, die Preisverhandlung genau so konsequent vorzubereiten wie alle anderen Bausteine. Es schadet nicht, einen Blick in den entsprechenden Gesetzestext zu werfen: Gesetze zur Aufhebung des Rabattgesetzes und zur Anpassung anderer Rechtsvorschriften vom 23. Juli 2001.

Dennoch kann es durchaus Situationen geben, in denen ein Rabatt angebracht sein kann. Die folgende Aufstellung zeigt einige der möglichen Rabattgründe:
- Mengenrabatt (Beteilung an Kostenvorteilen)
- Abholerrabatt (Einsparungen)
- Vor-Order-Rabatt = günstigere Planung/Planungssicherheit
- Nebensaisonrabatt (frühe Übernahme)
- Ausverkaufsrabatt
- Erstausrüsterrabatt (Wettbewerber ausschalten)
- Einführungsrabatt (Werbeausgaben = Verkaufsförderung)

Die folgende Tabelle zeigt den erforderlichen Mehrumsatz zum Margenausgleich bei Rabattgewährungen. DB steht für Deckungsbeitrag. Die Berechnung erfolgt dabei über die Formel (Marge: (Marge – Rabatt)) x 100 = erforderlicher Ausgleichsumsatz).

Tabelle 63: Rabatte zu Deckungsbeitrag

Rabatt	DB 20%	DB 30%	DB 40%	DB 50%
▶ 3%	▶ 117%	▶ 111%	▶ 108%	▶ 106%
▶ 5%	▶ 133%	▶ 120%	▶ 114%	▶ 111%
▶ 10%	▶ 200%	▶ 150%	▶ 133%	▶ 125%
▶ 20%	▶ ...	▶ 300%	▶ 200%	▶ 166%

▶ LESEBEISPIEL: Bei einem Deckungsbeitrag1/einer Marge von 20% bedeutet die Gewährung von 3% Rabatt, dass der Umsatz um 17% gesteigert werden muss, um den Deckungsbeitrag von 20% zu halten.

Noch dramatischer sieht es aus, wenn man sich die Entwicklung der Rohmarge im Fall von Rabatten ansieht. Als Rohmarge wird der Deckungsbeitrag bezeichnet, der zur Deckung aller weiteren Kosten und zur Sicherstellung des Gewinns dient. Die fett dargestellten Zellen sind die, wo bereits kein Gewinn mehr erwirtschaftet werden kann, was dem sinnlosen Status des Geldtauschens entspricht (siehe Tabelle 65).

Tabelle 64: Rabatte und Margen

Rabatt	Umsatz in Euro	Marge 20%	Marge 30%	Marge 40%
▶ 0%	▶ 10.000,-	▶ 2.000,- Euro	▶ 3.000,- Euro	▶ 4.000,- Euro
▶ 10%	▶ 9.000,-	▶ **1.000,- Euro**	▶ 2.000,- Euro	▶ 3.000,- Euro
▶ 20%	▶ 8.000,-	▶ 0 Euro	▶ 1.000,- Euro	▶ 2.000,- Euro
▶ 30%	▶ 7.000,-	▶ 1.000,- Euro **Verlust**	▶ 0,- Euro	▶ **1.000,- Euro**

Gewinne im Korridor zwischen vier und sechs Prozent des Unternehmensumsatzes gelten heutzutage als durchaus respektable Ergebnisse.

Monetäre, also geldmäßige Preisnachlässe lassen sich sehr unterschiedlich gestalten. Am Ende steht immer eine Reduktion des zu bezahlenden Gesamtpreises.

Direkte Preisnachlässe:
▶ Ein Nachlass in Bezug auf die bestellte Menge (Mengennachlass)
▶ Einmal-Bonus zum Beispiel für Aktionszeiten (Sommerspecial, Weihnachtsangebot ...)
▶ Erstkunden-Bonus für die erste Bestellung

- Nachlass auf ein Produkt
- Nachlass für einen speziellen Auftrag
- Skontoerhöhung
- Verlängerung des Zahlungsziels

Preisnachlässe sind aber nicht zwangsläufig gleichbedeutend mit einer realen Preisreduktion. Die „Nachlässe" können auch in Form von Zusatzleistungen gewährt werden. Doch bezahlt werden sie immer.

Indirekte Preisnachlässe:

- Naturalrabatte (z. B. Extrastücke ...)
- Geplante Preiserhöhungen verschieben
- Seminare, Schulungen ...

Im Einzelfall stellt aber eine Reduzierung der Leistung ein probates und besseres Mittel im Preisgespräch dar. Diese Leistungsreduktion (z. B. kleineres Anzeigenformat, weniger Leistungsstunden ...) kann für beide Seiten eine wirksame Alternative zu den oben genannten Möglichkeiten darstellen. Grundsätzlich gilt für alle „Bonbons": Der Verkäufer sollte sie aus Sicht des ihm zustehenden Verantwortungsspielraums immer selber gewähren dürfen, aus taktischen Erwägungen bei der Gewährung aber die höhere Instanz (den Vorgesetzten) ins Spiel bringen!

Anzeigenpreise

Zwischen Wunsch und Wirklichkeit hinsichtlich der im Markt realisierbaren Nettoanzeigenpreise liegen nicht selten Welten. Ungezählt die Fälle (nicht nur im Anzeigenverkauf), in denen Verkäufer verbrannt wurden, weil sie mit unrealistischen Preisen versuchten, Produkte im Markt zu platzieren. Hohe Preise lassen sich in jedem Markt erzielen, aber diese müssen natürlich auch „gefüttert" werden.

Tabelle 65: Gesamtleistungspaket

Frage zum Gesamtleistungspaket	Ja	Nein
▶ Wurden die Kunden im Vorfeld repräsentativ befragt?	☐	☐
▶ Wurde die Leistung auf diese Bedürfnisse hin ausgerichtet?	☐	☐
▶ Gibt es ein aktives Marketing (Mailing, Homepage ...)?	☐	☐
▶ Gibt es Werbung, Sponsoring ...?	☐	☐
▶ Steht qualitativ hochwertiges Point-of-Sales-Material zur Verfügung?	☐	☐
▶ Gibt es qualitative und quantitative Zielpläne und entsprechende Kontrolltermine?	☐	☐
▶ Gibt es eine hochwertige Präsentation?	☐	☐
▶ Gibt es hochwertiges Informationsmaterial zum Verbleib beim Kunden?	☐	☐
▶ Gibt es hochwertiges Prospektmaterial für Fachtagungen oder Messen?	☐	☐
▶ Gibt es Inhouse-Schulungen (Produktschulungen) auch für den Innendienst?	☐	☐
▶ Gibt es Referenzen und sind diese allen zugänglich?	☐	☐
▶ Gibt es Muster, Anwendungsbeispiele, Einsatz und/oder Erfahrungsberichte?	☐	☐

Ab drei Neins, wobei die erste Frage dreifach zählt, lodern bereits die Flammen und der Preis wird mit jedem weiteren „Nein" kaufentscheidender.

Einkäufertaktiken kennen

Egal, welchem Ansprechpartner der Anzeigenverkäufer gegenübersteht, ob Kunde oder Agentur, in beiden Fällen handelt es sich um Einkäufer, und als solche bedürfen sie einer dem Einkaufsverhalten angepassten Ansprache. Einkäufer sind in aller Regel die Verhandlungspartner der Anzeigenverkäufer, und so wie es für Verkäufer Seminare und Schulungen gibt, so gibt es sie natürlich auch für Einkäufer. Diese Seminare sind hochinteressant und meist auch den Verkäufern zu empfehlen. Einkäufer lernen in erster Linie, wie sie Verkäufer irritieren können. Dabei wird großer Wert auf eine künstlich kreierte Hierarchie gelegt: der Einkäufer als empfangender König, der Verkäufer als Verkäufer. Um diese Situation zu unterstreichen, wird oft ganz schön gezaubert.

Aus der Trickkiste der Einkäufer:

- Verhandlungsbeginn mit Reklamation.
- Salami-Taktik: scheibchenweise werden Zugeständnisse eingeheimst; Lockung mit Auftrag.
- Vorgetäuschte Verzögerungen soll Unsicherheit seitens des Verkäufers bewirken.
- Die Verunsicherung durch Wechselspielchen im Entscheidergremium.
- Die Anwendung von unspezifischen Drohungen (bessere Konditionen bei der Konkurrenz).
- Einkäufer akzeptieren grundsätzlich nicht das erste Angebot.
- Einkäufer haben die Technik des Nagens perfektioniert. Ein bisschen was geht immer noch.
- Das alte Spiel „guter Mann, böser Mann". Zeitnot: drängt den Verkäufer zu Kompromissen.
- Zeitvorrat: Der Einkäufer spielt auf Zeit und weiß um die Brisanz zum Buchungsschluss.
- Verhandlungsabbruch als Schockelement gegen den Verkäufer.
- Thema: Jahrelange Freundschaft, aber jetzt droht Ungemach.
- Lob, um den Verkäufer an der Ehre zu packen und dann neue Forderungen durchzudrücken.
- Verführung zum Plaudern. Ziel: Hintergrundwissen, auf das dann die Forderungen aufbauen.
- Große Konzessionsbereitschaft (Euphorie und Siegesgewissheit), dann die Forderungen.
- „Wir kommen uns auf halbem Weg entgegen": absurdes Angebot, darauf beharren, Fairness heucheln, dann den halben Weg vorschlagen (50:50 Teilung der Differenz).

Diese Verhaltensweisen spiegeln sich in einem der viel zitierten Einkäufergrundsätze wider, der aber nur zum Teil in der Realität umgesetzt wird, da er den vielfältigen Aufgaben und Verantwortungen eines professionellen Einkäufers nicht gerecht wird: Informiere dich bei den Besten, kauf bei den Billigsten. Naturgemäß verfolgen Einkäufer allerdings andere Interessen als der Anzeigenverkäufer. Den Gesetzen der Wirtschaft folgen sie allerdings ebenso leidenschaftlich. Dazu bedienen sie sich einer ganzen Reihe von Strategien und Taktiken, von denen die wichtigsten hier aufgelistet sind:

Einkäufertaktiken in Preisgesprächen:

- Einkäufer nutzen die Angebote lediglich für bessere Konditionen bei bisherigen Lieferanten.
- Der Bedarf wird künstlich „aufgebläht", um den Verkäufer zu Maximalnachlässen zu bewegen.
- Es werden Konzern-, Europa- oder Gesamtniederlassungs-Rabatte verlangt.
- Nennung von Wettbewerbspreisen, unter absichtlicher Verschweigung von Zuschlägen.
- Einkäufer gehen aus Prinzip davon aus, dass Nachlässe einkalkuliert sind.
- Heranziehen von Branchenindexzahlen, um die Preise in Zweifel zu ziehen.
- Auftrag gegen Preisnachlass. Dieser Versuchung muss man widerstehen.
- Ausschreibungsverfahren. Dies ist für Einkäufer vor allem bei genormten Produkten sinnvoll.
- Detaillierte Darstellung der Preisnotwendigkeit seitens des Einkäufers („Wir brauchen diesen Preis, weil ..."). Der Verkäufer wird somit instrumentalisiert, um sich für die Preisvorstellungen des Einkäufers einzusetzen.
- „Cherry Picking", nach dem über alle Leistungen ein Preis verhandelt wurde, werden nur noch Teile aus dem Angebot „herausgepickt" unter der Maßgabe, die günstigen Gesamtkonditionen zu erhalten.

Einkäufer gehen immer davon aus, dass es einen Verhandlungsspielraum in Preisverhandlungen gibt. Dies sollte immer in der Verkaufsstrategie berücksichtigt werden. Wenn die Situation zu heiß und/oder unfair zu werden droht, ist der Abbruch der Verhandlung ein probates Mittel, bei dem auch im Verhältnis Einkäufer zu Verkäufer gilt: Gute Einkäufer mögen keine weichen Verkäufer. Das Spiel zu spielen, heißt auch, seine Varianten zu kennen.

Neu- und Kaltkundenakquise

Bei einer „Kaltakquise" muss der Kontakt, also die Beziehung zum Kunden, erst noch erwärmt werden. Eigentlich passt die Bezeichnung „Noch-Nicht-Kunden-Akquise" auch wesentlich besser, um das eigentliche Vorhaben zu beschreiben. Richtig verstanden, gehört die „Noch-Nicht-Kunden-Akquise" zu den spannendsten, lohnensten und vor allem wichtigsten Aufgaben des Anzeigenverkaufs. Neukunden braucht jedes Unternehmen wie die Luft zum Atmen, denn eine reine Konzentration auf den aktuellen Kundenbestand, würde unweigerlich in den Konkurs führen, da die Anzahl dieser Kunden von Jahr zu Jahr zurückgeht (z. B. durch Übernahmen, Wechsel zum Mitbewerb, Insolvenzen, Schließungen …).

Allein um das Bestandsvolumen abzusichern, ist der permanente Zufluss von Neukunden unabdingbar. Wenn es gelingt, dem Kunden die Angst zu nehmen, dass diese „kalte" Kontaktaufnahme einzig aus Gründen des herrschenden Umsatzdrucks erfolgt, dann stehen die Chancen gut, mit ihm nachhaltig ins Geschäft zu kommen. Diese Zielsetzung verlangt es, dass klar dargestellt werden kann, dass es sich bei dem Angebot um ein echtes Lösungsmittel für akute Problemstellungen handelt. Dazu ist es wichtig, die vier Grundregeln der Neukundenakquise zu berücksichtigen.

Vier Grundregeln einer wirkungsvollen Neukundenakquise:

1. Schnell auf den Punkt kommen.
2. Deutlich sprechen bzw. formulieren.
3. Freundlich sein und klingen.
4. Sachlich bleiben.

Um diese zuvor genannten vier Grundregeln in der Praxis auch umsetzen zu können, bedarf es einer entsprechenden intensiven Vorbereitung.

Schritte zur professionellen Vorbereitung der Neukundenakquise:

1. Gründliche Definition des angestrebten Ergebnisses und der entsprechenden Teilziele.
2. Deutliche Formulierung des Weges zur Erreichung der Ergebnisse.
3. Analyse des Kundeninteresses, unter Einbezug der eigenen/neuen Ideen und USPs.
4. Klare und motivierende Formulierung der Ergebnisse aus Kundensicht.
5. Analyse möglicher Hürden und deren Entschärfung.
6. Vorbereitung aller notwendigen Unterlagen und eines genauen Terminplans.

Jede Neukundenakquise führt zu einem Ergebnis, also einem konkreten Verbleib. Im ungünstigsten Fall verkauft der Kunde dem Anzeigenverkauf Gründe, warum er das Angebot nicht annehmen will. Also verkauft wird in jedem Fall, stellt sich nur die Frage was. „Just Do It" heißt der weltweit bekannte Werbeslogan des Sportartikelherstellers Nike. Dem ist vor allem in Bezug auf die Neukundenakquise nichts hinzuzufügen, denn je mehr Versuche unternommen und analysiert werden, desto häufiger werden „Noch-Nicht-Kunden" zu „Neu- und Bestandskunden" und um so geringer wird die Scheu des Anzeigenverkaufs vor den kalten Kontakten.

Tabelle 66: Kontaktphasen

Die Stufen des P2S	Beschreibung
▸ CURIOSITY APPOINTMENT	▸ In dieser Stufe gilt es, den Kunden neugierig zu machen. So neugierig, dass er den Termin genau so wünscht wie der Verkäufer. Die dafür notwendige Recherche ist oftmals Knochenarbeit, doch hier liegen die Wurzeln des Erfolgs.
▸ REAL NEED	▸ Hier geht es einzig und allein um den Kundenbedarf. Egal was der Verkäufer im Angebot hat, egal wie hoch der Nutzen auch aus Kundensicht sein mag: Wenn kein zwingender Bedarf besteht, gibt es keinen Verkauf. Diesen Bedarf gilt es herauszuarbeiten.
▸ FITTING SOLUTION	▸ Auf Basis des Bedarfs wird eine passgenaue Lösungspräsentation erarbeitet. Punkt für Punkt werden die Ergebnisse der Stufe „Real NEED" hier eingebaut, wiederholt und manifestiert.
▸ CONTRACT LOOP	▸ Von der ersten bis zur letzten Minute geht es einzig und allein um die Auftragsschleife. Ein Erfolg ist gut, sich wiederholende Erfolge sind meisterlich. Wenn der Kunden immer und immer wieder kauft, dann erst handelt es sich um echten Verkauf.

Versuchslimit

Nichts ist aufreibender, als sich in einen Kunden zu verbeißen, der partout nicht kaufen möchte. Damit ist nicht der gesunde Ehrgeiz gemeint, jeden ausgemachten Kunden auch gewinnen zu wollen. Gemeint ist das Setzen eines Versuchslimits, ab dem der Verkäufer den Kunden an einen Kollegen oder Vorgesetzten abgibt oder ihn ins Archiv legt. In der Praxis haben sich vier Anläufe als praktikabel erwiesen. Damit wurde die Ernsthaftigkeit der Verkaufsbemühungen auch dem Kunden gegenüber unterstrichen und das sinnvolle Arsenal an Strategien ausgeschöpft.

Da es sich um Kunden mit Potenzial handelt, sollten sie auf keinen Fall im Papierkorb landen. Eventuell war es nur der falsche Zeitpunkt. Dann kommt auch der richtige und es ist von entscheidender Bedeutung, dann noch im Gedächtnis des Kunden vorhanden zu sein. Regelmäßige, wenn auch allgemeiner gehaltene Kontakte (Mailings, PR-Berichte, Marktanalysen ...) sichern dieses Potenzial.

Proaktives Hinhören

Welche Menschen wirken am sympathischsten? Was machen sympathische Anzeigenverkäufer anderes als andere? Eins vorweg: Ein Geheimnis gibt es nicht, aber einen Schlüssel. Der Schlüssel zu einer nahezu optimalen Kommunikation liegt im proaktiven Hinhören: Es wird dabei auf das gehört, was der Kunde zu sagen hat. Dadurch wird erkannt, in welchen Punkten er sich noch nicht sicher ist, wo er noch Bedenken hat. Dabei liegt die Betonung auf dem „Hin"hören.

Tipps zum proaktiven Hinhören:
- Der Anzeigenverkauf muss sich in den Kunden und seine Welt hineindenken können. Dazu muss der Kunden zu jedem Zeitpunkt ernst genommen werden. Nicht immer werden seine Ansichten in das eigene Weltbild passen. Aber nur durch den Versuch, die Gedanken und Einstellungen dahinter zu verstehen, erweitert sich der eigene Horizont.
- Eine positive Körpersprache vermittelt dem Kunden ein angenehmeres Gefühl (offen und herzlich).
- Soweit beeinflussbar, sollten keine Ablenkungen zugelassen werden.
- Schweigen sollte locker, leicht ertragen werden können.
- Reden lassen heißt Fragen fragen.
- Fragen fragen heißt: Themen vertiefen und verstehen.
- Es gilt, ein maßgeschneidertes Angebot abzugeben.

Ein alter Spruch der Kommunikation lautet: „Wer fragt, der führt". Wie immer, so kommt es auch hier auf das richtige Maß an und auf die Übung. Das aktive Hinhören lässt sich auch sehr gut im privaten Umfeld testen. Im Folgenden werden die Vorteile des aktiven Hinhörens vorgestellt.

- Wer wirklich hinhören kann, minimiert das Potenzial für Missverständnisse.
- Wirksames Hinhören schafft eine angenehme und vertrauensvolle Gesprächsatmosphäre.
- Eine Gesprächszusammenfassung wird deutlich erleichtert.
- Der Gesprächspartner fühlt sich verstanden, da er die Inhalte vorgibt.
- Der Verkäufer kann im positivem Sinn das Gespräch lenken, ohne zu manipulieren.
- Für die tägliche Praxis empfiehlt sich die Befolgung einiger kleiner Tipps, die gerade am Anfang die Sinne in Richtung sensibilisieren sollen.

Tipps zum wirksamen Hinhören:
- Stimmen der Inhalt des Gesagten und die Körpersprache überein?

- Durch Rückfragen gewinnt man Zeit und Ideen für neue Impulse und Antworten.
- Sensibilisierung für die Stimmungslage des Gesprächspartners.
- Volle Konzentration auf den Gesprächspartner.
- Bestätigungen durch Wiederholungen, Nicken, Gesten ...
- Regelmäßige Reflexion des Gesagten.
- Fragen, fragen, fragen.
- Vorsicht bei Interpretationen.
- Keine Ratschläge erteilen.

Der Aufbau wirksamer und langfristiger Beziehungen ist eines der zentralen Themen im Hinblick auf die Preisstabilität. Ab einem gewissen Intensivitätsgrad spricht man über Gott und die Welt, hat gemeinsame Erlebnisse, Erinnerungen, Hobbys, Interessen. Das Geschäftliche läuft mit. Der Preis ist stabil.

Einige Tipps zum Aufbau wirksamer Beziehungen:

- Nicht kritisieren, sondern Anerkennung spenden und das Selbstbewusstsein stärken.
- Namen merken und einsetzen.
- Achtung der Ansichten und Einstellung des Gesprächspartners.
- Aufrichtiges Interesse an den Menschen und ihren Wünschen.
- Fehler eingestehen.
- Andere Ideen entwickeln lassen (auch und gerade Mitarbeiter).
- Mehr hören als sprechen.
- Mehr fragen als aussagen.
- Nur indirekt auf Fehler aufmerksam machen (eventuell mit eigenen Fehlern beginnen).
- Vorschläge statt Anweisungen.
- Das Gegenüber immer das Gesicht wahren lassen.
- Auch bei indirekter Kritik immer das Gefühl der Anständigkeit aufrechthalten.

Der finanzielle Spielraum des Kunden

Die beste Problemlösung wird sich nicht verkaufen lassen, wenn es der finanzielle Spielraum des Kunden nicht zulässt. Daher ist es unabdingbar, sich im Vorfeld ein Bild vom Kunden zu machen und seine finanziellen Möglichkeiten zu berücksichtigen. Ungezählte Verkäufe gingen schon an die Konkurrenz, weil die Möglichkeiten des Kunden nicht berücksichtigt wurden. Wer 245.000 Euro für eine Werbekampagne ausgeben möchte, der wird dies lange geplant und berechnet haben.

Ein Angebot über 350.000 Euro ist daher nett, das Geschäft macht aber die Variante des Mitbewerbs mit 260.000 Euro. Sicher ist es auch die Aufgabe des Verkäufers, ein maximales Geschäft aus Sicht des Verlags abzuschließen, das bedeutet aber nicht, den Kunden zu überfordern. Der Kunde würde – ungeachtet des Sinngehalts des Angebots – nach Gründen suchen, es nicht annehmen zu „müssen" und gegebenenfalls Gründe nur vorschieben. Sollte er dennoch 100.000 Euro mehr investieren können und wollen, so gibt es auch im Anschluss an den 260.000 Euro Verkauf genügend Möglichkeiten, mit dem Kunden wieder ins Geschäft zu kommen.

Das Zahlungsziel

Das Zahlungsziel, welches dem Kunden zur Verfügung steht, wird nur allzu gern erst nach abgeschlossener Verhandlung vom Kunden eingefordert. Der Verkäufer, der sich noch über den Abschluss freut, ist dann meist sehr geneigt, einer entsprechenden Forderung nachzukommen. Doch ein Zahlungsziel ist keine Formalität! Es ist ein Kundenkredit und wenn das Unternehmen das Geld, welches es dem Kunden durch ein Zahlungsziel quasi vorschießt, nicht hat, dann muss es sich das Geld über einen Kredit leihen. Das Zahlungsziel muss finanziert werden und kostet Geld.

Ein zusätzlicher Faktor ist die Mehrwertsteuer. Mit einem Zahlungsziel wird ja auch die anteilige Mehrwertsteuer als Teil des Gesamtpreises gestundet. Das Finanzamt ist da allerdings weniger großzügig. Für den Staat ist nur das Rechnungsdatum entscheidend. So kann es sein, dass die Mehrwertsteuer für das Unternehmen des Verkäufers bereits zur Zahlung fällig ist, während der Kunde noch sein Zahlungsziel ausreizt. Es müssen also Steuern auf Umsätze bezahlt werden, die noch gar nicht realisiert werden konnten. Auch hier muss finanziert werden.

7. Rechtliche Aspekte des Anzeigenverkaufs

Über das Thema Anzeigen und Recht lässt sich ein eigenes Buch schreiben, weshalb an dieser Stelle nur die praxisrelevanten Fragen in verständlicher Sprache erläutert werden sollen. Das deutsche (Werbe-)Recht ist bisweilen etwas tückisch und nicht immer voll umfänglich verständlich.

Dennoch gehört es zu den Pflichten eines Verlagsleiters, eines Anzeigenleiters und Anzeigenverkäufers, sich in den Grundzügen des anteiligen Zivil-, Straf- und Werberechts auszukennen. Denn neben dem Gesetzgeber und den direkten Mitbewerbern sind es auch die Verbraucherbehörden und die diversen Abmahnvereine, die den Verlagen sehr schnell die (vermeintlichen) Grenzen des Rechts aufzeigen, und in fast allen Fällen lohnt sich eine Auseinandersetzung. Bei Verstößen kann es im Extremfall beispielsweise auch zum Einzug eines Magazins (Entfernung aus dem Handel) kommen, und das bedeutet neben einem großen Zeitaufwand vor allem enorme finanzielle Konsequenzen und weitreichende Imageschäden.

Wichtiger Hinweis: Dieses Kapitel stellt keine Rechtsberatung dar und in jedem (Streit-)Fall ist entsprechender juristischer Rat einzuholen!

Gesetze und Verordnungen

Grundsätzlich gilt das Recht auf freien Wettbewerb. Dennoch gibt es ein enges Netz an Reglementierungen, die für den Anzeigenverkauf eine gewisse Relevanz besitzen. Pro Jahr sollen es um die 20.000 Wettbewerbsprozesse sein, die vor deutschen Gerichten verhandelt werden. Interessanterweise genügt für die Klageeinreichung die Tätigkeit in einem der Klage zugrunde liegenden, verwandten Bereich. Der Kläger muss also nicht einmal der direkt Betroffene sein. Das ist der Nährboden für Abmahnvereine, Fach- und Verbraucherverbände. Zurzeit sind es ca. 15 Gesetze und Verordnungen, die sich eindeutig mit dem Thema Werbung befassen.

- Das Gesetz gegen den unlauteren Wettbewerb (UWG)
- Das Rabattgesetz
- Die Zugabenverordnung
- Verordnung zur Regelung von Preisangaben
- Das Lebensmittel- und Bedarfsgegenständegesetz
- Die Nährwertkennzeichnungsverordnung
- Das Heilmittelwerbegesetz
- Das Landespressegesetz
- Die Landesrundfunkgesetze
- Das Gesetz über die Verbreitung jugendgefährdender Schriften
- Das Ordnungswidrigkeitsgesetz (Verbot der Werbung für Prostitution)

Haftung von Verantwortlichen

> Der Verleger einer Zeitschrift oder Zeitung, respektive der Anzeigenleiter haften sowohl zivilrechtlich als auch strafrechtlich für die von Ihnen veröffentlichten Anzeigen, Beilagen, Beihefter usw. Daher ist er verpflichtet, die Anzeigen vor der Veröffentlichung textlich und grafisch zu prüfen und gegebenenfalls in Absprache mit dem Kunden, zu korrigieren oder auch den Anzeigenauftrag abzulehnen.

In der Praxis bedeutet das, dass die Verantwortlichen auf Verlagsseite durch geeignete Prozesse (Prüfprozesse, Anweisungen, Verantwortlichkeiten ...) sicherstellen müssen, dass durch die Veröffentlichung der Anzeige keine Rechte von Dritten verletzt werden. Die Haftung erstreckt sich dabei sowohl auf den Bereich der unerlaubten Handlung als auch auf den der Teilnahme an Wettbewerbsverstößen (aus Verlagssicht wäre das die Haftung bezüglich der Verbreitung eines Wettbewerbsverstoßes). Allerdings beschränkt sich die Haftung in solchen Fällen nach ständiger Rechtssprechung des Bundesgerichtshofes auf grobe und offensichtliche Wettbewerbsverstöße: Der Verstoß müsste schon bei flüchtiger Lektüre der Anzeige und ohne detailliertes, wettbewerbsrechtliches Wissen auffallen.

Ein besonders Augenmerk gilt auch den Fällen der immer noch häufig vorkommenden telefonischen Annahme von Anzeigen (Stellenanzeigen, Todesanzeigen, Kontaktanzeigen ...). Es ist explizit die Identität des Anrufers und der Inhalt der Anzeige zu verifizieren. Gleiches gilt in Fällen des möglichen Verstoßes gegen Bild-, Urheber- und Markenrechten von Dritten. Hier besteht eine erhöhte Sorgfaltspflicht der Verlagsverantwortlichen zu Überprüfung, inwieweit z. B. die in Anzeigen abgebildeten Personen (Schauspieler, Politiker, Musiker, Models …), ihre Einverständniserklärung dazu abgegeben haben. Vorsicht ist auch geboten, wenn Anzeigen Motive enthalten, bei denen es fraglich ist, ob es eine Einwilligung des Rechteinhabers gegeben hat. Nicht jeder darf mit einem roten Sportwagen aus Italien werben. Im Zweifel liegt es bei den Verantwortlichen des Verlags, sich die entsprechenden Bescheinigungen/Unbedenklichkeitserklärungen des Kunden zu den Nutzungsrechten zu besorgen. Ein entsprechender Zusatz in den Allgemeinen Geschäftsbedingungen des Verlags schafft zusätzlich (etwas) Sicherheit.

Der Verlag haftet natürlich auch für die Fälle, in denen er durch eigenes Verschulden die Rechte Dritter verletzt, indem er zum Beispiel durch mangelnde Sorgfalt falsche Telefonnummer, falsche Terminangaben oder falsche Namen (Verwechslung) in Anzeigen veröffentlicht.

Ergänzend zu den strafrechtlichen Tatbeständen geht es auch um die Wahrung des sogenannten „billigen Interesses" sowohl aus Sicht des Verlags als auch aus Sicht des Anzeigenkunden und der Leser. Auf einen Nenner gebracht bedeutet das: Nicht jede Anzeige passt in jedes Magazin. Da mögen die Ansichten von Verlagen und Anzeigenkunden zum Teil etwas unterschiedlich sein, aber es sind nur sehr wenige Fälle bekannt, in denen ein „Anspruch auf Veröffentlichung" durchgesetzt werden konnte.

Es liegt zudem keine erhöhte Pflicht zur Überprüfung vor, wenn der Inserent aus dem Ausland kommt. Auch dann gilt für die Haftungsfrage der Grundsatz, dass nur grobe und offensichtliche Wettbewerbsverstöße auch im Verantwortungsbereich des Verlags liegen.

Straftaten der Verantwortlichen

Die Verantwortlichen auf der Verlagsseite können im Rahmen der Veröffentlichung von Anzeigen zahlreiche Straftaten begehen. Dazu gehören unter anderem die Tatbestände der Beleidigung, des Betrugs, der Verleumdung und der üblen Nachrede. Auch wenn nach dem Gesetz der Inserent der „Täter" ist, wird der Verantwortliche im Sinne des Presserechts zum „Gehilfen". Sofern nicht nachgewiesen werden kann, dass allen Prüfungspflichten nachgekommen wurde, besteht der Tatbestand der fahrlässigen Begehung. In diesem Zusammenhang spielen die sogenannten strafrechtlich sanktionierten Werbeverbote eine entscheidende Rolle. Dazu gehört das Verbot, pornografische Schriften in Anzeigen anzubieten, das Gesetz zum Schutz über die Verbreitung jugendgefährdender Schriften und das Verbot irreführender Werbung gemäß dem Heilmittelgesetz.

Die sogenannte „strafrechtliche Sonderhaftung" trifft auf Verantwortliche von periodischen (regelmäßig, mit einem Abstand von weniger als sechs Monaten erscheinende) Publikationen zu. Sie bezieht sich auf die fahrlässige Nichtbeachtung der Berufspflicht (Sorgfaltspflicht, z. B. Sicherstellen von Prüfungsprozessen ...) und kann mit Freiheitsstrafen bis zu einem Jahr geahndet werden.

Pornographie in Anzeigen

Der Gesetzgeber unterscheidet (manchmal) zwischen der „harten Pornographie", deren Bewerbung ausnahmslos und immer verboten ist, und der „einfachen Pornographie", solange diese nicht pornografisch ist. In der Praxis ist es nicht immer einfach, die unverfänglich gestalteten Anzeigen der Kategorie „einfache Pornographie" zu prüfen (z. B. Versandanzeigen). Es empfiehlt sich, wie in allen anderen Grenzfällen, auch hier für jeden Einzelfall fundierten juristischen Rat einzuholen.

Agenturprovision

Die Agenturprovision (im Regelfall 15 Prozent vom Nettoanzeigenpreis) wird den Agenturen von den Verlagen gewährt. Sie ist in der Regel eine der Haupteinnahmequellen der Agenturen. Häufig findet sich in den Allgemeinen Geschäftsbedingungen der Verlage ein Verbot der Weitergabe der Agenturprovision durch die Agentur an ihre Kunden. So wird versucht, dass Agenturen die Anzeigenpreise im Direktgeschäft mit ihren Kunden nicht unterbieten. Allerdings entspricht es der gängigen Praxis, dass Agenturen ihren Kunden eine Rückvergütung aus den Provisionen gewähren und auch für diese Rechtsauffassung gibt es passende Urteile.

Die gängige Abkürzung AE-Provision leitet sich übrigens aus der ursprünglichen Bezeichnung Anzeigen-Expeditions-Provision ab.

Kenntnis der Wettbewerbswidrigkeit

Neben dem Erkennen von offensichtlichen Verstößen gegen das Wettbewerbsrecht besteht natürlich für den Verlag auch die Möglichkeit, auf anderem Wege von einer Wettbewerbswidrigkeit zu erfahren. So zum Beispiel über eine Abmahnung gegen ihn selber oder gegen den Inserenten. Hier schwanken die Urteile zwischen voller Haftung für den Verlag ab dem Zeitpunkt der Information eines sich beschwerenden Wettbewerbers an den Verlag, bis hin zu der Auffassung, dass eine Abmahnung oder Hinweise von Dritten nicht für eine verschärfte Prüfungspflicht ausreichen. Das gilt auch für einstweilige Verfügungen, da diese häufig auf Basis eines einseitigen Vortrags (in diesem Fall des Mitbewerbers) erlassen werden und sie somit noch nichts über die rechtliche Zulässigkeit der Anzeige aussagen. Aus Verlagssicht gilt es, immer mit höchster Genauigkeit zu agieren, den direkten Kontakt zu allen Beteiligten zu suchen und im Zweifel abzuwägen, ob es nicht besser ist, auf die Anzeigenschaltung zu verzichten. Einzelne Urteile eignen sich nicht wirklich als Vorhersagemöglichkeit für den Ausgang in einem anderen, zukünftigen Verfahren.

Allgemeine Geschäftsbedingungen (AGB)

Die Allgemeinen Geschäftsbedingungen für das Anzeigengeschäft sind ein wesentlicher Bestandteil eines jeden Anzeigenauftrags und müssen schon im Angebot enthalten sein. Sie regeln die grundsätzlichen Rechte und Pflichten der Vertragsparteien und legen das Vorgehen im Streitfall fest. Der Zentralverband der deutschen Werbewirtschaft (ZAW) hat bereits 1979 eine Empfehlung für diese Form der AGB veröffentlicht. Im Wesentlichen hat sich an den Inhalten bis heute nicht viel geändert. Viele Verlage nutzen die ZAW-AGB zum Teil auch Wort für Wort. Sofern individuelle Ergänzungen gemacht werden, ist darauf zu achten, dass diese die Rechte der Inserenten nicht über Gebühr beschneiden (was in der Praxis anscheinend auf die meisten dieser Vereinbarung zutrifft, womit sie nicht durchsetzbar wären).

Wenn die Allgemeinen Geschäftsbedingungen des Verlags zum Vertragsinhalt werden sollen, dann bedarf es einer entsprechenden vertraglichen Abrede. Das bloße Vorhandensein von AGB macht diese noch nicht zum Bestandteil von Anzeigenverträgen. Auch der Abdruck in den Mediadaten reicht nicht aus. Jeder Vertrag benötigt eine klare und eindeutige Einbeziehungsvereinbarung, durch die die AGB wirksam werden.

Häufig wird erst in der Auftragsbestätigung auf die Allgemeinen Geschäftsbedingungen hingewiesen, und das ist nicht bindend, da diese ja eine zuvor getroffene Vereinbarung wiedergibt, bei der die AGB dann nicht Gegenstand der Vertrags waren. Eine Ausnahme können Werbeagenturen darstellen, weil ihnen unterstellt werden kann, dass sie wissen, dass Verlage in aller Regel ihren Aufträgen AGB zugrunde legen.

Für Angebote und Aufträge empfiehlt sich ein Zusatz der Art *„Dem Angebot liegen unsere Allgemeinen Geschäftsbedingungen zu Grunde"* und ein Verweis, wie der potenzielle Kunde diese einsehen kann (beispielsweise auf der Rückseite des Angebots oder auf einer zweiten (Extra-)Seite zum Angebot, als Download im Internet oder auf Wunsch in gedruckter Form mit separater Post ...).

Auflagengewährungsleistung

Die Preisangaben in den Mediadaten/Mediainformationen (Preisliste) basieren meist rechnerisch auf der verbreiteten Auflage des Werbeträgers. In gewisser Weise stellt die verbreitete Auflage die Leistung dar, zu der sich der Verlag verpflichtet. Die Verbreitungsanalyse wird durch die Informationsgemeinschaft zur Feststellung der Verbreitung von Werbeträgern e.V., kurz IVW, durchgeführt, überprüft und beglaubigt.

Diese Daten stehen immer erst rückwirkend zur Verfügung., weshalb in vielen Fällen, am Jahresende, ein Abgleich zwischen den zugrunde gelegten Auflagenzahlen und den entsprechenden Anzeigenpreisen vorgenommen wird. Stärkere Abweichungen berechtigen den jeweiligen Partner, die vereinbarten Preise anzupassen. Seitens der Verlage ist es bei einer „Übererfüllung" (= deutlich höhere Verkäufe) eher selten, von den Kunden rückwirkend mehr Geld zu verlangen. Meist sind die Werbebudgets produkt-/kampagnengebunden, sodass am Jahresende kein Geld mehr zur Verfügung stehen würde. Meist vereinbart man dann für das neue Jahr angepasste Konditionen. In allen Fällen muss ein solches Vorgehen, eine solche Abhängigkeit zwischen Auflagen und Preisen explizit im Auftrag geregelt sein. Einen automatischen Anspruch gibt es nicht.

Politisch motivierte Anzeigen

Bei Anzeigen mit politischen Inhalten (beliebt zu Wahlzeiten) hat sich in der Praxis eine Freistellungserklärung bewährt, die auch den Fall einer „Gegendarstellung" finanziell regelt und den Verlag aus der Haftung befreit. Der Anzeigenkunde sichert durch seine Unterschrift unter diese Freistellungserklärung zu, den Verlag hinsichtlich Ansprüchen von dritter Seite freizustellen, die sich aus den Inhalten der Anzeige ergeben können. Er sichert ferner zu, das etwaige Kosten von Gegendarstellungen zu seinen Lasten gehen.

Heilmittel, Arzneimittel und Lebensmittel

Das Gesetz regelt den Begriff „Heilmittel" und die Art der Werbung bzw. der Werbeaussagen und der zulässigen Umfelder für dessen Bewerbung sehr genau (siehe Heilmittelwerbegesetz, Arzneimittelgesetz). Einer der wichtigsten Punkte betrifft die Angabe zum Hersteller, die in der Anzeige enthalten sein muss, sowie die strengen Richtlinien hinsichtlich des Heilerfolgs und der Angabe von etwaigen Nebenwirkungen. Dies trifft in besonderem Maße auf Werbung außerhalb der sogenannten Fachkreise zu, die wiederum vom Gesetzgeber definiert werden.

Beachtenswert ist auch die Tatsache, dass Werbung für Lebensmittel mit „schlankmachender" Wirkung gänzlich verboten ist (hier ist die Unterscheidung zwischen Lebensmitteln, Heilmittel und Arzneimitteln entscheidend). Eine Ausnahme bilden die Lebensmittel, die nach der Diätverordnung zur Verwendung als Tagesration (Nahrungsersatz) zählen. Auch in diesen Fällen kann vom Verantwortlichen auf Verlagsseite nicht erwartet werden, dass sie über detaillierte Kenntnisse der entsprechenden Verordnungen und Gesetzestexte verfügen, wohl aber über einen gesunden Menschenverstand. Die Haftung erstreckt sich, wie auch bei den Wettbewerbsverstößen, auf grobe Pflichtverletzungen.

Im Falle des Heilmittelwerbegesetzes besteht zudem die Möglichkeit, dass der Anzeigenleiter auch als Täter in Frage kommt, und sei es nur aufgrund der Tatsache, dass ihm zu unterstellen wäre, dass er die Anzeige nur abdruckt, um den Inserenten als Kunden zu gewinnen oder als Kunden zu halten. Somit wäre gegeben, das er die Tat als eigene will, was ihn vor dem Gesetz zum Täter macht.

Keine Annahmeverpflichtung

Seitens des Verlags besteht, sofern es sich in seinem Fall nicht um eine Monopolstellung handelt (Alleinstellung, die aber in der Praxis bis heute so gut wie nie nachzuweisen war), keine rechtliche Verpflichtung, jede Anzeige zu veröffentlichen, die ihm angetragen wird. Sowohl von der Kundenseite als auch von der Verlagsseite ist das Anzeigengeschäft ein Geschäft auf freiwilliger Basis. Es besteht also kein Kontrahierungszwang. Es empfiehlt sich daher bereits im Vorfeld, klare Richtlinien zu formulieren, nach denen Anzeigen abgelehnt werden (können) und diese nach dem Grundsatz der Gleichbehandlung ausnahmslos in allen auftretenden Fällen anzuwenden. Diese dürfen dann auch nicht gegen die guten Sitten verstoßen. In der Praxis kann dies zum Beispiel für Magazine sinnvoll sein, die sich an ein sehr junges Publikum richten und die keine Anzeigen von Anbietern wünschen, die neben Klingeltönen auch freizügige Downloadbilder leicht oder gar nicht bekleideter Pixelschönheiten für Handys anbieten.

Anzeigenangebot

Jedem Anzeigenauftrag geht ein entsprechendes Angebot voraus. Das Angebot soll bereits die wesentlichen Rahmendaten eines möglichen zukünftigen Auftrags umfassen und für den Inserenten durch einfache Zustimmungserklärung (Ja) annehmbar sein. Ein Angebot unterliegt in der Regel immer der Bindungswirkung, ist also für den Verlag bindend und kann grundsätzlich nicht widerrufen werden. Sie lässt sich aber durch folgenden Zusatz im Angebot ausschließen: „Das Angebot gilt vorbehaltlich der Prüfung des Anzeigenmotivs."

Das Versenden der Mediadaten, der Mediainformationen oder der Preisliste an sich ist noch kein für den Verlag bindendes Angebot, sondern das Angebot zur Abgabe eine Angebots.

Ein Angebot sollte immer mit einer Annahmefrist versehen werden. Je nach Branche gibt es unterschiedliche Gepflogenheiten, was die „übliche" Annahmefrist von Angeboten angeht. Es ist immer von Interesse, das Angebot aktiv zeitlich zu begrenzen. Ein Zeitraum von zehn Werktagen scheint in den meisten Fällen ausreichend. Beachtenswert ist, dass im Falle einer Abgabe „gegenüber Anwesenden", also persönlich oder per Telefon, die Bindungswirkung mit Beendigung des

Gesprächs erlischt. Der potenzielle Inserent muss also entweder sofort annehmen oder das gesamte Angebot muss (kann) neu verhandelt werden.

Die Annahme eine Angebots durch den Inserenten muss rechtzeitig erfolgen. Die Annahme kann auch durch die Übersendung der Druckunterlagen erfolgen. Diese Form der Annahme ist dann verbindlich, wenn zu dem Zeitpunkt der Übersendung über alle vertragsrelevanten Punkte Einigkeit herrscht. Sollte zum Beispiel der Preis sich noch im Stadium der Verhandlung befinden, dann gilt die bloße Übersendung der Druckdaten nicht als Annahme seitens des Inserenten. Auch eine Annahme unter Aufführung neuer Bedingungen (Auftragserweiterungen, Einschränkungen, abweichende Zahlungsbedingungen …) ist nicht verbindlich. Darüber hinaus ist es wichtig, immer darauf zu achten, dass es keine Widersprüche in den verschiedenen Schriftstücken der Beteiligten gibt. Dies gilt besonders hinsichtlich Abweichungen bei den Platzierungsvorstellung oder dem Thema Konkurrenzausschluss und den Zahlungsbedingungen (z. B. Skontierung, Zahlungsziele). Auch wenn der Verlag den Auftrag zu seinen AGB bestätigt, die Agentur aber zum Beispiel zu den ihren, kommt streng genommen kein Vertrag zu Stande.

Nicht zutreffend ist die Annahme, dass ein Schweigen seitens des Inserenten als Zustimmung zu werten sei. Schweigen ist gleichzusetzen mit Nichthandeln, und Nichthandeln bedeutet nicht annehmen. Gleiches gilt selbstverständlich auch für das Schweigen des Verlags auf Angebote oder Änderungen des potenziellen Inserenten (was natürlich nicht vorkommen sollte). Anders verhält es sich im Falle des kaufmännischen Bestätigungsschreibens. Dem Gewohnheitsrecht folgend entspricht dies der gängigen Praxis unter Kaufleuten, formlose Verträge umgehend, unter Angabe des Verhandlungsorts, der Zeit, der Verhandlungsteilnehmer und der wesentlichen Inhalte, schriftlich zu bestätigen. Dies gilt auch als Beleg oder Beweis des gesamten Verhandlungsverlaufs. Diese kaufmännischen Bestätigungsschreiben haben eine rechtserzeugende Wirkung. Schweigen gilt in diesen Fällen als zustimmende Willenserklärung. Ist dies nicht gewollt, muss umgehend widersprochen werden.

Anzeigenauftrag und Anzeigenbestätigung

Die Auftragsbestätigung (Anzeigenauftrag) ist die Grundlage für den zwischen Verlag und Kunde/Agentur zu Stande kommenden Werkvertrag (siehe Bürgerliches Gesetzbuch §§ 631 ff). Er setzt eine Willensübereinstimmung zwischen den Parteien voraus und muss die wesentlichen Inhalte des Geschäfts wiedergeben.

Daher sollten sowohl Angebot als auch Auftragsbestätigung einige wichtige Positionen beinhalten. In der Praxis unterscheiden sich in vielen Verlagen Auftrag und Angebot nur im Namen voneinander. Somit ist nur ein Dokument zu pflegen und der Kunde findet sich schneller zurecht. Es gibt keine gesetzlichen Inhalts- oder Formvorschriften für den Anzeigenauftrag. Festgehalten werden sollten aber auf jeden Fall diese Punkte:

Tabelle 67: Inhalt des Anzeigenauftrags

▶ Werbeträger:	Name der Zeitung oder Zeitschrift
▶ Kampagne/Produkt:	beworbenes Produkt
▶ Kunde:	Name und Anschrift des Kunden, inklusive verantwortlichem Ansprechpartner
▶ Agentur:	Name und Anschrift der Agentur, inklusive verantwortlichem Ansprechpartner
▶ Konzernzugehörigkeit:	rabattierfähige Konzernzugehörigkeit des Kunden
▶ Datenanlieferung per E-Mail:	Informationen, wie und an wen die Druckdaten zu übermitteln sind
▶ Druckverfahren:	Informationen zum Druckverfahren
▶ Anzeigenformat:	Informationen zum Anzeigenformat (Satzspiegel oder Anschnittformat
▶ Farben:	Angaben zur Farbigkeit der Anzeige
▶ Druckunterlagen:	Angaben zu den benötigten Druckunterlagen
▶ Schaltungen:	Angaben zur Frequenz/Häufigkeit der Anzeigenschaltungen
▶ Ausgabe(n):	Datumsangaben zu den belegten Ausgaben
▶ Druckunterlagenschluss:	Datumsangabe zum Druckunterlagenschluss
▶ Buchungsschluss:	Datumsangabe zum Buchungsschluss
▶ Erscheinungstermin:	Datumsangabe zum Erscheinungstermin
▶ Listenpreis/Schaltung:	Preisangabe gemäß Mediadaten/Mediainformationen
▶ Platzierungszuschlag:	Aufschlag für besondere Platzierungen, z. B. Umschlagseiten
▶ Rabatt 1:	Rabatthöhe in Prozent gemäß Mengen- oder Malstaffel
▶ Rabatt 2:	Rabatthöhe in Prozent für z. B. Konzernrabatt, Sonderrabatt ...
▶ Preis pro Schaltung:	Preis pro Schaltung vor Abzug der Agenturprovision

▶ Agenturprovision	Agenturprovision, in Deutschland meist 15 Prozent
▶ Rechnungsbetrag/ Schaltung:	Rechnungsbetrag ohne Mehrwertsteuer
▶ Mehrwertsteuer:	Mehrwertsteuerbetrag
▶ Bruttorechnungsbetrag	Rechnungsbetrag inklusive Mehrwertsteuer
▶ Zahlungsbedingungen	Zahlbar bis; Skontoregelungen
▶ Vertragspartner/ Rechnung:	Daten zum Vertragspartner (Verlag)
▶ Vermittler/ Ansprechpartner:	Daten zum Vermittler, eventuell freier Handelsvertreter ...
▶ AGBs	Angaben zur Version und zur Erhältlichkeit der dem Vertrag zugrunde liegenden Allgemeinen Geschäftsbedingungen

Der Anzeigenauftrag sollte der guten Ordnung halber auch vom Kunden schriftlich bestätigt werden. Das geht entweder mit einem separaten Schreiben des Kunden oder, wesentlich praktischer, mit einem Bestätigungsvermerk des Kunden auf der Originalauftragsbestätigung und deren Rücksendung per Fax (oder Scan). Dazu bedarf es einer entsprechenden Formulierung, die wie folgt lauten könnte: *„Wir bitten Sie der guten Ordnung halber und zur reibungslosen Abwicklung Ihres Anzeigenauftrags, uns diese Auftragsbestätigung kurz per Unterschrift und Rücksendung freizugeben."*

Aufgrund des Umstands, dass es sich beim Anzeigenauftrag um einen Werkvertrag handelt, ist dieser vom Anzeigenkunden bis zur „Vollendung des Werkes" kündbar, was in Fall von Publikationen deren Verbreitung wäre. Die sich aus der Kündigung ergebenden „weißen Seiten" müssten vom Verlag mit zusätzlichen Redaktionsseiten, mit Freianzeigen, Spendenanzeigen oder Eigenanzeigen gefüllt werden. Daher ist es wesentlich, in den Allgemeinen Geschäftsbedingungen den letztmöglichen Kündigungstermin festzuhalten. Im Regelfall handelt es sich dabei um den Buchungsschluss. Ungerührt von diesen Regelungen bleibt das Recht zur Kündigung aus wichtigem Grund (z. B. im Falle der Verletzung wesentlicher Vertragteile). Ansonsten gilt der zivilrechtliche Grundsatz der Vertragstreue, der bedingt, dass der Anzeigenauftrag einzuhalten bzw. zu erfüllen ist. Sollte aus Verlagssicht eine Anzeige (nach Vertragsabschluss z. B. nach Überprüfung des später übermittelten Anzeigenmotivs) doch nicht veröffentlicht werden (wollen), kann auf Unzumutbarkeit plädiert werden. Allerdings scheint die Rechtssprechung dem eher selten stattzugeben, da nur sehr schwer zu definieren ist, was noch gerade so zumutbar ist, was schon als unzumutbar gilt.

Angebote per E-Mail

Sehr verbreitet ist die Angebotserstellung per einfacher E-Mail. Grundsätzlich ist dagegen nichts einzuwenden, allerdings ist sehr häufig zu beobachten, dass vier Fehler gemacht werden:

1. Preise werden nicht richtig deklariert (brutto oder netto/mit oder ohne Mehrwertsteuer).
2. Es fehlt die Angabe der Agentur bzw. die Agenturprovision.
3. Es fehlt der Verweis oder der Anhang der Allgemeinen Geschäftsbedingungen.
4. Die E-Mail-Signatur genügt nicht den aktuellen rechtlichen Ansprüchen.

Ergänzend sei noch darauf hingewiesen, dass zwischen dem Werbekunden und der Werbeagentur, im Sinne des § 675 des Bürgerlichen Gesetzbuches, das Vertragsverhältnis der „Geschäftsbesorgung" besteht. Die Anerkennung als Werbeagentur bedingt die entsprechende gewerberechtliche Anmeldung beim Amtsgericht. Erst dann darf die Agenturprovision gewährt werden. Eine „Abteilung" im Hause des Kunden reicht nicht aus, um die 15 Prozent Agenturprovision in Abzug bringen zu können.

Vertragsparteien im Anzeigengeschäft

In der Natur des Anzeigengeschäfts, dem Parteiendreieck aus Verlag, Agentur und Kunde, steckt die Gefahr, mit den falschen Vertragsparteien Inhalte, Änderungen oder sonstige Fragen zum Anzeigenauftrag zu besprechen bzw. den falschen oder nicht allen involvierten Parteien Bestätigungen zukommen zu lassen. So findet zum Beispiel nicht jede zwischen dem Kunden und dem Verlag besprochene Vertragsmodifikation im Nachhinein auch die Zustimmung der betreuenden und für die Zahlung zuständigen Agentur. Dazu kommt es zum Beispiel, wenn Vereinbarungen zwischen dem Kunden und dem Verlag auch zu Lasten der Agenturprovision gehen, die der Agentur zusteht.

Ein nicht unproblematischer Sonderfall sind Aufträge, die von Agenturen im Auftrag oder im Namen des Kunden erteilt werden. In diesem Fall erteilt nicht die Agentur selber den Auftrag, sondern ist „nur" Vertreter des Kunden. In solchen Fällen muss eine (Vollmachts-)Bestätigung des Kunden eingeholt werden.

Preislistentreue

Jeder Verlag kann die Preise für seine Anzeigen und die gewollten Rabatte selber festlegen (Grundsatz der Vertragsfreiheit). Die Preisliste ist eine Erleichterung im normalen Geschäftsverkehr und hat für den Verlag eine rechtliche Bindungswirkung. Weicht der Verlag von seiner Preisliste ab und kann das nicht mit besonderen (Einzel-)Umständen rechtfertigen, verstößt er gegen das UWG (verbotene Irreführung der Inserenten über die Verbindlichkeit von Preislisten). Daher empfiehlt sich in jeder Preisliste der Zusatz „Sonderkonditionen auf Anfrage". Willkürlichen Abweichungen von der offiziellen Preisliste sind damit aber nicht legalisiert. Sie sind eine täuschende Diskriminierung gegenüber den anderen Werbekunden. Zudem gilt nach dem Rabattgesetz, dass die Kombination von mehr als zwei Nachlassarten verboten ist. Die Agenturprovision zählt nicht dazu, da das Rabattgesetz nur in den Fällen greift, in denen es um den „letzten Verbraucher" geht und die Agentur ist nicht der letzte Verbraucher.

Sonderkonditionen müssen nachvollziehbar sein. Es ist jedem Verlag auch überlassen, für bestimmte Anzeigenformate und Gruppen unterschiedliche Preisstaffeln anzubieten (Sammelanzeigen, Beikleber und Beihefter, Stellenanzeigen, Kleinanzeigen ...). Konzernrabatte sind nur dann zu gewähren, wenn die in Frage kommenden Einzelunternehmen einer gemeinsamen Leitung unterstehen. Einführungspreise stellen, ob ihrer zeitlichen Begrenzung, keinen Rabatt dar, sondern sind die für diesen Zeitraum gültigen „Normalpreise".

Der im Verlagsgeschäft gängige Mengenrabatt darf bis zu einer handelsüblichen Höhe gewährt werden, die zwischen 30 und 40 Prozent liegen dürfte. Um späteren Streitigkeiten vorzubeugen, empfiehlt sich, im Rahmen der Auftragsbestätigung und/oder des Rahmenvertrags die Abhängigkeit des Mengenrabatts von der tatsächlichen Abnahmemenge im entsprechenden Zeitraum festzuhalten (Beispiel: *„Der Mengenrabatt in Höhe von X wird gewährt auf Basis des Anzeigenvolumens Y. Im Falle einer Unterschreitung dieses Anzeigenvolumens, erfolgt eine entsprechende Nachbelastung auf Basis unserer Mengenstaffel "* - Gleiches ist für Vereinbarungen auf Basis der Mal-Staffel denkbar).

Die „Meldestelle im Anzeigengeschäft von Zeitschriftenverlagen e. V." in Hamburg (gegründet von führenden deutschen Verlegern) überwacht die Einhaltung der Preislistentreue.

Aufbewahrungspflichten von Anzeigen

Die Pflicht zur Aufbewahrung von Druckunterlagen endet drei Monate nach Erscheinen der Anzeige. In der Regel werden Druckunterlagen nur nach Aufforderung durch den Kunden/Agentur zurückgeschickt, zumal die meisten heutzutage ohnehin in digitaler Form vorliegen und übermittelt werden. Die Anlage eines entsprechenden Archivs kann sich in vielen Fällen lohnen (Nachweiskraft, erneute Schaltung, Weiterleitung an andere Verlage auf Wunsch des Kunden etc.).

Wettbewerbswidrigkeit und Alleinstellung

Die Entscheidung, was wettbewerbswidrig ist und was nicht, wird nach deutschem Recht immer aus Sicht der umworbenen Zielgruppe gefällt. Es stellt sich also immer die Frage, was der durchschnittliche Vertreter der Zielgruppe mit der Werbung verbindet. Als Grundsatz lässt sich festhalten, dass man die Ansprüche nicht zu hoch setzen sollte, also nicht zu viele Vor- und Fachkenntnisse voraussetzen sollte.

Zu den beliebtesten Mittel der Werbung gehört der Versuch der Alleinstellung. Diese ist in den Fällen zulässig, in denen die getroffene Aussage „erheblich und zugleich dauerhaft" ist. Kurzfristige Vorsprünge in der IVW zum Beispiel berechtigen nicht zur generalisierenden Aussagen: „Meistgekauftes XY-Magazin Deutschlands". Hier wäre die Angabe des Zeitraums (z. B. IVW 3/2009) zwingend. Dahingegen können Aussagen der Natur „Das meist verkaufte Magazin des Meier-Verlags" zulässig sein, ebenso Aussagen wie „Der schönste TV-Film des Jahres", da es hier um Geschmacksfragen geht. Grundsätzlich bleibt in Bezug auf die Alleinstellung in der Werbung festzuhalten: Die Voraussetzung für die Alleinstellung muss nachweislich und jederzeit überprüfbar vorliegen.

Presserecht und Werbekodex

Das Presserecht in Buchform gibt es z. B. im Verlag C.H. Beck unter dem Titel „Presserecht". Im Presserecht abgebildet ist die Gesamtheit der durch Druck oder ähnliche Verfahren vervielfältigten Schriften und der damit in Verbindung stehenden Unternehmen. In seiner aktuellen Fassung differenziert es nach dem Presserecht der Länder und dem Bundesrecht. Für lokale Publikationen ist das Landespresserecht, in Verbindung mit dem Bundesrecht, ausreichend.

Sollte es sich um bundesweite Publikationen handeln, sind auch die Besonderheiten eines jeden einzelnen Bundeslandes zu berücksichtigen, wobei auch die jeweilige Landesverfassung ein Rolle spielt. Im Großen und Ganzen orientieren sich aber alle „Varianten" an einem Modellentwurf aus dem Jahr 1963 (mit Ausnahme von Bayern und Hessen, deren Gesetze schon vor dem Jahr 1963 aktiv waren). Als Grundsatz definiert sich die Pressefreiheit als tragende Säule einer demokratischen Ordnung. Somit gehört die Pressefreiheit zu den Grundrechten und ist entsprechend im Grundgesetz verankert. Gleiches ist übertragbar auf Anzeigen, die per Definition ebenfalls als Presse-Gut zu bewerten sind.

Werberat und Werbekodex

Während immer häufiger in die Trickkiste der Werbereize gegriffen wird und dabei die Grenzen des „guten" Geschmacks ausgelotet werden, gehen auch immer mehr Beschwerden beim Deutschen Werberat ein. Im ersten Halbjahr 2009 waren es an die 150. Allerdings würde nur in drei Fällen auch eine Rüge vom Werberat augesprochen. 1972 vom ZAW gegründet, setzt sich der Werberat in erster Linie mit der Kritik an Werbemaßnahmen durch den Verbraucher auseinander. Entweder wird er von sich aus tätig oder er fungiert als Sprachrohr von „Betroffenen". Im Falle „berechtigter" Kritik wird das werbetreibende Unternehmen zur Einstellung veranlasst. Ein bekanntes Beispiel ist ein Motiv aus der Media-Markt-Kampagne: „Mehr drin als man glaubt." Abgebildet: Ein Model mit drei Brüsten. Frauenfeindlich und unmoralisch, sagt der Werberat. Der Spiegel veröffentlichte eine Auswertung zu den Inhalten der vom Werberat gerügten Kampagnen. An erster Stelle stehen Diskriminierungsvergehen gegenüber dem weiblichen Geschlecht (35 Prozent), auf Platz zwei entfallen Gewaltdarstellungen (13 Prozent).

Tabelle 68: Rügen des Werberats

Platz	Art der Rüge	Prozentzahl
▶ 1	▶ Erniedrigung von Frauen	▶ 35%
▶ 2	▶ Gewaltdarstellungen	▶ 13%
▶ 3	▶ Gefährdung von Kindern und Jugendlichen	▶ 12%
▶ 4	▶ Verletzung religiöser Gefühle	▶ 11%
▶ 5	▶ Diskriminierung von Minderheiten	▶ 6%
▶ -	▶ Sonstige	▶ 23%

QUELLE: DER SPIEGEL. HTTP://SUCHE.SPIEGEL.DE/SUCHE.INDEX.HTML?SUCHBEGRIFF=R%FCGEN+DES+WERBERATS (HAMBURG 2008)

Auch wenn die Vermutung nahe liegt, dass der Werberat eine Eigenart der „kontroll- und formularwütigen" Deutschen ist, ist dem nicht so. Das englische Pendant zum Beispiel ist die Press Complaint Commission, kurz PCC. Die knapp 2.500 Verstöße im Jahr 2008 sind ein Beleg für den zum Teil erbitterten Kampf, den sich die Medien auf der Insel liefern.

„Aufsehen ist kein Ansehen", lautet ein bekannter Leitsatz der Werbung. Zur Regelung der Verletzung von Ansehen zugunsten von Aufsehen wurde der sogenannte Werbekodex manifestiert. Dieser weltweit gültige Kodex wurde von der Internationalen Handelskammer (ICC) im Jahr 1979 festgelegt. Er beschreibt die Verhaltensregeln für die Werbepraxis und gilt als allgemeinverbindlich. Die folgenden Punkte sind somit auch vom Anzeigenverkäufer zu prüfen und gegebenenfalls mit dem Kunden zu besprechen.

Werbekodex in Kurzform:

▶ Vereinbarkeit mit den Sitten.
▶ Redlichkeit und Wahrheit.
▶ Aussagen sollen von sozialer Verantwortung geprägt sein.
▶ Keine unlautere Werbung (UWG).
▶ Keine Pornographie, kein Sexismus = Beachtung der Indizierungslisten (siehe auch BPjS-Liste).
▶ Eingeschränkte Werbung für Alkohol und Zigaretten.
▶ Keine Irreführung, keine Verunglimpfung.
▶ Keine Diskriminierung von Minderheiten.

Da ein Verstoß gegen den Werbekodex gerade in wirtschaftlich schwächeren Zeiten ein probates Mittel zur Aufmerksamkeitssteigerung zu sein scheint, gilt es immer wieder kritisch auf Inhalte und Gestaltung von Anzeigen zu achten. Wenn auch nicht rechtswidrig, so ist nicht jeder Verlag bereit, ebenfalls ins Kreuzfeuer der öffentlichen Kritik zu geraten.

Bundesprüfstelle für jugendgefährdende Medien (BPjM)

Verantwortung im Anzeigenverkauf bedeutet auch rechtliche Verantwortung. Gegenüber dem Arbeitgeber und gegenüber der Gesellschaft. Definierte Ausnahmen von der Regelung des Presserechts (Anzeigen dürfen im Grunde nicht abgelehnt werden) sind Anzeigen mit rechtsradikalem oder sittenwidrigem Inhalt (Tatbestand der Volksverhetzung § 130 StGB). Sofern diese Inhalte bekannt sind und zur Anzeige gebracht werden, werden sie quartalsweise im Bundesanzeiger für indizierte Schriften, der BPjS (Bundesprüfstelle für jugendgefährdende Schriften), veröffentlicht. Der Band umfasst die gesamte Liste der aktuell indizierten Bücher, Filme, Videos, Computerspiele usw. Zu diesem Quartalsberichtsband gibt es noch monatliche Meldungen an die Mitglieder, die über aktuelle Indizierungen berichten. In diesen Fällen ist der Sachverhalt bezüglich der Veröffentlichung eindeutig. Gleiches gilt für Abbildungen mit Hakenkreuzen. Da aber auch permanent neues Material auf den Markt kommt, ist die Liste der BPjS kein Freibrief. Der gesunde Menschenverstand ist immer gefragt. Interessant wird es in den Fällen, in denen Verlage ganz eigene oder extremere Vorstellungen von Sitte und Moral haben. Zum Beispiel wenn der Verlag unter einem kirchlichen Einfluss steht. Dann können sogar Motive zur Diskussion stehen, die per Gesetz keinerlei Beanstandung hervorgerufen hätten. In Fällen, in denen ein Verlag die Ablehnung von Anzeigen wünscht, er aber dafür keine rechtliche Grundlage hat, ist auch das Geschick des Anzeigenverkaufs gefragt, der dem Kunden darzulegen hat, dass seine Kampagne in der vom Magazin angesprochenen Zielgruppe nicht erfolgreich zu realisieren sein wird. Die BPjM-Schriften sind für den Anzeigenverkauf Pflichtlektüre und Arbeitsmittel zugleich. Die Verantwortung gegenüber der Gesellschaft und den Lesern bedingt die peinlich genaue Kontrolle der Werbeinhalte. Von den rechtlichen Konsequenzen bei Nichtbeachtung ganz zu schweigen. Der Verantwortliche für den Anzeigenteil ist verpflichtet, die Prüfungen durchzuführen. Diese Pflicht ist nicht auf den Inserenten übertragbar (der natürlich aber auch haftbar gemacht werden kann).

Ablehnung von Anzeigen/Werbung

Werbung darf im Grunde durch die Vertreter des Werbeträgers nicht abgelehnt werden (sofern die Grundsätze, nach denen der Verlag Anzeigen annimmt oder nicht, nicht deutlich und im Vorfeld dokumentiert sind). Die Praxis sieht aber zum Teil anders aus. Gerade unter Mitbewerbern ist es gängige Praxis, Werbung abzulehnen. Ein skurriler Fall war die Ablehnung einer Traueranzeige zum Tode von Marion Gräfin Dönhoff, Herausgeberin der Wochenzeitung „Die Zeit", im Jahr 2002 durch die Frankfurter Allgemeine Zeitung. Mit dem Hinweis auf die verkappte Reklame in Form des Zeit-Logos, wurde die Anzeige nicht abgedruckt. Die Süddeutsche Zeitung und der Tagesspiegel druckten die Anzeige anstandslos. Wesentlich ist ein Hinweis in den Allgemeinen Geschäftsbedingungen, welcher es zulässt, Werbung auch aus firmenpolitischen oder konzeptionellen Gründen (Werbung passt nicht oder widerspricht der Grundsätzen des Mediums, z. B. Alkoholwerbung in einem Fitness-Magazin) ablehnen zu können.

Einen skurrilen Streit lieferten sich im Jahr 2001 das Bundesumweltministerium um Jürgen Trittin und der Springer Verlag. Das Thema: „Dosenpfand". Während in der Bild am Sonntag (BamS) mehrfach kritische Äußerungen der Oppositionspartei zum Dosenpfand veröffentlicht wurden, kam der damalige Umweltminister selber nicht zu Wort. Das Ministerium griff deshalb zum letzten möglichen Mittel und buchte eine Anzeige. Titel: „Das ist kein schönes Bild am Sonntag". Doch statt amüsiert, zeigte man sich auf Verlagsseite kompromisslos. Die Anzeige wurde so nicht abgedruckt. Stattdessen wurde umgetitelt. Die Anzeige erschien dann letztlich unter der Überschrift: „Die Argumente für das Dosenpfand liegen auf der Straße". Man sieht, dass auch durchaus ohne rechtliche Grundlagen Anzeigen abgelehnt werden – vorausgesetzt, man hat einen langen Atem, die Unterstützung aller internen Funktionsträger, Kapital und eine erstklassige Rechtsabteilung. Die Konsequenzen aus Verstößen können bisweilen empfindlich sein, bis hin zum Freiheitsentzug. Die peinlich genaue Kontrolle der Inhalte einer jeden Werbung gehört zum Handwerk und zur Pflicht des Anzeigenverkäufers.

Vergleichende Werbung

Seit 1997 ist der Vergleich von Waren und Dienstleistungen des gleichen Bedarfs oder derselben Zweckbestimmung erlaubt. Nach der derzeitigen Gesetzeslage ergeben sich für „Vergleichende Werbung" folgende Grundsätze:

- Es darf keine unnötige Herabsetzung und/oder Verunglimpfung geben.
- Es darf nicht zu einer „unlauteren Rufausbeutung" kommen.
- Jedwede Irreführung ist zu vermeiden (genaue und spezifische Angaben sind notwendig).
- Es gilt der Grundsatz der Sachbezogenheit (gleiche Waren und Dienstleistungen).
- Es darf keine Verwechslungsgefahr mit anderen Anbietern bestehen.
- Es darf der Ruf (Marke, Unternehmen ...) des anderen nicht herabgesetzt werden.
- Keine Vergleiche geschützter Marken zu Imitationen oder Nachahmungen.

Wenn der Vergleich als Werbemittel eingesetzt wird, so dürfen nur objektive, wesentliche, relevante, nachprüfbare, typische und lautere Vergleiche angestellt werden. Vergleichende Werbung ist in den meisten Ländern schon seit Jahren gang und gäbe. Legendär sind hier die direkten Konfrontationen zwischen Coca-Cola und Pepsi. Gigantische Schlachten zwischen mutierenden Getränkeautomaten sollten die Konsumenten für die jeweilige Marke einnehmen. Gemäß einer Richtlinie des Europäischen Parlaments vom 6.10.1997 ist vergleichende Werbung, unter Wahrung der Richtlinien des Werbekodex, auch in Deutschland erlaubt. Allerdings wird davon hierzulande nur sehr spärlich Gebrauch gemacht. Zumeist begnügt man sich mit Anspielungen. Im Falle „Vergleichender Werbung" gilt es für den Anzeigenverkauf ganz besonders aufzupassen, die Richtlinien des Gesetzes gegen unlauteren Wettbewerb sehr genau zu prüfen und gegebenenfalls Korrekturen vom Kunden einzufordern.

In Bezug auf Dienstleistungen ist vergleichende Werbung sehr kritisch zu betrachten, da diese nur sehr schwer genau zu klassifizieren sind und viele Leistungsmerkmale (Service, Vertrauen, Zuverlässigkeit ...) einem subjektiven Empfinden unterliegen. Vergleichende Werbung ist mit den angeführten Einschränkungen zulässig, nicht aber die Diskriminierung des Wettbewerbers. Jegliche Aussage, die eine Herabsetzung der Konkurrenz bedeuten könnte, ist also unzulässig. So zum Beispiel: „Günstiger bedeutet Qualitätseinbußen". Verboten sind auch Pauschalaussagen wie „Wir bieten mehr".

Ein reiner Vergleich über den Preis ist meist dann nicht zulässig, wenn davon auszugehen ist, dass der gemeine Verbraucher nicht in der Lage ist, die Qualität und damit die Vergleichbarkeit zu beurteilen

Gesetz gegen den unlauteren Wettbewerb

Die Voraussetzung, damit das Gesetz gegen den unlauteren Wettbewerb zum Tragen kommt, ist ein Handeln zum Zweck des Wettbewerbs. Bezogen auf den Anzeigenverkauf besteht dieses Handeln seitens des Verlags in der Förderung des Wettbewerbs der Verlage und aus Sicht des Anzeigenkunden zur Förderung des Wettbewerbs seiner Branche.

Der § 1 lautet: *„Wer im geschäftlichen Verkehr zu Zwecken des Wettbewerbs Handlungen vornimmt, die gegen die guten Sitten verstoßen, kann auf Unterlassung und Schadensersatz in Anspruch genommen werden."* Er beschreibt das elementare Grundgesetz vom Wettbewerb und ist somit auch das Grundgesetz der Werbung. Er schützt zum einem die Werbetreibenden vor unlauterem (Mit-)Wettbewerb und zum anderen die Verbraucher und Interessen der Allgemeinheit. Was unter den „guten Sitten" zu verstehen sein soll, ist umstritten, was die Rechtssicherheit nicht wirklich stärkt. Sie beziehen sich primär auf das „Anstandsgefühl" der beteiligten Parteien und somit in letzter Instanz auf das Anstandsgefühl der zuständigen Richter/Kammern.

Im Rahmen des UWG wurden vier als typisch zu bezeichnende Verhaltensweisen definiert, die sich auf wettbewerbswidriges Verhalten beziehen:

1. Ausbeutung
2. Behinderung
3. Vorsprung durch Rechtsbruch
4. Kundenfang

„Ausbeutung" liegt immer dann vor, wenn der Werber den guten Ruf eines anderen für die eigenen Zwecke nutzt (Schmücken mit fremden Federn, unzulässiger Leistungstransfer ...). Von „Behinderung" spricht man in diesem Zusammenhang, wenn der Wettbewerb darin gehindert wird, sich frei zu entfalten (Boykott, Herabsetzung ...). Einen „Vorsprung durch Rechtsbruch" erzielt der, der sich nicht an Gesetze hält (längere Öffnungszeiten als erlaubt, geringere Gebühren als in entsprechenden Verordnungen vorgeschrieben ...). Der „Kundenfang" beinhaltet alle Maßnahmen, die den Kunden, unter Ausnutzung seiner Unwissenheit, seines

Schamgefühls usw. zum Kauf zu bewegen (psychologischer Kaufzwang, der keinen Leistungsvergleich zulässt).

Wahrheitsgehalt von Anzeigen

Das es die Werbung mit der Wahrheit nicht immer ganz genau nimmt, scheint unter den Konsumenten ein ungeschriebenes Gesetz zu sein. Gehören Irreführung und Täuschung zum Geschäft? Grundsätzlich gilt, dass in der Werbung zugesicherte Produkteigenschaften der Wahrheit entsprechen müssen. Im Rahmen eines Interviews mit namhaften Marketing- und Medienexperten zum Thema „Werbeaussagen und deren Wahrheitsgehalt" veröffentlichte die Zeitschrift „Auto Bild" folgendes Statement aus der Runde der Interviewten: „Ein offerierter, geringer Benzinverbrauch muss tatsächlich auch erreicht werden!" Allerdings seien zur gefühlsmäßigen Vermittlung der Botschaften symbolhafte Bilder zulässig, wie etwa die Red Bull Flügel. Dahingegen darf Werbung nicht unlauter oder irreführend sein. Hinzu kommen auch noch eine Reihe von Spezialvorschriften und sogenannte freiwillige Vorschriften.

Über die Einhaltung der gesetzlichen und freiwilligen Vorschriften braucht man sich in der Regel keine Sorgen zu machen. Verbraucherverbände und der Mitbewerb haben immer ein waches Auge. Bis zu zwei Jahren Gefängnis drohen für Falschaussagen in der Werbung. Die aktuelle Diskussion über ein Werbeverbot, oder zumindest eine Einschränkung der Werbung für Süßigkeiten und Fast-Food, zeigt das immer stärker werdende Bewusstsein der Öffentlichkeit und der Behörden, dass Werben auch das Übernehmen von Verantwortung bedeutet. Ein Trend, dem sich viele Firmen, im Rahmen von Neuausrichtungen der Werbeaussagen und der Produktspezifikationen, anpassen.

Fehlerhafter Abdruck von Anzeigen

Bisweilen kann es vorkommen, dass das finale Ergebnis der Anzeigenschaltung Kritik beim Inserenten hervorruft, weil er es sich anders (besser) vorgestellt hat. Die Gründe für die Abweichung zwischen Wunsch und Wirklichkeit können vielfältig sein. Sofern sie eindeutig auf die zur Verfügung gestellten Druckunterlagen zurückzuführen sind, hat das für den Verlag keine direkten Konsequenzen, wenngleich nicht jeder Kunde diesbezüglich zur Einsicht neigt. Erkennt der Verlag die „Nichteignung" der Druckunterlagen bei der Vor-Prüfung, so hat er dies dem Kunden unverzüglich mitzuteilen. Tut er das nicht, haftet er für das Endergebnis mit, wobei es im Tagesgeschäft nicht immer möglich ist, alle Anzeigen einer sorgfältigen Prüfung zu unterziehen.

Bei erwiesener „Schuld" des Verlags hat dieser das Recht auf Beseitigung des Mangels, also einer fehlerfreien Ersatzanzeige. Wandelung (= Rückabwicklung, was bei Druckerzeugnissen eher nicht möglich ist) und Minderung (= Preisminderung) stehen dem Inserenten dann zur Verfügung, wenn er dem Verlag eine entsprechende Frist zur Behebung gestellt hat und sich nach deren Ablauf auf sein Recht beruft.

Platzierungsfehler

Neben Druckfehlern, die vom Verlag zu vertreten sind, haftet der Verlag auch für Platzierungsfehler (z. B. in der falschen Rubrik wie KfZ-Verkauf im Stellenmarkt) oder Anzeigen, die einen Coupon zum Ausschneiden auf der rechten Seite haben, die Anzeige aber auf einer linken Seite erscheint, was das Ausscheiden deutlich erschwert und damit die Responsequote negativ beeinflusst.

Erneuter Abdruck abgemahnter Anzeigen

Hin und wieder kommt es vor, dass ein Anzeigenkunde aufgrund einer von ihm geschalteten Anzeige abgemahnt wird und diese Anzeige in der Form nicht mehr schalten darf. Über diesen Umstand sollte er selbstverständlich umgehend den Verlag informieren. Kommt es dennoch, aufgrund eines Verlagsfehlers, zu einem erneuten Abdruck, hat der Anzeigenkunde das Verschulden des Verlags meist „wie eigenes Verschulden" zu vertreten, obwohl er es rechtzeitig gemeldet hat. Das liegt daran, dass der Verlag in diesem Fall als Erfüllungsgehilfe des Anzeigenkunden behandelt wird. Somit ist die Vertragsstrafe gegen den Anzeigenkunden fällig, der diese wiederum als Mangelfolgeschaden beim Verlag geltend machen kann. Eine Ausnahme wäre dann möglich, wenn der Verlag in seinen, dem Anzeigenauftrag einbezogenen Allgemeinen Geschäftsbedingungen, die Haftung für leichte Fahrlässigkeit ausgeschlossen hat. In diesem Fall muss natürlich nachgewiesen werden, dass es sich nicht um grobe Fahrlässigkeit handelt.

Auflagengarantie

Einige Verlage werben mit garantierten Auflagen (Verkauf, Druck, Verbreitung), was für viele Inserenten ein wesentliches Entscheidungskriterium ist. Wenn die Auflagenhöhe Vertragsinhalt ist, haftet der Verlag natürlich für deren Erreichung. Angaben in den Mediadaten zu Auflagen sind geschäftsüblich, beziehen sich jedoch auf Auflagen aus der Vergangenheit. Das zu wissen, wird von jeder Vertragsparteien im Geschäftsverkehr erwartet. Gleiches gilt für das Wissen um die Existenz saisonaler Schwankungen bei den Auflagen (schwacher Sommer, starker Winter). Daher sind solche Angaben in der Regel nicht automatischer Vertragsbestandteil.

Der Verlag haftete auch, wenn er dem Inserenten eine Mindestauflage garantiert und diese schriftlich im Angebot und der späteren Auftragsbestätigung festhält. Im Falle einer Unterschreitung dieser Auflage ergibt sich, im Rahmen gewisser Toleranzen, ein Anspruch auf Minderung des Anzeigenpreises.

Anzeigen gegen Gefälligkeitsjournalismus

„In einer geachteten Zeitschrift wird auch die Werbung beachtet", lautet ein altes Verleger-Sprichwort. Doch häufig ergibt sich aus diesem Anspruch Konfliktpotenzial. Mit sogenanntem „Gefälligkeitsjournalismus" ist keinem geholfen, auch wenn bis zu 80 Prozent der Redakteursgehälter über die Anzeigenerlöse erwirtschaftet werden. Im Schnitt kann davon ausgegangen werden, dass sich eine Publikation in Deutschland zu ca. 45 bis 50 Prozent über Anzeigen und zu 50 Prozent über Vertriebserlöse finanziert. Die einzige Ausnahme bildet die Zeitschrift „Test" und ihre Ableger aus dem Hause Stiftung Warentest, die ohne jede Werbung auskommen (außer Eigenanzeigen für Jahrbücher und Sonderausgaben). Wenn ein solches Magazin funktionieren soll, dann nur mithilfe von staatlichen Subventionen, also mit Steuergeldern. Zeitschriften, die keine klare Trennung zwischen Redaktion und Anzeigen erkennen lassen, schaden sich in letzter Instanz natürlich selber, ganz abgesehen von der rechtlichen Unzulässigkeit. Ebenso geht es dem Werber in einem solchen Magazin. Glaubt der Leser die Inhalte nicht, so werden auch die Anzeigen unglaubwürdig.

Die Zeitschrift Cavallo (ein Magazin für Freunde des Reitsports aus dem Hause Motorpresse) hat zum Thema „Einfluss auf Anzeigen" einmal wie folgt Stellung bezogen (die Stellungnahme richtete sich direkt an den Leser der Zeitschrift): „Die Redaktion arbeitet unabhängig von der Anzeigenabteilung. Unabhängigkeit der Berichte von Anzeigeninteressen ist oberstes Gebot. Redakteure sehen Anzeigen erst so spät wie Sie: wenn das gedruckte Heft auf dem Tisch liegt. Es kann also durchaus vorkommen, dass ein kritischer Bericht über ein Produkt einer Firma im Heft steht, die ein paar Seiten weiter inseriert hat."

Zudem gilt in Deutschland der publizistische Grundsatz des Deutschen Presserats: „Die Verantwortung der Presse gegenüber der Öffentlichkeit gebietet, dass redaktionelle Veröffentlichungen nicht durch private oder geschäftliche Interessen Dritter beeinflusst werden dürfen." Paragraph 10 des Landespressegesetzes (LPG) verpflichtet die periodische Presse, alle Veröffentlichungen, für die der Verleger ein Entgelt erhält, eindeutig als Anzeige zu kennzeichnen. Wer sich nicht daran hält, kann wegen sittenwidrigen Verhaltens, unlauteren Wettbewerbs, ungerechtfertigter Bereicherung oder Verstoßes gegen das Standesrecht der Presse (definiert über den ZAW und/oder Presserat) belangt werden.

Schleichwerbung

„Was schleicht, das führt meistens nichts Gutes im Schilde." Die Schleichwerbung macht da keine Ausnahme. Gerade in den Zeiten, in denen Werbegelder nicht im ausreichenden Maß zur Verfügung stehen, verschwimmen die Grenzen des Trennungsgrundsatzes von Redaktion und Anzeigen. Die Schleichwerbung gewinnt dann, ob ihrer hohen Effizienz, zunehmend an Bedeutung.

Sie definiert sich wie folgt: *„Schleichwerbung liegt vor, wenn für den flüchtigen, aber lebenskompetenten Durchschnittsbetrachter die werbende Absicht im redaktionellen Teil nicht mehr erkennbar ist."* Aus dem Jahr 1925 stammt ein immer wieder gerne zitiertes Begleitschreiben einer Sektkellerei, welches im Rahmen eines damaligen längerfristigen Anzeigenauftrags verschickt wurde: *„Ohne Sie in der Richtung Ihres Blattes irgendwie beeinflussen zu wollen, möchten wir Sie an dieser Stelle darauf aufmerksam machen, dass wir es uns vorbehalten, ohne Kündigung von diesem Auftrag zurückzutreten, falls Sie sich während der Laufzeit dieses Inserats redaktionell gegen Alkohol im Allgemeinen und Sekt im Besonderen äußern sollten."*

Eine große Gefahr, die in unmittelbarer Verbindung zur Schleichwerbung steht, ist, dass gute redaktionelle Inhalte unter den Auswirkungen dieser Werbeform leiden und damit das ursprünglich für die Werbung wertvolle Umfeld Schaden nimmt.

Schleichwerbung schadet dem für die Werbung wichtigen redaktionellen Umfeld, da es ihm die Glaubwürdigkeit raubt.

Der Deutsche Presserat hat sich bezüglich neuer, kreativer Werbeformen eher kritisch geäußert: „Zwar stehe man neuen Werbe- und Veröffentlichungsformen offen gegenüber, was aber nicht bedeutet, dass man allen Kreationen Tür und Tor öffnen wolle."

Doch wie stellt sich das in der Realität dar, sind die Konsumenten so leicht zu blenden? Im Rahmen einer Leserbefragung belegte die ZMG (Zeitungs-Marketing-Gesellschaft) in Kooperation mit einer großen westdeutschen Zeitung, dass über 75 Prozent der Leser in der Lage waren, eine Kreativwerbung eines Bierherstellers eindeutig als Werbung zu identifizieren. Interessanterweise wurde bei diesem Test auf die Kennzeichnungspflicht für Anzeigen wissentlich verzichtet. Dennoch: 75 Prozent der Leser sind in der Lage, Werbung und Redaktion auch in Grenzbereichen auseinanderzuhalten. Diese Befragung ergab zudem, dass 63 Prozent der Befragten diese Werbeform ansprechender empfanden als eine reguläre, sprich Standardanzeige. Neben den erwähnten Risiken für die eigenen redaktionellen Inhalte bestehen auch gesetzliche Vorschriften, die die Schleichwerbung im Grunde untersagen. Selbst von der existierenden Grauzone für Schleichwerbung ist den Verlagen abzuraten, da sich diese nicht mit den Grundsätzen eines fairen und professionellen Geschäftsgebarens vereinbaren lassen. Oder um es mit den Worten von Mathias Döpfner, Vorstandschef des Axel Springer Verlags, zu sagen: „Die Journalisten sollen gute Blätter machen, die anderen sollen sie gut vermarkten."

In der Edition des ZAW ist ein sehr guter Ratgeber zum Thema Schleichwerbung erschienen. Dietmar Wolff zeigt auf kapp 130 Seiten die Möglichkeiten und Grenzen der Schleichwerbung auf und erläutert anhand zahlreicher Fallbeispiele die aktuelle Rechtssprechung und die entsprechenden Urteile.

Werbung für Alkohol

Auch für die Bewerbung von Alkohol gibt es eine ganze Reihe von Reglementierungen. Dazu zählen neben dem Verbot, direkte Kaufaufforderungen an Kinder zu richten, das Verbot, ihre geschäftliche Unerfahrenheit auszunutzen. Zudem dürfen Leistungssportler nicht für alkoholische Getränke werben. Einen guten Überblick über das Themengebiet bietet der Leitfaden „Alkohol und Werbung" aus der Edition des ZAW.

Gewaltdarstellung in Anzeigen

Nicht nur in Zeiten eines verschärften Jugendschutzes muss dem Thema Gewalt in Anzeigen und hier natürlich im Speziellen, wenn es sich um Anzeigen für eine jugendliche Zielgruppe handelt, besondere Aufmerksamkeit geschenkt werden. Im Rahmen der Jahrestagung der Bundesprüfstelle für jugendgefährdende Schriften (BPjS) im April 2004 wurden die folgenden Punkte aufgeführt, unter denen sich die mediale Gewaltdarstellung als verrohend auswirkt. Das Zutreffen eines einzigen dieser Punkte verbietet die Schaltung der Anzeige.

Tabelle 69: Gewaltdarstellung

Gewaltdarstellungen wirken dann verrohend, wenn ...	
▶ Gewalt in großem Stil und in epischer Breite geschildert wird.	☐
▶ Gewalt als vorrangiges Konfliktlösungsmittel propagiert wird, wobei in diesen Fällen überwiegend auch auf die Brutalität der Gewaltdarstellung abgestellt wird.	☐
▶ Anwendung von Gewalt im Namen des Gesetzes oder im Dienste einer angeblich guten Sache als völlig selbstverständlich und üblich dargestellt wird, die Gewalt jedoch in Wahrheit Recht und Ordnung negiert.	☐
▶ die Selbstjustiz als einziges probates Mittel zur Durchsetzung der vermeintlichen Gerechtigkeit dargestellt wird.	☐
▶ Mord- und Metzelszenen selbstzweckhaft und detailliert geschildert werden.	☐
▶ kontextlose Darstellung von Gewaltanwendung den wesentlichen Inhalt ausmacht.	☐
▶ Gewalttaten gegen Menschen deutlich visualisiert bzw. akustisch untermalt werden (blutende Wunden, zerberstende Körper, Todesschreie).	☐
▶ Gewaltanwendung (insbesondere Waffengebrauch) durch aufwändige Inszenierung ästhetisiert wird.	☐
▶ Verletzungs- und Tötungsvorgänge zusätzlich zynisch oder vermeintlich komisch kommentiert werden.	☐

Aufgrund dieser Ausgangslage ist es für den Anzeigenverkäufer unerlässlich, einen Kontrollmechanismus zu installieren, der ihn rechtzeitig auf solche Verstöße aufmerksam macht. Zum Nachweis der per Gesetz gebotenen Sorgfaltspflicht empfiehlt es sich, einen Ordner für diese Form der Anzeigenprüfung anzulegen, mit dessen Hilfe diese im Ernstfall leichter zu belegen ist. Sollte trotz gewissenhaft durchgeführten Prüfungen einmal eine Anzeige mit bedenklichem und/oder strittigem Inhalt abgedruckt werden, bezieht sich das Strafmaß in der Regel auf

Fahrlässigkeit und nicht auf grobe Fahrlässigkeit. Ganz abgesehen von der moralischen Verpflichtung des Anzeigenverkaufs sind die rechtlichen Konsequenzen bei Verstößen gegen das Jugendschutzgesetz sehr weit reichend. In verschärften Formen bis hin zum Tatbestand der Vorstrafe bzw. des Freiheitsentzugs.

Redaktion und Werbung

Seit jeher besteht eine gewisse Abhängigkeit zwischen den Verlagen und den Werbekunden. Kaum ein Verlag kann sich komplett über seine reinen Vertriebserlöse refinanzieren. Die Einnahmen aus der Werbung spielen eine bedeutende Rolle. Bei der richtigen Auswahl der Medien kann es für den Werbetreibenden durchaus sinnvoll sein, dass er seine Produkte auch im redaktionellem Bereich platziert. Die Redaktion wiederum fühlt sich primär ihren Lesern verpflichtet, und diese gehen davon aus, dass Produktempfehlungen durch die Redaktion nur und ausschließlich nach objektiver und kritischer Prüfung erfolgen. Interessenkonflikte sind hier vorprogrammiert, Stichwort „getarnte Werbung".

Aus Sicht der Verlage gilt der Trennungsgrundsatz nach Standesrecht. Für sie ist die Trennung von Redaktion und Werbung eine gelebte Standesauffassung, ein ethischer Grundpfeiler der Tätigkeit. Diese Überzeugung spiegelt sich in einer Reihe von Richtlinien wider:

1. Richtlinien für redaktionell gestaltete Anzeigen (ZAW)
2. Richtlinien für redaktionelle Hinweise in Zeitungen und Zeitschriften (VDZ, BDZV, DJV, ZAW)
3. Pressekodex (Deutscher Presserat)

Die Glaubwürdigkeit einer Publikation ist (meist) ihr höchstes Gut, welches es zu schützen gilt. Aus diesem Grund sind die Leser bereit, Geld dafür auszugeben, und es sind diese Leser, die die Inserenten ja erreichen wollen. Verschwimmen die Grenzen, sinkt die Glaubwürdigkeit, und damit wird auch die Zahl der Leser stark zurückgehen. Eine negative Spirale, bei der es am Ende keine Gewinner geben kann. Die Kennzeichnungspflicht ist daher von größter Wichtigkeit.

Bezogen auf die Nebenpflichten eines Verlegers gibt es so etwas wie eine „Wohlwollenspflicht" gegenüber dem Werbekunden nicht. Unbefangene, der Wahrheit verpflichtete Berichte und Produkttests sind ein wesentlicher Bestandteil der verlegerischen Identität und diese kann durch Anzeigenaufträge nicht eingeschränkt werden. Ebenso kann der Verlag nicht „gezwungen" werden, auf Anzeigen von Konkurrenzunternehmen des Inserenten zu verzichten (vollständiger Konkurrenzausschluss), auch wenn diese einen (negativen) Einfluss auf dessen Anzeigenwerbewirkung hätten.

Kennzeichnungspflicht

Von „listig" bis „schamlos" reichen die beschreibenden Adjektive, wenn es darum geht, den Einsatz sogenannter Advertorials zu beurteilen. Dabei handelt es sich um eine Werbeform, die auf den ersten Blick wie ein typischer redaktioneller Beitrag anmutet, also eine Anzeige, die aus sich heraus nicht als entgeltliche Veröffentlichung erkennbar sind. Damit ist auch schon der entscheidenden Wesenszug für die Notwendigkeit zur Kennzeichnung erwähnt: Der Verleger einer periodischen Publikation muss für die zu kennzeichnende Veröffentlichung ein Entgelt erhalten. Unter einem Entgelt ist jede Art von geldwerter Vergütung gemeint, dazu kann auch die Übernahme von Druck, Gestaltungs- oder Vertriebskosten gehören bzw. eine Abnahmegarantie für eine bestimmte Anzahl an Publikationen.

Die einzigen Ausnahmen sind sogenannte „Seitenblocks", auf denen der Leser nichts anders als Anzeigen erwartet (z. B. Stellenanzeigen), und die Modestrecken, bei denen die Markenlogos der einzelnen Firmen entsprechend deutlich ins Bild gesetzt werden.

Ohne entsprechende Kennzeichnung ist eine nicht aus sich heraus erkenntliche Werbeveröffentlichung (Anzeige) rechtswidrig. Dabei ist die Trennung des redaktionellen vom Anzeigenteil gemäß den Richtlinien des ZAW und damit auch UWG (getarnte Werbung) rechtlich verpflichtend. Sie soll explizit die Vermengung von Redaktion und Anzeigen verhindern und damit die Unabhängigkeit der Presse gewährleisten. Des Weiteren gilt es auch den Leser vor Manipulationen zu schützen, denen er ausgesetzt wäre, wenn er über den werblichen Charakter der Veröffentlichung im Unklaren gelassen werden würde. Zudem werden bei etwaigen Zuwiderhandlung die anwaltlichen Schreiben des Wettbewerbs nicht lange auf sich warten lassen, stehen ihm doch in solchen Fällen Unterlassungsansprüche zu.

Kennzeichnungspflicht besteht auch bei redaktionellen Hinweisen, die kein allgemeines Informationsinteresse seitens des Durchschnittslesers haben. Dies ist zum Beispiel immer dann der Fall, wenn ohne ersichtlichen Grund im Rahmen eines redaktionellen Artikels nur über ein Unternehmen aus einer Branche berichtet wird, obwohl es ein oder mehrere Wettbewerber gibt, deren Angebot inhaltlich genauso passend wäre. Ähnliches gilt, wenn von Unternehmen gestellte Presseinformationen ohne eigene Recherche bzw. inhaltlicher Prüfung seitens der Redaktion den Hauptbestandteil einer Meldung oder eines Artikels bilden (werbliche Anmutung, Werbeterminologie …). Des Weiteren ist entscheidend, dass die eigentliche, sachliche Information nicht in den Hintergrund tritt, was immer dann der Fall ist, wenn werbliche Aussagen, Bilder und Logos den Bericht dominieren.

Es gab schon Fälle, in denen die zeitgleiche Berichterstattung und Anzeigenschaltung in ein und der selben Ausgabe Grund zur Klage gab. Diese Formen der redaktionellen Zugabe sind von Fall zu Fall zu prüfen. In vielen Fällen ergeben sie durchaus Sinn, die Redaktion muss sich nur der grundsätzlichen Problematik bewusst sein. Die Platzierung einer Anzeige in einem redaktionellen Umfeld, das sich objektiv und allgemein mit der beworbenen Ware oder Dienstleistung beschäftigt, ist dahingegen nach der aktuellen Rechtssprechung wohl zulässig.

Erst die wörtliche Kennzeichnung als „Anzeige" ermöglicht in vielen Fällen diese geforderte Trennung. Dabei ist die Größe des Wortes „Anzeige" vom Anzeigenformat und vom Grad der Annäherung an die Optik des redaktionellen Teils abhängig. Entscheidend ist die Wahrnehmung beim flüchtigen Durchblättern und oberflächlichen Lesen eines unbefangenen, aber mit dem Blatt vertrauten Durchschnittlesers. Es genügt, dass dieser Leser aufgrund der Gestaltung im redaktionellen Stil zum (An-) Lesen verführt wird, was eine unzulässige Blickfangwerbung darstellt, die schon durch thematisch zur Publikation passende Überschriften erreicht wird.

Die vielfach verwendeten, vermeintlichen Alternativen zur Kennzeichnung als „Anzeige", wie z. B. „Sonderpromotion", „Promotion", „Sonderwerbefläche", „Sonderveröffentlichung", „PR-A", „Weihnachtsbazar", „Advertorial", aber auch „PR-Anzeige", „Advertisement" (in deutschen Publikationen), „Verbraucherinformation", „Wirtschaftsanzeige" usw. sind allesamt unzulässig, da sie den entgeltlichen Charakter der Darstellung nicht verdeutlichen. Diesen Anspruch erfüllt gemäß den Vorschriften des Landespressegesetzes einzig die Kennzeichnung als „Anzeige". Nur sie kann dem Leser deutlich machen, dass es sich bei diesen Inhalten um rein werbliche Themen handelt, die gebucht und bezahlt werden. Diese Kennzeichnung muss auch unmittelbar oberhalb der Anzeige stehen. Eine Auflistung im Impressum oder Inserentenverzeichnis ist unzureichend.

Zur Kennzeichnung verpflichtet ist in erster Linie der Verleger und dann auch der Anzeigenleiter. Es wurden aber auch schon Bußgelder gegen weitere, im Ablauf involvierte Verlagsvertreter, Inserenten und deren Agenturen verhängt. Dabei haben Inserenten einen Anspruch darauf, dass der Verlag die korrekte Kennzeichnung, also „Anzeige", verwendet und keine unzulässige Alternative wählt.

Zahlreiche Verlage behaupten in diesem Zusammenhang (zumindest in der Außendarstellung), dass solche „Advertorials" ausschließlich und ohne Zutun der Werbekunden von den Redaktionen konzipiert würden. An den werblichen Inhalten ändert dies indes nichts, zumal es jedem Verlag selber überlassen bleibt, inwieweit er sich an die Vorgaben des Ehrenkodex des Deutschen Presserats halten mag. Dieser schreibt die eindeutige Trennung von redaktionellen und werblichen Inhalten vor. Die Verantwortung gegenüber dem Leser wird hier häufig zugunsten der Anzeigenumsätze vernachlässigt.

Eine Analyse von VGB-Research & Media Marketing hat die Wirkung von redaktionell gestalteten Anzeigen und nicht redaktionell gestalteten Anzeigen gegenübergestellt.

Tabelle 70: Redaktionelle Anzeigen

Gestaltungsform	Anzeige gesehen	Marke beachtet	Text zu mehr als 50 % gelesen
▶ Redaktionell	▶ 57%	▶ 42%	▶ 18%
▶ Nicht redaktionell	▶ 61%	▶ 47%	▶ 19%

QUELLE: RESEARCH & MEDIA MARKETING, REDAKTIONELLE ANZEIGEN, 2008

Die EU hat zwei spezifische Kategorien unlauterer Geschäftspraktiken veröffentlicht, die unter allen Umständen verboten sind und die gerade im Hinblick auf Advertorials einer näheren Betrachtung lohnen:

Kategorie 1: Irreführende Praktiken

▶ Behauptung, zu den Unterzeichnern eines Verhaltenskodex zu gehören, wenn dies nicht der Fall ist.
▶ Behauptung, ein Verhaltenskodex sei von einer öffentlichen und oder anderen Stelle gebilligt, wenn dies nicht der Fall ist.
▶ Lockangebote (Anpreisung eines Produkts als Sonderangebot, ohne dass das Produkt überhaupt oder in ausreichender Menge auf Lager ist).
▶ Verwendung des Begriffs „Räumungsverkauf" oder ähnlicher Bezeichnungen, wenn der Händler tatsächlich keine Geschäftsaufgabe beabsichtigt.
▶ Behauptung, ein Produkt könne legal verkauft werden, wenn dies nicht der Fall ist; Einsatz von „Advertorials" (vom Werbenden finanzierte Berichterstattung über ein Produkt in den Medien), ohne dass deutlich gemacht wird, dass es sich um Werbung handelt.

- Fälschliche Behauptung, die persönliche Sicherheit des Verbrauchers oder seiner Familie sei gefährdet, wenn er das Produkt nicht kaufe; Einrichtung, Betrieb oder Förderung eines Schneeballsystems.

Kategorie 2: Aggressive Geschäftspraktiken

- Erwecken des Eindrucks, der Verbraucher könne die Räumlichkeiten ohne Vertragsunterzeichnung oder Zahlung nicht verlassen.
- Langwährende und/oder wiederholte persönliche Besuche in der Wohnung des Verbrauchers unter Nichtbeachtung der Aufforderung durch den Verbraucher, die Wohnung zu verlassen.
- Hartnäckiges und unerwünschtes Ansprechen von Kunden über Telefon, Telefax, E-Mail oder sonstige für den Fernabsatz geeignete Medien.
- Gezieltes Ansprechen von Verbrauchern, in deren Familie kürzlich ein Todesfall oder eine schwere Erkrankung aufgetreten ist, um ihnen ein Produkt zu verkaufen, das in direktem Bezug zu dem erlittenen Unglück steht.
- An Kinder gerichtete Werbung, die diesen suggeriert, ihre Akzeptanz unter Gleichaltrigen sei davon abhängig, dass ihre Eltern ihnen ein bestimmtes Produkt kaufen.
- Zahlungsaufforderung für Produkte, die der Händler geliefert, der Verbraucher aber nicht bestellt hat (unbestellte Waren oder Dienstleistungen).

Diese Ausführungen zeigen deutlich, dass Anzeigen auch als solche zu erkennen sein sollten. Abgesehen von dem Verlust an Glaubwürdigkeit, sind die Erkennungswerte im direkten Vergleich zu „regulären" Anzeigen deutlich schwächer. Gerade die Markenbeachtung stellt hier das alles entscheidende Kriterium dar, ganz abgesehen von den rechtlichen Einschränkungen.

Eine Sonderstellung in Bezug auf die Kennzeichnungspflicht nehmen Kundenzeitschriften ein, sofern sie auf der Titelseite eindeutig als solche zu erkennen sind und der viel zitierte Durchschnittsleser sich darüber bewusst ist, dass es sich bei dieser Publikation um ein Werbemedium eines bestimmten Unternehmens handelt. Ist das nicht der Fall, gilt auch für Kundenzeitschriften uneingeschränkt das Gebot zur deutlichen Trennung von Anzeigen und Redaktion.

8. Der Werkzeugkasten

Im Folgenden werden wichtige Werkzeuge des Anzeigenverkaufs vorgestellt.

Projektplanung

Zu Beginn sollte immer die Projektplanung stehen. Mittels eines einfachen, aber wirksamen Projektmanagements lässt sich nicht nur die Informationskultur verbessern, sondern auch die Produktivität der Arbeit wird gesteigert. Folgende Projektcheckliste listet die relevanten Inhalte zur Projektstruktur auf. Die jeweiligen Punkte sind idealerweise chronologisch abzuarbeiten.

Tabelle 71: Checkliste Projektplanung

Nr	Projektbaustein	☺	Start	Ende	☑
1	▶ Projektmappe anlegen				
2	▶ Projektinhalte festlegen = Projektbeschreibung				
3	▶ Projektverantwortlichen bestimmen				
4	▶ Projektbeteiligte bestimmen				
5	▶ Projekttermine abstimmen				
6	▶ Projektkunden definieren				
7	▶ Projektargumente definieren				
8	▶ Kundenbetreuungsablauf definieren				
9	▶ Präsentationsmaterial konzipieren				
10	▶ Präsentationsmaterial erstellen				
11	▶ Abarbeitung der in Punkt 5 festgelegten Schritte				
12	▶ Terminkontrolle im Rhythmus von zwei Tagen				
13	▶ Statusbericht an die Verantwortlichen				
14	▶ Ergebnisbericht an die Verantwortlichen				
15	▶ Analyse der Ergebnisse				

☺ Kürzel des für diesen Projektbaustein verantwortlichen Mitarbeiters.
☑ Ein Haken in diesem Feld bedeutet = vollständige Erledigung des Projektbausteins

Die einzelnen Punkte der Checkliste (Kopiervorlage) bedeuten im Einzelnen:

Tabelle 72: Erläuterungen zu Tabelle 71

Nr.	Projektbaustein
1	**Projektmappe anlegen** Für jedes Projekt ist eine Projektmappe anzulegen, in der alle Daten und Informationen zum Projekt gesammelt werden. E-Mails können als Hardcopy (Ausdruck) oder auf CD gebrannt abgelegt werden, sobald das Projekt abgeschlossen wurde. In seinem Verlauf werden die Mails vom Projektleiter auf seinem Rechner in einem speziellen Verzeichnis gesammelt.
2	**Projektinhalte festlegen = Projektbeschreibung** Die Projektbeschreibung bedarf höchster Aufmerksamkeit. Es muss zu jeder Zeit gewährleistet sein, dass alle, die in irgendeiner Weise in das Projekt eingebunden sind, sich über die grundsätzlichen Themen im Klaren sind. Die Projektbeschreibung muss mit allen relevanten Positionen abgestimmt sein. Unklarheiten in diesem Punkt sind ein Garant für einen Misserfolg.
3	**Projektverantwortlichen bestimmen** Das ist die zentrale Stelle, an der alle Informationen zusammen laufen. Der Projektleiter ist zentrale Ansprechstelle für alle Beteiligten. Er ist verantwortlich für den Projektplan und die Informationsweitergabe und -auswertung.
4	**Projektbeteiligte bestimmen** Das sind diejenigen, die für einzelne Projektbausteine verantwortlich sind. Die Beteiligten informieren den Verantwortlichen in sinnvollen Intervallen über den Status ihrer Bausteine.
5	**Projekttermine abstimmen** Termine mit Pufferzeiten planen. Kein Projekt verläuft komplett planmäßig.
6	**Projektkunden definieren** Für eine vernünftige Kalkulation und einen relativ verlässlichen Projektforecast ist es unerlässlich, im Vorfeld alle relevanten Kunden zu benennen. Nur so kann der Projektleiter abschätzen, mit welchem Outcome er rechnen kann. Dabei spielt es natürlich auch eine wesentliche Rolle, wie stark die jeweiligen Kontakte zu den einzelnen Kunden sind. Ein Projekt mit einer großen Anzahl an Neukunden braucht wesentlich längere Vorlaufzeiten.
7	**Projektargumente definieren** Was sind die besten Argumente aus Kundensicht für dieses Projekt? Ein häufiges Problem ist die zu starke Fokussierung auf die unternehmenseigenen Belange hinsichtlich der Argumentationsauswahl. Das Projekt muss immer in erster Linie dem Kunden gefallen.
8	**Kundenbetreuungsablauf definieren** Wie, mit welchem Material und in welchen Abständen werden die definierten Kunden informiert? Zu welchen Zeitpunkten werden Zwischenbilanzen erstellt, um ein sauberes Reporting zu gewährleisten?

9	**Präsentationsmaterial konzipieren**
	Welches Material wird benötigt und welches Budget ist dafür notwendig?
10	**Präsentationsmaterial erstellen**
	Was wird mit wem bis wann gemacht? Liegen schon Materialien vor oder kann bereits Bestehendes/Vorhandenes eingebaut werden?
11	**Abarbeitung der in Punkt 5 festgelegten Schritte**
	Das strukturierte Abarbeiten aller im Vorfeld definierten Punkte ist ein wesentlicher Erfolgsgarant. Hinsichtlich der einzelnen Kunden kann so auch schon während der Bearbeitung eine „Was kam wie an Analyse" gemacht werden.
12	**Terminkontrolle im Rhythmus von zwei Tagen**
	Der Projektleiter muss zu jeder Zeit über den Verlauf des Projekts im Bilde sein. Schon kleinste Verzögerungen in einem Punkt können zu unliebsamen Kettenreaktionen führen.
13	**Statusbericht an die Verantwortlichen**
	Vorgesetzte wollen und müssen rechtzeitig und regelmäßig informiert sein. Nur so können für den Fall, dass ein Projekt nicht planmäßig verläuft, geeignete Maßnahmen ergriffen werden.
14	**Ergebnisbericht an die Verantwortlichen**
	Ein schneller und aussagekräftiger Ergebnisbericht ist die Grundlage für Punkt 15.
15	**Analyse der Ergebnisse**
	Was lief gut, was weniger. Warum? Was kann daraus für die nächsten Projekte abgeleitet werden? Es ist ein häufig zu beobachtender Fehler, dass Projekte, gerade wenn sie erfolgreich abgelaufen sind, nicht hinreichend analysiert werden.

Vielen Projektbeteiligten fällt es dann wesentlich leichter, die einzelnen Punkte in einen logischen und nachvollziehbaren Zusammenhang zu setzen.

Entwicklung von Alleinstellungsmerkmalen

Der amerikanische Werbefachmann Rosser Reeves hat es einmal treffend formuliert: „Es gibt kein langweiliges Produkt. Man muss es nur solange drehen und wenden, bis man den wettbewerbsrelevanten Produktvorteil gefunden hat."

Was macht zum Beispiel Anzeigen einmalig und was im Speziellen diese Anzeigen in diesem Magazin? Oder warum sollte ausgerechnet in diesem Magazin Werbung geschaltet werden? Fragen, die sich am besten über einen klaren USP beantworten lassen. USP steht in der gebräuchlichsten Version für „Unique Selling Proposition", also für einen einzigartigen Kaufgrund. Es steht für etwas, das nur einer in dieser Form zu bieten hat. Bei der Suche nach diesen USPs fällt immer wieder auf, dass das Naheliegendste so gut wie nie gesehen wird: Dem Kunden jederzeit und an jedem Ort einen Mehrwert bieten zu können, bringt einen entscheidenden Wettbewerbsvorteil durch begeisterte Kunden.

Produkt USPs:

▶ Exakt auf die Kundenwünsche zugeschnittene Problemlösungen, Rubriken
▶ Nutzendarstellung aus Lesersicht und somit auch aus Kundensicht
▶ Optische Aufmachung, Verpackung (z. B. Hochglanzcover, Serviceteil ...)
▶ Gewinnmöglichkeiten
▶ Preis-Leistungs-Verhältnis
▶ Prestige und/oder Image
▶ Einsatzmöglichkeiten
▶ Wirtschaftlichkeit
▶ Leistungsspektrum

Firmen USPs:

▶ Image der Firma in der öffentlichen Wahrnehmung
▶ Stellung in Bezug auf Forschung & Entwicklung (Technologischer Innovator ...)
▶ Sortimentsbreite/Angebotsportfolio
▶ Zuverlässigkeit & Referenzen
▶ Wahrnehmung der Kunden in Bezug auf den Service
▶ Kompetenz (Messen, Symposien, Verbände ...)

Service USPs:

▶ Beratung, Präsenz des Außendienstes
▶ Zuverlässigkeit
▶ Zahlungsmodalitäten (Zahlungsziele, Skonti ...)
▶ Lieferzeiten & Versandform
▶ Moderne Kommunikation (Internet, Onlinebooking, SMS, EMS, E-Mail ...)

Wenn es keine offensichtliche USP gibt, kann immer eine konstruiert werden. In irgendeinem Marktsegment oder einem Teilmarkt ergibt sich sicherlich eine Alleinstellung. Wenn notwendig, kann auch ein eigener Markt konstruiert werden.

Anzeigen- und Werbetrends erkennen

„Ein Trend ist weltweit und dauert mindestens zehn Jahre. Alles andere ist kein Trend, sondern eine Mode. Wenn wir einen Trend in unseren Reports (z. B. Popcornreport) ankündigen, dann haben wir uns das reiflich überlegt," sagte Faith Popcorn in einem Interview dem Magazin „crosstalk". Dazu hat ihr Unternehmen BrainReserve, eine Marketingagentur mit Kunden wie McDonald`s, BMW, Fischer Price und Pepsi/Lipton, über 300 Magazine abonniert. Zusätzlich werden alle wichtigen TV-Programme gesichtet und alle neuen Kinofilme gesehen. „Das ergibt eine einzigartige Datenbank und ein enormes Gespür für Trends", so Lys Marigold, Kreativ-Direktorin bei BrainReserve.

Doch da gibt es noch einen weiteren Grundsatz: „Jeder Trend ruft auch einen Gegentrend hervor!" Wird zum Beispiel das Private zu sehr in die Öffentlichkeit gekehrt („Reality-TV-Shows", „It-Girls" ...), so entsteht postwendend eine Gegenbewegung, die aus dem Privaten wieder eine Verschluss-Sache macht. Geht der Trend zum Powerarbeiten, Doppelstudium usw., führt andere der Weg zur Langsamkeit, dem entspannten Weg, Karriere zu machen. Die Beispiele für Trend und Gegentrend sind zahlreich.

Da Werbung sehr auf Trends angewiesen ist, um erfolgreich zu sein und den Nerv der Zeit zu treffen, stehen die Werbekunden vor extremen Herausforderungen. Motiv-, Charakter-, Wort-, Lokation-, Slogan-, Farb-, Schrift- und Werbeträgerauswahl sind nur einige der Fragen, die sich immer wieder stellen. Zu sehen, wie schwierig es für unsere Werbekunden ist, den Trend der Zeit zu erkennen und ihre Werbung darauf abzustimmen, macht es dem Anzeigenverkauf leichter, Informationen zu filtern, die für den Kunden interessant sind und ihm beim Erkennen dieser Trends helfen. Das können Internetrecherchen, Zeitungsartikel, Nachrichten, Bücher und so weiter sein. Wer die Herausforderungen der Kunden versteht und ihnen hilft, diese zu meistern, für den werden die Umsätze nicht auf sich warten lassen. Der Anzeigenverkäufer ist aufgrund seiner Marktnähe der geborene Trendscout und sollte sich dort auch so positionieren.

Wissen über das eigene Unternehmen

Die eigenen Titel sind den meisten Anzeigenverkäufern bekannt, auch wenn der Kundennutzen von ihnen nicht immer herausgearbeitet werden kann. Doch beim

Wissen um das eigene Unternehmen sieht es in aller Regel schlecht aus. Ein Großteil der für den Anzeigenverkauf notwendigen Identifikation mit dem Angebot führt aber über das Unternehmen, welches es anbietet. Über das Internet sind heute viele Kunden im Vorfeld von Gesprächen meist bestens über das Unternehmen des Anzeigenverkaufs informiert. Es ist inakzeptabel, wenn der Anzeigenverkauf keine Antworten auf die Fragen der Kunden zur Geschichte, Struktur, finanziellen Lage usw. des Verlags hat.

Arbeitsmaterial für Anzeigenverkäufer

Was haben die besten Anzeigenverkäufer an Material zu bieten? Die folgende Liste wurde für den Anzeigenverkauf eines mittelständischen Verlags erstellt.

- Mediadaten für jedes Medium
- Powerpoint-Verkaufspräsentation
- Tischaufsteller – Verkaufspräsentation
- Verkaufsmappen in Buchform
- Faxmediadaten (D/GB)
- PDF-Mediadaten für den E-Mail-Versand (D/GB)
- Imagefolder CM/Verkäufer
- Studienfolder, -bände
- Visitenkarten
- Internet zur Kunden- und Marktbeobachtung
- Grußkarten für die kurze, handschriftliche Mitteilung
- Leseproben als PDF für den schnellen E-Mail-Versand
- CD, DVD
- Videotrailer zu jedem Magazin
- Angebotsmappen
- Spezielle Belegversandhüllen
- Spezielles Belegversandbriefpapier
- Belegversandpins
- Sport
- Toys
- DVD/Film
- Telekom
- Genuss

- Move
- IT/PC
- Internet
- Anzeigenwirkung
- Marktdaten
- Awards (Urkunden/Auszeichnungen für Anzeigenkunden)
- Brauchbarer und personalisierter E-Mail-Newsletter
- Kreative Sonderwerbung
- Kundenpromotions
- Advertorials
- Kombi-Gewinnspiele
- Imagevideos
- Messeplaner
- Geburtstagsgeschenke
- Sales-Kartenspiel
- Monatsplaner
- Anzeigengutschein
- Kundengeschenke

Diese Liste soll einen groben ersten Eindruck vermitteln. Einzelne Punkte sind sicherlich erklärungsbedürftig, andere mögen fehlen.

Visitenkarten

Es lohnt sich, kurz über die Visitenkarten eines Anzeigenverkäufers nachzudenken und dabei einige der Fallstricke zu erkennen, die sich hinsichtlich Informationen und Handling ergeben: Visitenkarten werden von vielen Menschen intensiv genutzt. Die Papierqualität entscheidet daher spätestens beim zweiten Anfassen.

1. Das Wichtigste an einer Visitenkarte ist der Name des Ansprechpartners. Warum dieser in vielen Fällen sich nur schwer von der Faxnummer abhebt, das bleibt wohl das Geheimnis der Kreativen.
2. Es erscheint oftmals von Vorteil, eine Visitenkarte kopieren zu können. Kopierunfreundliche Verläufe oder Hintergrundfarben sind fehl am Platz.
3. Viele Menschen machen sich auch gerne Notizen auf den Karten, um sie später besser zuordnen zu können. Beidseitig lackierte oder gar laminierte Visitenkarten sind kundenunfreundlich.

4. Bei Bildern auf der Visitenkarte trennen sich die Geister. Grundvoraussetzung dafür sind vor allem professionell gemachte Fotos. In den Anschnitt gesetzt, oder farblich dem Unternehmens CI angepasst, geben sie den Karten teilweise ein sehr persönliche Note.
5. Es ist erstaunlich, wie wenig Beachtung diesem wichtigen Kommunikationsinstrument manchmal beigemessen wird. Eselsohren, aufgrund minderwertigen Papiers oder Verfärbungen aufgrund minderwertigen Drucks machen keinen wirklich guten Eindruck.

Die Visitenkarten sollen dem Standardformat entsprechen und alle gängigen Kontaktdaten enthalten. Neue Profilangaben (XING, Twitter, eigene Blogs ...) sind immer häufiger anzutreffen.

Anzeigen-Mustermappe

Der Mensch ist von Natur aus eher skeptisch und versucht, Risiken zu minimieren. Wie kann eine Mustermappe dabei helfen, diese Skepsis in Vertrauen zu wandeln? Eine Mustermappe ist die spezielle Verkaufsmappe für den Anzeigenverkauf. Da sich Werbung und Werbewirkung nur sehr schwer zeigen lassen, arbeitet diese Mappe primär mit Anzeigenbeispielen. Eine professionelle Mustermappe ist die große Visitenkarte des Anzeigenverkaufs. Sollte der Verlag keine entsprechende Mappe zur Verfügung stellen, empfiehlt es sich auf jeden Fall, privat zu investieren. Eine schlichte, aber edle Ledermappe oder besser noch ein edler Tischpräsenter, gerne auch mit Prägung, erhöht nicht nur für den Kunden den Erlebniswert. Folgende Inhalte sind zu empfehlen:

- Anzeigenformatbeispiele
- Beilagen- und Beiklebermuster
- Beispiele von Produktpromotions (redaktionelle Anzeigen ...)
- Beispiele von Sponsoringmöglichkeiten (Rubrikensponsoring)
- Beispiele von Gewinnspielen, Postern, Aufklebern, Postkartenbeilegern
- Sonderwerbeformen (Pop-Ups, Prägungen ...)
- Eine Referenzliste und Referenzkunden und gegebenenfalls Empfehlungsschreiben

Bei den Anzeigenbeispielen spielt es keine Rolle, ob es sich dabei um bereits realisierte Projekte handelt oder ob es „Anzeigenprototypen" sind, die dem Kunden einen ersten Eindruck vom möglichen Ergebnis liefern sollen. Natürlich sollte zu allen Beispielen auch eine Musterkalkulation vorliegen. Nicht als Bestandteil der Präsentation, aber zur Beantwortung der Preisfrage. Sie erhält zusätzliches Leben, wenn die einzelnen Beispiele in Form einer dramaturgisch aufgebauten Präsentation von Kundenzitaten zum Objekt eingeleitet werden.

Schreiben und Bleiben

Es ist zwar eine Grundvoraussetzung für erfolgreiche Verkäufe, dass Informationen schriftlich festgehalten werden, aber noch lange keine Selbstverständlichkeit. Angefangen bei der penibel gepflegten Datenbank über Kundenberichte hat sich hier vielerorts ein Automatismus eingespielt, der außer Datenmüll nichts produziert, dafür aber Zeit und Geld kostet. Kundeberichte mit Multiple-Choice Antwortmöglichkeiten (Kunde hat keine Zeit, kein Budget, kein Produkt ...) sind reine Ressourcenverschwendung. Entweder es gibt etwas Konkretes zum Kunden, respektive zum Geschäft zu sagen, oder eben nicht. Wenn, dann sollte dies zeitnah, kurz und übersichtlich festgehalten werden.

Viel wichtiger ist aber das, was noch nicht gesagt bzw. festgehalten wurde. Ergaben sich neue Ideen oder interessante Anregungen? Welche notwendigen Aufgaben lassen sich daraus ableiten? Um diese Punkte festzuhalten, genügt das gute alte Notizbuch aus dem Schreibwarenladen um die Ecke. Wer es edler mag, der kann dafür auch gerne ein Moleskin-Notizbuch verwenden. Wichtig ist nur, dass die Informationen und Gedanken sofort schriftlich festgehalten werden und dass die Erfassung so einfach wie möglich ist. Wer erst eine Tastatur an seinen PDA anschließen muss, hat schon wertvolle Zeit verloren oder, schlimmer noch, er macht sich gar nicht erst die Mühe. Gleiches gilt für Diktiergeräte. Die Aufnahme ist schnell gemacht, doch die Abarbeitung unpraktisch. Zudem lassen sich nur sehr schwer Analogien zu vorherigen Aufzeichnungen herstellen.

Schriftlicher Anzeigenverkauf

Briefe, E-Mails und Mailings im Anzeigenverkauf sind im Grunde schriftliche Verkaufsversuche. Trotz aller positiver Weiterentwicklungen in diesem Bereich fehlt es den meisten Aussendungen an rudimentären Erfolgsvoraussetzungen. Zu oft wird einfach vergessen, dass beim schriftlichen Verkauf nur das „nackte Wort" verkaufen kann und soll. Weder Körpersprache noch Modulation oder Tonalität stehen als Ausdrucksform zur Verfügung.

Vor dem Verfassen eines Schreibens gilt es, das gesamte, schriftliche Verkaufsgespräch zu durchdenken. Die folgende Checkliste soll die Umsetzung der wesentlichen Anforderungen ermöglichen. Ein unterbreitetes Angebot ist einer der wesentlichen Schlüssel zum Abschluss. Allerdings kann auch das Angebot zum „Auftragsverhinderer" werden, wenn nicht die wesentlichen Fragen des Kunden geklärt werden können. Hat dieser nämlich eine Alternative, die die Antworten gleich liefert, ist ein Auftrag kaum mehr wahrscheinlich.

Tabelle 73: Checkliste Anzeigenverkauf

Tipps zum Angebot	OK
▶ Woher kommt das Angebot?	☐
▶ Wer konkret schreibt mir (Unterschrift)?	☐
▶ Woher haben die meine Adresse?	☐
▶ Kenne ich den Absender?	☐
▶ Warum schreibt er mir?	☐
▶ Was habe ich davon?	☐
▶ Warum soll ich es lesen?	☐
▶ Soll ich reagieren?	☐
▶ Was passiert mit meiner Reaktion?	☐
▶ Besteht ein Risiko?	☐
▶ Muss ich wählen?	☐
▶ Muss ich unterschreiben?	☐
▶ Muss ich frankieren?	☐
▶ Muss ich es meinem Chef/meiner Familie zeigen? Soll ich Rücksprache halten?	☐
▶ Besteht Zeitdruck?	☐
▶ Was passiert, wenn ich nicht reagiere?	☐
▶ Habe ich Vergleichbares? Gibt es Substitutionslösungen (Alternativen)?	☐
▶ Soll ich es aufheben?	☐

- ▸ Was verbirgt sich dahinter? ☐
- ▸ Gibt es einen Haken bei der Sache? ☐
- ▸ Bin ich zuständig? ☐
- ▸ Was kostet es mich? ☐
- ▸ Gibt es Vorschriften? ☐
- ▸ Gibt es Garantien? ☐
- ▸ Zahlungsbedingungen? Verpflichtungen? ☐
- ▸ Lieferzeiten? Laufzeiten? Kündigungsfristen? ☐
- ▸ Was passiert mit meinen Daten? ☐
- ▸ Reparaturkosten? Betriebskosten? Ersatzteile und Versorgung? ☐
- ▸ Werden Serviceleistungen angeboten? ☐
- ▸ Impliziert die Leistung einen Karrierenutzen? ☐
- ▸ Amortisationszeitpunkt? Ab wann erfolgt der Break Even? ☐
- ▸ Gibt es Frachtkosten und wenn ja, in welcher Höhe? ☐
- ▸ Gibt es eine Testphase und wenn ja, wie lange dauert diese? ☐
- ▸ Gibt es ein Rückgaberecht? ☐
- ▸ Werden Zusatzleistungen angeboten? ☐
- ▸ Gibt es Angaben zur Lebensdauer? ☐
- ▸ Entstehen Folgekosten? ☐
- ▸ Wie funktionieren der Transport und die Lieferung? ☐
- ▸ Gibt es Regelungen zur Entsorgung? ☐
- ▸ Wie steht es um den Wiederverkauf? ☐
- ▸ Ist die Leistung neu oder altbewährt? ☐
- ▸ Wie steht es um die Konkurrenz? ☐
- ▸ Gibt es Rabatte, und wenn nicht, warum nicht? ☐
- ▸ Wie ist es mit der Lagerfähigkeit? ☐
- ▸ Hintergründe zum Anbieter? ☐

Ganz schlecht sind aussagelose Mailings mit falscher Adresse. Im Folgenden wenden wir uns deshalb den Briefen und Mailings zu.

Tabelle 74: Checkliste Briefe und Mailings

Tipps zu Briefen und Mailings	
▶ Die Aussage/der Inhalt ist eindeutig definiert.	☐
▶ Das Adressefeld ist vollständig und es passt in die Standardfensterumschläge.	☐
▶ Vollständige Anrede, Titel, Herr/Frau und korrekte Groß-, Klein-/Rechtschreibung.	☐
▶ Die Versandhülle macht neugierig auf den Inhalt, ohne falsche Tatsachen vorzuspiegeln.	☐
▶ Alle Bestandteile (Umschlag, Anschreiben, Prospekt ...) passen optisch zusammen.	☐
▶ Beim Öffnen des Mailings fallen keine Einzelteile unmotiviert aus dem Umschlag.	☐
▶ Das Mailing enthält Aktionsaufforderungen (Antwortkarte, Rücksendefax...).	☐
▶ Die eigene Adresse ist vollständig und für den Empfänger leicht zu finden und zu lesen.	☐
▶ Eine einfache, aber nicht platte Sprache ohne die typischen steifen Formulierungen.	☐
▶ Der Einstieg muss zum Weitermachen verleiten.	☐
▶ Bilder/Grafiken erleichtern das Verständnis (z. B. Anwendung im Bild).	☐
▶ Fakten, Fakten, Fakten und an den Kundennutzen ist auch gedacht worden!	☐
▶ Angaben von Daten, Ort und Zeit müssen vollkommen richtig sein.	☐
▶ Keine Verwaltungsvermerke. Dies nimmt den Mailings die Individualität.	☐
▶ Das Wort Betreff ist ein Relikt. Besser ist eine aussagekräftige, fordernde Headline.	☐
▶ Kurze Absätze gepaart mit übersichtlichen Zeilenlängen in einem offenen Schriftbild.	☐
▶ Beweise für das Gesagte haben noch nie geschadet (z. B. Referenzen).	☐
▶ Hervorhebungen entweder fett oder unterstrichen, aber nicht beides gemischt.	☐
▶ Eine saubere und schöne Unterschrift.	☐
▶ Ein abschließendes, einladendes, zur Handlung aktivierendes oder amüsierendes PS.	☐
▶ Augenhaltepunkte: Logo, Datum, Empfänger, Headline, Anrede, Text, Unterschrift.	☐
▶ Persönliche Ansprache, keine Hilfsverben, positiv formulieren.	☐
▶ Treffenden, fesselnden Einstieg (Idealsituation, Mangel, Überraschung).	☐
▶ Auf das Wesentliche konzentrieren und eine Kernaussage in der Headline.	☐

▶ Fettungen besser als Unterstreichungen, ansonsten sauberes Erscheinungsbild.	☐
▶ Jedes Bild mit Bildunterschrift und jede Grafik mit Achsenbeschriftung und Unterzeile.	☐
▶ Keine Trennungen am Zeilenende.	☐
▶ Besser Bilder (richtig platziert) als Worte und Text linksbündig im Flattersatz.	☐
▶ Kernaussagen nicht an die Ränder platzieren.	☐
▶ Kontaktaufnahme so leicht wie möglich gestalten.	☐

Beispiele für knackige Einstiegsformulierungen:

- „Anzeigenverkäufer nerven. Wir werden Sie positiv überraschen."
- „Ihre Agentur lebt auf Ihre Kosten. Wir können es Ihnen beweisen."
- „Kein Mensch kauft aufgrund von TV-Werbung. Es sind die Ideen, die Produkte verkaufen."

Heinrich Holland hat in seinem empfehlenswertem Buch „Direktmarketing-Aktionen professionell planen" unter anderem zwei Modelle zur Erstellung von Mailings beschrieben: die RIC-Methode und die DDPC-Formel. Ziel der Readership Involvement Commitment ist es, den Empfänger aktiv in das Mailing einzubinden. Der Leser wird animiert, aktiv zu werden.

Aktivierungsmöglichkeiten:

- Felder auszufüllen
- Bestandteile zusammenfügen
- Lose öffnen
- Rätsel lösen
- Telefonnummer anrufen
- Internetseiten aufsuchen
- Produktproben testen

Bei der DDPC-Formel handelt es sich um eine einfache, aber nicht minder wirkungsvolle Mailing-Aufbauregel. Der Anzeigenverkauf sollte regelmäßig Mailings, die er bekommt, auf diesen Aufbau hin überprüfen. Es ist erstaunlich, wie viele Schriftstücke diesen Grundsätzen nicht genügen. Durch dieses Training lässt sich ein sehr gutes Gefühl für wirksame Mailings entwickeln und dann auch praktisch umsetzen.

Tabelle 75: DDPC-Formel

DDPC - Formelbestandteil	Erklärung
▶ Dramatic	▶ Ein möglichst dramatischen Einstieg/den Empfänger fesseln
▶ Descriptive	▶ Das Angebot möglichst bildhaft beschreiben
▶ Persuasive	▶ Den Besitzwunsch aktivieren
▶ Clinching	▶ Zum Kauf bewegen

Die DDPC-Formel ähnelt in vielerlei Hinsicht der bekannten AIDA-Formel, ist bei genauer Betrachtung eigentlich eine Verfeinerung. Die AIDA-Formel gehört zu den Klassikern der Verkaufsschulungen. Wie lassen sich die Inhalte dieser Formel auf die Bedürfnisse des Anzeigenverkaufs und seiner Kunden übertragen? Die Zeiten ändern sich und somit auch die Konzepte - sagt man. So kommt es auch immer wieder zu Diskussionen über die Berechtigung von Klassikern in der heutigen Zeit. Gerade Branchen, die einem ständigen Modetrend unterliegen, wie auch die Werbung, sind anfällig für immer neue Konzeptionen und Denkansätze. Hauptsache neu. Doch was spricht dagegen, erprobte Strategien zu übernehmen? Die AIDA-Formel beschreibt einen im Aufbau eher simplen, in der realen Ausführung aber sehr herausfordernden Vorgang zur Kundengewinnung. In Ergänzung zur klassischen Variante empfiehlt sich der Zusatz FUP für Follow-Up, denn nach dem Verkauf ist bekanntlich vor dem Verkauf.

Tabelle 76: AIDA-Formel

AIDA - Formelbestandteil	Erklärung
▶ Attention	▶ Aufmerksamkeit erreichen
▶ Interest	▶ Interesse wecken
▶ Desire	▶ Wünsche oder Verlangen wecken
▶ Action	▶ Handlung bewirken

Wenn die ganze Werbewelt nach der bekannten AIDA-Formel (Attention, Interest, Disire, Action) vorgeht, kann es an der Zeit sein, aus AIDA einmal ADIA oder AAID oder DIAA usw. zu machen. Der spielerische Umgang mit den verschiedenen Stufen verspricht den größten Erfolg und schult im Umgang mit den einzelnen Komponenten. Oftmals sind die einfachen Wege die erfolgreichsten. Die konsequente Umsetzung der AIDA-Formel alleine würde schon reichen, den Wirkungsgrad von Anzeigenverkaufsgesprächen nachhaltig zu verbessern. Die so genannte

Image- oder Erinnerungswerbung, also Mailings ohne konkreten Inhalt und Informationswert, sollte unter allen Umständen vermieden werden. Sie führt nur dazu, dass der Kunde die Mailings gar nicht mehr wahrnimmt, auch nicht die mit wirklich wichtigen und interessanten Inhalten. Daher benötigt jede Mailingaktion eine klare Aufforderung zur Aktivität seitens des Kunden. Der Kunde muss motiviert werden, etwas zu tun:

- Entsprechendes Material (Studienbände, Gimmicks …) abfordern.
- Ein Angebot zu speziellen Konditionen einholen.
- Ein „Geheimnis" erfragen.
- Werbung buchen.

Bevor überhaupt ein Mailing konzipiert wird, sollten die folgenden Fragen beantwortet sein. Ansonsten macht nur die Post Umsatz, sonst niemand, weil die Sendung im Papierkorb landet.

- Was will ich wem sagen?
- Wie kann ich es ihm sagen und gibt es Alternativen zum Mailing?
- Welche Responsemöglichkeit hat der Kunden und ist die Nachbearbeitung sichergestellt?

Gute Mailings verschaffen dem Leser eine angenehme Ablenkung und veranlassen ihn zum Handeln. Sie sind schriftliche Verkäufer. Dazu bedarf es einiger Vorbereitung, die sich aber in jedem Fall bezahlt macht. Die Datenbank ist in den meisten Verlagen das Herz der Kommunikation, aber leider ein ziemlich vernachlässigtes.

Selten sind alle Daten eingegeben, geschweige den aktuell. Allein durch Umzüge ändern sich pro Jahr ca. 130 bis 200.000 Firmenadressen, die personelle Fluktuation gar nicht berücksichtigt. Unter Umständen gibt es auch noch eine ganze Reihe von verschiedenen Datenbanken im Haus. Eine für die Redaktion, eine fürs Marketing, eine für den Anzeigenvertrieb, eine für die Buchhaltung… Nur bei der Abstimmung hapert es. Es lohnt sich, unter Umständen darüber nachzudenken, eine verantwortliche Person zu bestimmen, die sich dem Thema Datenbankpflege annimmt. Denn auch bei den Mailings gilt der alte Spruch: Viel getan heißt noch lange nicht viel erreicht!

Massenmails machen meist nur die Post reich, selten den Versender. Daher ist die vorherige Bestimmung der Mailingempfänger ausschlaggebend für den Erfolg der Aktion. Je größer das Medienhaus, umso schwieriger wird es, den Erfolg einer Direktmarketingmaßnahme zu überprüfen. Aufträge kommen über viele Stellen herein, und nicht immer ist jede in der Lage oder willens, die Herkunft einer Buchung festzuhalten bzw. zu hinterfragen. Zudem lohnt es sich immer, mit der Post über die attraktiven Versandkonditionen von Infopost oder Pressepost zu sprechen. Achten Sie beim Adresseneinkauf darauf, ob die Adressen aktuell und mit den entsprechenden Personalfunktionen versehen sind.

Die Inhalte für die Mailings sind in der Regel Ergebnisse des gesunden Menschenverstands. Wer Antworten auf die Fragen und Probleme seiner Kunden hat, der hat auch etwas zu schreiben. Schlechte Nachrichten gehören zum Alltag unserer Kunden. Die Nachrichten zeigen jeden Tag die Krisen dieser Welt. In den Mailings empfiehlt es sich, die positiven Möglichkeiten in den Vordergrund zu stellen. Dazu muss sicher nicht jedes Wort auf die Waage gelegt werden. Folgender Grundsatz sollte immer Beachtung finden: Sage immer die Wahrheit, die Wahrheit aber nicht immer. Was geschrieben steht, muss wahr sein. Es ist allerdings nicht immer notwendig, alles, was wahr ist, auch zu sagen. Beachten Sie: In der Kürze liegt die Würze. Der Leser wird es zu schätzen wissen, wenn es ihm ermöglicht wird, durch ein sauberes Layout und kurze, prägnante und logische Informationen schnell und problemlos zu erfassen, worum es geht. Es erleichtert ihm die tägliche Arbeit und hebt das Mailing von der breiten Masse deutlich hervor. Als sehr hilfreich für die tägliche Arbeit hat sich ein Abonnement des Newsletters „Praxislettermailing" erwiesen. Kurz und fundiert wird hier über Grundlagen und Trends des professionellen Kundendialogs berichtet. Zu finden unter: www.im-marketing-forum.de.

Tipps zu Mailings:

- DIN ist DIN und damit austauschbar. Mit aus dem Rahmen fallenden Couvertformen fällt man angenehm auf und durchbricht die Tristesse der täglichen Mailingflut. Der Gestaltung sind hier heutzutage kaum mehr Grenzen gesetzt.
- Mailings in Form von einfachen Kreuzworträtsel, die mit individuellen Inhalten Botschaften transportieren oder als Lösungswort den Kundennamen präsentieren.
- Mailings mit Duftbotschaften wie Frühlingsblumen.
- Für die kleine Gedankenpause zwischendurch eignen sich auch Knobelmails. Kleine Denksportaufgaben oder der einfach produzierte Geschicklichkeitstest, erhöhen die Bereitschaft, sich mit der Mailingthematik auseinanderzusetzen. Allerdings darf der Schwierigkeitsgrad nicht zu hoch sein, da es nicht zu Frusterlebnissen kommen soll.
- Kleine Geschenke erhalten die Freundschaft. Auch bei Mailings gibt es eine Vielzahl von sinnvollen Beigaben. Traubenzucker für die Stärkung zwischendurch, Blasenpflaster für die Einladung zum Messebesuch …
- Auch mit der Briefmarke lassen sich Akzente setzen. Sondermarken fallen auf.

Zusatzleistungen

Das Angebot des Anzeigenverkaufs besteht nicht nur in den Kundenkontakten. Das Leistungspaket ist sehr vielschichtig. Gerade im Rahmen der Preisverhandlungen sind Zusatzleistungen ein unschätzbares Instrument zur Mehrwertargumentation. Grundsätzlich gilt: Niemals alles verkaufen bzw. mit anbieten. Immer Reserven halten. Keiner weiß genau, wann wirklich „Tinte" unter die Verträge kommt. Im Folgenden eine Liste von Leistungen, die den Kunden neben den Kundenkontakten angeboten werden können:

- Anzeigenservice (Konzeption, Gestaltungen ...)
- Responsemessung (Kennziffernservice, Gewinnspiele ...)
- Markt-/Zielgruppenseminare, Spezialseminare (Verkauf, Telefon ...)
- Duckvorlagenerstellung/Belichtungsservice
- Adressdatenbanken (Aboadressen ...)
- Marktstudien & Marktinformationservice
- Messe-, Kongress-, Eventservice
- Kurierdienste
- PR-Unterstützung
- Poster, Postkarten, Sonderdrucke
- Archiv für Texte, Bilder, Artikel
- Hilfreiche Übersichten (Messen, Bücher, WEB-Adressen ...)
- Einladungen zu Branchenevents
- Sonderdrucke
- Belegexemplare

Zum Handgepäck eines professionellen Anzeigenverkaufs gehört eine Liste der möglichen Zusatzleistungen. Es ist wichtig, diese Zusatzleistungen auch entsprechend zu kalkulieren. Denn was keinen Preis hat, ist bekanntlich auch nichts wert. Proforma-Rechnungen (Rechnungen, die den Wert in Euro ausweisen, allerdings mit dem Zusatz: Für Sie ohne Berechnung), rücken die Wertigkeit der Leistung ins rechte Licht.

Wettbewerbsvergleiche

Jeder Verlag hat seine eigenen Methoden zur statistischen Auswertung von Werbeumfängen, Umsätzen und Mitbewerbervergleichen. Die eigenen Werbeumfänge und Umsätze lassen sich in der Regel unternehmensseitig schnell erfassen. Interessant sind sie aber vor allem im Vergleich zum Mitbewerb, zur Branche oder zum allgemeinem Marktgeschehen. Offiziell werden solche Daten für Verlage zum Beispiel von der ZAS, der Zentralen-Anzeigen-Statistik erhoben. Allerdings werden bei dieser Anzeigenumfangsanalyse auch Eigenanzeigen und Gegengeschäftsanzeigen gezählt. Es kommt also zu Verzerrungen. Ebenso sieht es bei der Umsatzanalyse aus, da hier auf Basis der Mediadaten gerechnet wird. Sonderrabatte oder auch Sonderangebote werden somit nicht mit abgebildet. Somit ist die ZAS Statistik bestenfalls ein Indikator.

Zu sehen, was der Mitbewerber hat, wo man selber besser oder schlechter ist, das macht in einem hohen Maße die Faszination des Anzeigenverkaufs aus. Hier gibt es die ständige Möglichkeit zum „Kräftemessen". Insofern hat sicher jeder Verkäufer ein starkes Interesse daran, die entsprechenden Magazine zu analysieren. Allerdings ist diese Art des Seitenzählens auf Dauer wenig transparent, und so versucht man, diese Arbeit zu systematisieren. Entweder wird auf die oben beschriebene ZAS-Statistik zurückgegriffen oder man kauft sich die Daten bei den entsprechenden Anbietern ein (AC Nielsen, Schmidt und Pohlmann, Toplist usw.). Somit hat man neben der Statistikmöglichkeit auch gleich die Adressen, Motive, Formate usw. aller Anzeigen gelistet und kann das Material gleich in die tägliche Arbeit übernehmen. Zu wissen, wo sich die Potenziale befinden und welches Schaltvolumen die eigenen Kunden beim Mitbewerb haben, zeigt auch den Stellenwert des eigenen Mediums. Somit sind diese Vergleiche auch ein sehr gutes Motivationsinstrument und ein Beleg der eigenen Arbeit.

Präsentationen

Präsentationen gehören zum Anzeigenverkauf wie die Luft zum Atmen. Bei allen sinnvollen Tipps für die erfolgreiche Durchführung einer Präsentation darf eines niemals vergessen werden: Es zählt die Persönlichkeit des Präsentierenden. Der zwanghafte Versuch, ihm Gesten, Haltungen und Wortwahl anzutrainieren, ruiniert unter Umständen das Charisma. Ein Richard Branson (Gründer und Chef von Virgin) kann, darf und sollte seine Hände durchaus auch einmal in die Hosentasche stecken können, wenn ihm danach ist. Ein fester Stand mit ausladenden Gesten würde sicher nicht zu seinem Wesen passen. Hierauf sollten Sie achten:

- Sich kurz fassen.
- Locker bleiben.
- Sagen, was man sagen wird, es sagen und dann zusammenfassen.
- Ein dem Anlass angemessenes Outfit.
- Wer sich unsicher ist, der halte sich an die Regel: Unaufdringlich gefällt den meisten Menschen.

Sicherheit ergibt sich, wenn Einleitung und Schluss perfekt einstudiert sind. Ein sofortiges Aha-Erlebnis zum Beginn und ein nach Beifall schreiender Schluss sind die besten Garanten einer erfolgreichen Präsentation. Bei Präsentationen mit mehreren Präsentierenden ist es zwingend notwendig, die Rollen richtig abzusprechen und die Dramaturgie der Präsentation genau zu planen und einzustudieren.

Für alle Präsentationen gelten die folgenden Punkte:

- Formulierung des Themas (interesseweckend).
- Formulierung des Ziels (Was soll erreicht werden?).
- Einstellung und Abstimmung auf das Publikum (Wer wird zuhören?).
- Strukturelle Dreiteilung (Einleitung, Hauptteil, Schluss).
- Variationen von Bild- und Textelementen.
- Variationen verschiedener, zweckmäßiger Medien (Flipchart, Präsentationsmappe, Beamer...).
- Medien sollten zuvor ausprobiert werden.
- Alternativ oder Ersatzmedien sollten bereitstehen.
- Variationen im Sprechtempo und Betonung.
- Die einzelnen Folien sollten angekündigt werden.
- Sprechen und Zeigen sollte aufeinander abgestimmt sein.
- Es sollte nur über Inhalte gesprochen werden, die auch zu sehen sind.

Für alle Präsentationen gelten zudem die folgenden Gestaltungsrichtlinien. Dabei hat sich bis heute die alte Werberegel KISS (Keep it short and simple) bewährt.

- Maximal sieben Wörter pro Zeile.
- Maximal sieben Zeilen pro Folie.
- Folien immer im Querformat nutzen.

- Ein Gedanke, eine Folie.
- Kernaussagen in Stichworten.
- Auf Folien immer serifenlose Schriften verwenden.
- Schwarz auf weiß fördert die Lesbarkeit.
- Grafiken sparsam einsetzen.
- Keine „Cliparts".
- Nichts Kleingedrucktes.
- Nichts kursiv stellen.
- Schriftgröße mindestens 12 Punkt, besser 16.
- Text möglichst immer linksbündig stellen.

Präsentationen vor Gruppen

Der Anzeigenverkauf ist direkt und aktiv im Kundenkontakt. Es kann immer wieder vorkommen, dass vor kleineren oder größeren Gruppen gesprochen oder präsentiert werden muss. Die folgenden Punkte sind von größter Wichtigkeit, wenn es um den Erfolg einer freien Rede geht.

- Vorbereitung (100 Prozent vorbereiten, die besten 10 Prozent vortragen).
- Konzept als Mindmap oder mit vergleichbaren Methoden entwickeln (analytisches Vorgehen).
- Stichpunkte auf DinA5-Karten vorbereiten.
- Dramaturgie einbauen (Aufreißer, Thema, einprägsame Zusammenfassung).
- Aktive Sprache einsetzten.
- Immer Blickkontakt halten.
- Ruhig und fest stehen.
- Betonungen einbauen.
- Humor ist auch planbar.
- Direkte Ansprachen des Publikums.
- Gestik und Mimik zur Unterstreichung der Worte einsetzen (Spiegelübungen durchführen).

Die Professorin und Managementtrainerin Gertrud Höhler hat in einem Interview gesagt: „Es ist nicht entscheidend, ob man im TV 5, 10, 30 oder 60 Sekunden Zeit hat, seinen Standpunkt zur erklären. Was nicht in einem Satz zu sagen ist, ist nicht wirklich zu Ende gedacht." Daher ist es auch und gerade bei der freien Rede von größter Wichtigkeit, schnell und präzise auf den Punkt zu kommen. Die Zuhörer benötigen klare, präzise und nachvollziehbare Informationen.

Woher kommt Lampenfieber? Eigentlich muss es Rudelfieber heißen. Lampenfieber ist das Vermächtnis unserer Vorfahren. Die Neandertaler fühlten sich in ihrem eigenen Rudel wohl und sicher. Standen sie allerdings vor einem fremden Rudel, bedeutete das für sie meist eine ernsthafte Bedrohung, sprich den Tod. So hat sich in unser Unterbewusstsein ganz tief eingegraben: Wenn du vor einem fremden Rudel stehst, fliehe. Die Ausgangssituation hat sich im Rahmen einer Rede prinzipiell geändert. Die Reaktionen sind aber immer noch aus grauer Vorzeit. Lampenfieber ist ein normaler Bestandteil einer jeden freien Rede, und es kommt in den seltensten Fällen aus den Lampen in der Nähe desjenigen, der präsentieren soll. Es ist vielmehr tief in unserem Stammhirn eingebrannt. In grauen Vorzeiten konnte das Reden/Gestikulieren vor fremden Gruppen/Stämmen schnell mit einem Knüppel auf dem Kopf enden. Unter solchen Voraussetzungen ist eine gewissen Anspannung verständlich.

Das heutige Publikum ist da weitaus rücksichtsvoller. Im Zweifel schläft es einfach ein. Von der zunehmenden Sicherheit in Sachen freier Rede profitiert auch jedes Einzelgespräch mit Werbekunden. Der Schlüssel zum Erfolg liegt, wie so häufig, in der Übung und der Vorbereitung. Wenn es ums Geld geht, sollte jederzeit klar sein, worum es geht und in welche Richtung sich das Gespräch bewegt. Dennoch kann es zu einem Filmriss kommen, zum Verlust des roten Fadens. Das kann jedem jederzeit passieren. Die falsche Reaktion kann dann die Preisstabilität ins Wanken bringen. Auf die richtige Reaktion kommt es also an: Im Fall der Fälle helfen die folgenden Tipps:

Reaktionen beim Filmriss:
- Den entfallenen Inhalt ganz weglassen.
- Alternativ Inhalte parat haben.
- Eine kurze Wirkungspause einlegen.
- Ruhig und tief atmen.
- Eine Frage stellen.
- Den Gesprächspartner etwas notieren lassen.
- Mit Füllmaterial arbeiten (Folder, Prospekte, Artikel …).

Auch die Reaktionen bedürfen zum Teil der Vorbereitung, womit sich wieder bewahrheitet, dass die Vorarbeit in erheblichem Umfang über den Erfolg entscheidet. Ein gut ausgearbeitetes Manuskript (zum Beispiel als Mindmap) hilft, sich jederzeit wieder in ein Thema einfinden zu können.

Storytelling – die Geschichte dahinter

Selbst das „billigste" Produkt kann über den Verkauf und die Werbung einen besonderen Touch bekommen. Den entscheidenden Unterschied machen die Geschichten, die über das Produkt erzählt werden können. Beispielhaft seien hier die Versandkataloge von „pro-idee" und „manufactum" genannt, die sowohl einfache als auch sehr anspruchsvolle Produkte im Angebot haben. Es sind die Geschichten zu den einzelnen Bildern, die das Verlangen wecken, dieses augenscheinlich einzigartige Produkt besitzen zu wollen. Emotionale Beschreibungen über die Herkunft, die Verarbeitung, die Geschichte, die Macher, die Einsatzgebiete, die Geburtsstunden, die verwendeten Materialien. Leistungen erhalten einen hohen Exklusivitätsfaktor durch die Geschichten dahinter. Diese Geschichten sind es auch, die einzelnen Leistungen zu einem regelrechten Kultstatus verhelfen. Dieser lässt sich durch eine ganze Reihe von Maßnahmen unterstützen und am Leben halten.

Storys auf dem Weg zum Kultstatus:
- Eigene Akademien oder Workshops
- Hintergrundinformationen zur Entstehung und Herkunft der Leistung
- Medienwirksame Wettbewerbe
- Wertige Awards/Auszeichnungen von hohem Stellenwert/hoher Begehrlichkeit
- Kundenmagazine
- Themen Foren und Treffen
- Gepflegte Internet-Communities

Marktforschung

Eine kurze Übersicht zum Thema Marktforschungsinstitute kann immer dann hilfreich sein, wenn der Werbekunde danach fragt. Unter Servicegesichtspunkten kann dann diese Aufstellung der Homepage-Adressen ausgesuchter Marktforschungsinstitute in Deutschland weitergegeben werden:

- www.chd-expert.de
- www.gfk.de

- www.infas.de
- www.infratest-burke.com
- www.innofact.de
- www.ipsos.de
- www.nielsen-media.de
- www.nielsen-partner.de
- www.tns-emnid.com

Eine tagesaktuelle Übersicht zum Thema Marktforschung und Marktforschungsinstitute liefert auch das Portal www.umfragen.info/marktforschung. Informationen zum Thema Statistik liefert die Seite www.destatis.de vom Bundesamt für Statistik, und eine aktuelle Übersicht zum Thema Marktmediastudien ist zu finden unter www.marktmediastudie.de.

Informationsquellen
Zeitschriften für den Anzeigenverkauf

Der Markt für Fachmagazine zum Thema Verkaufen ist übersichtlich. An erster Stelle stehen „salesBusiness" und „acquisa". Relevant für den Anzeigenverkauf sind dann noch die „absatzwirtschaft", „werben und verkaufen (w&v)", „horizont". „medien-aktuell", „newbusiness", „textintern" und „dnv-der neue vertrieb". Der „Kress-Report" hat einen etwas journalistischere Ausrichtung und die „Financial Times Deutschland" berichtet täglich recht umfänglich über den Medienmarkt. Einen Blick über den Tellerrand erlaubt dann die Zeitschrift „Selling Power" aus den USA.

Digitale Informationsquellen für den Anzeigenverkauf

Alle unter „Zeitschriften" aufgeführten Titel haben natürlich auch ihre digitalen Ableger. Erwähnenswert sind zudem www.media.de (inklusive sehr guter iPhone-Applikation) und die beiden Gruppen „Anzeigenverkauf" (etwas träge) und „Vertrieb & Verkauf" (neben viel Luft zum Teil auch wirklich gute Beiträge) auf dem Businessportal www.xing.de.

Informationsbroschüren

Der Verband deutscher Zeitschriften-Verleger hält auf seiner Webseite unter der folgenden Adresse http://www.vdz.de/publikationen.html eine ganze Reihe von Publikationen bereit. Zum Teil kostenlos, zum Teil gegen Gebühr. Da manche Angebote nur eine begrenzte Zeit verfügbar sind, empfiehlt sich ein regelmäßiger Besuch. Aktuell zu empfehlen sind die beiden kostenlosen PDF-Versionen „Erfolgskonzept Media Mix" und „Print Sells" sowie die beiden kostenpflichtigen Angebote „VDZ-Vertriebslexikon" und „Ad Specials – Print mit allen Sinnen".

Ein Wort zum Schluss

Konsequente Planung und konsequentes Controlling sind in gewissen Bereichen unabdingbar. Das Finanz- und Rechnungswesen zum Beispiel muss planungstechnisch immer „up to date" sein. Ansonsten entzieht sich das Management einer der wichtigsten Entscheidungsgrundlagen. Für die tägliche Eigenplanung bedarf es aber auch der Freiheit, der Auszeit, der Besinnung und der Konzentration.

Wer keine übergeordneten Lebensziele hat, für den ist jeder Versuch der effektiven Zeitplanung vergebens, da keine Möglichkeit besteht, das Wesentliche vom Unwesentlichen zu trennen. Für den, der sein Ziel nicht kennt, ist kein Weg der richtige. Lebensqualität ist der Zeitplanung immer übergeordnet. Das Fehlen konkreter Lebensziele führt zu einer paradoxen Hast nach dem Unwesentlichen. Was bringt das Einsparen von Minuten oder gar Stunden, wenn Jahre sinnlos vergeudet werden. Das Einzwängen in ein Zeitkorsett erstickt jede Kreativität.

Das Führen eines Erfolgsbuches fördert bisweilen ungeahnte Schätze zutage. Es sollte praktischerweise aus zwei Teilen bestehen. Im ersten Teil lassen sich die jeweils größten Erfolge auflisten. Dies ist ein Quell steter und bleibender Inspiration. Es ist erstaunlich und sehr ermutigend, wie erfolgreich das bisherigen Leben im Anzeigenverkauf bei den meisten schon war. Beispiele für mögliche Inhalte:

- Den größten Verkaufserfolg
- Die schönste Anzeige
- Die längste Verhandlung
- Die höchste Provision
- Die meisten Anzeigen in einer Ausgabe
- Die höchste Neukundenquote

Der zweite Teil hat die Form eines Erfolgstagebuchs. Hier stehen alle Notizen zu täglichen Erfolgen. Was hat man gut oder besser als zuvor gemacht? Welcher Plan ist aufgegangen? Was hat besonders gut funktioniert? Mit dieser Aufstellung schafft man ein unschätzbares Erfolgspotenzial. Hier entwickelt sich der Wegweiser zu Ihrer Zielstraße.

Strategisch richtige Planung ist das Eine. Doch ohne Handlung ist sie so überflüssig wie Kühlschranke für Eskimos. Nur die Anwendung von Wissen bedeutet wahre Macht.

In diesem Sinne danke, dass ich Sie bis hierher begleiten durfte. Jetzt liegt es an Ihnen. Viel Spaß und Erfolg beim Anzeigenverkauf!

Adressen für den Anzeigenverkauf

Es gibt eine ganze Reihe von Institutionen und Verbänden, die für den Anzeigenverkauf interessant und wichtig sein können. Diese Auswahl ist alphabetisch geordnet und enthält neben der postalischen Adresse auch die Kommunikationsdaten für Telefon, Fax und/oder E-Mail sowie die Adresse der entsprechenden Homepage.

ALM Arbeitsgemeinschaft der Landesmedienanstalten i. d. BRD

D-40227 Düsseldorf
Zollhof 2
Tel.: +49 211 77007 140
Fax: +49 211 727170
E-Mail: info@ifr.de
Homepage: www.alm.de

ADM – Arbeitskreis Dt. Markt- & Sozialforschungsinstitute e.V.

D-60489 Frankfurt a.M.
Langer Weg 18
Tel.: +49 69 978431 36
Fax: +49 69 978431 37
E-Mail: adm.ev@t-online.de
Homepage: www.adm-ev.de

AG.MA Arbeitsgemeinschaft Media-Analyse e.V

D-60487 Frankfurt a. Main
Am Weingarten 25
Tel.: +49 69 156805 0
Fax.: +49 69 156805 40
E-Mail: print@agma-mmc.de
Homepage: www.agma-mmc.de

AWA – Allensbacher Werbeträger Analyse

D-78472 Allensbach am Bodensee
Tel.: +49 7533 805 272
Fax: +49 7533 805 172
E-Mail: awa@ifd-allensbach.de
Homepage: www.ifd-allensbach.de

BaTB e. V. Bundesverband ausgebildeter Trainer & Berater

D-85521 Ottobrunn

Bürgermeister-Wild-Straße 2
Tel.: +49 89 990204 44
Fax: +49 89 990204 45
E-Mail: info@BaTB.de
Homepage: www.batb.de

BDVT e.V. Bund deutscher
Verkaufsförderer & Trainer

D-50667 Köln
Elisenstr. 12-14
Tel.: +49 221 92076 0
Fax: +49 221 92076 10
E-Mail: info@bdvt.de
Homepage: www.bdvt.de

BDZV Bundesverband Deutscher
Zeitungsverleger e.V.

D-10969 Berlin
Markgrafenstr. 15
Tel.: +49 30 726298 0
Fax: +49 30 726298 299
E-Mail: bdvz@bdvz.de
Homepage: www.bdzv.de

Börsenverein des Deutschen
Buchhandels e.V.

D-60311 Frankfurt am Main
Großer Hirschgraben 17-21
Buchhändlerhaus
Tel.: +49 69 1306 0
Fax: +49 69 1306 201
E-Mail: info@boev.de
Homepage: www.börsenverein.de

BVDA Bundesverband Deutscher
Anzeigenblätter e.V.

D-10415 Berlin
Haus der Presse
Tel.: +49 30 7262982818
Fax: +49 30 7262982800
E-Mail: info@bvda.de
Homepage: www.bvda.de

BVDW – Bundesverband Digitale
Wirtschaft e.V.

D-40221 Düsseldorf
Kaistr. 14
Tel.: +49 211 600556 0
Fax: +49 211 600456 33
E-Mail: info@bvde.org
Homepage: www.bvdw.org

DDV Deutscher Direktmarketing
Verband e.V.

D-65189 Wiesbaden
Hasengartenstr. 14
Tel.: +49 611 97793 0
Fax: +49 611 97793 99
E-Mail: info@ddv.de
www.ddv.de

Deutscher Presserat

D-10585 Berlin
Fritschestr. 27/28
Tel.: +49 30 367007 0
Fax: +49 30 367007 20
E-Mail: info@presserat.de
Homepage: www.presserat.de

DMMV – Deutscher Multimedia
Verband e.V.

D-40211 Düsseldorf
Kaistr. 14
Tel.: +49 211 600456 0
Fax: +49 211 600456 33
E-Mail: info@dmmv.de
Homepage: www.dmmv.de

DPR Deutscher Presserat e.V.

D-53111 Bonn
Gerhard-von-Are Str. 8
Postfach 71 60
Tel.: +49 228 98572 0
Fax: +49 228 98572 99
E-Mail: info@presserat.de
Homepage: www.presserat.de

**Fédération des Associations
d`Edituers de Periodiques de la CE**
1A B-1050 Brussels

Square du Bastion
Ph.: +32 2 536 06 06
Fax: +32 2 536 06 01
E-Mail: info@faep.org
Homepage: www.faep.org

FAW Fachverband Außenwerbung e.V.

D-60487 Frankfurt a.M.
Ginnheimer Landstr. 11
Tel.: +49 69 719167 0
Fax: +49 69 719167 60
E-Mail: info@faw-ev.de
Homepage: www.faw-ev.de

**GWA Gesamtverband
Werbeagenturen e.V.**
D-60311 Frankfurt a.M.

Friedensstr. 11
Tel.: +49 69 256008 0
Fax: +49 69 236883
E-Mail: info@gwa.de
Homepage: www.gwa.de

**IVW – Informationsgemeinschaft
zur Feststellung der Verbreitung von
Werbeträgern e.V.**

D-10117 Berlin
Verbändehaus, Am Weidendamm 1A
Tel.: +49 30 590099 700
Fax: +49 30 590099 733
E-Mail: ivw@ivw.de
Homepage: www.ivw.de

**Kommission zur Ermittlung der
Konzentration im Medienbereich**
D-14480 Potsdam

Steinstr. 104-106
Tel.: +49 331 66017 70
Fax: +49 331 66017 79
E-Mail: info@kek-online.de
Homepage: www.kek-online.de

**OMG – Organisation der
Media-Agenturen**

D-60311 Frankfurt a. M.
Friedensstr. 11
Tel.: +49 69 256008 24
Fax: + 49 69 256008 17
E-Mail: info@omg-mediaagenturen.de
Homepage: www.omg-mediaagenturen.de

**OWM – Organisation Werbungs-
treibende im Markenverband**

D-10117 Berlin
Unter den Linden 42
Tel: +49 30 206168 0
Fax: +49 30 206168 700
E-Mail: info@owm.de
www.owm.de

Stamm Verlag GmbH
D-45134 Essen
Goldammerweg 16
Tel.: +49 201 84300 0
Fax: +49 201 472590
E-Mail: info@stamm.de
Homepage: www.stamm.de

VA Verbraucheranalyse
(Axel Springer & Bauer Verlag)
D-10888 Berlin
Axel-Springer-Straße 65
Tel.: +49 40 347 24854
E-Mail: andrea.treffenstaedt@axelspringer.de
oder
E-Mail: ingeborg.glas@bauermedia.com

VDZ – Verband Deutscher
Zeitschriftenverleger e.V.
D-10969 Berlin
Markgrafenstr. 15
Tel.: +49 30 726298 0
Fax: +49 30 726298 103
E-Mail: info@vdz.de
Homepage: www.vdz.de

Verlag Dieter Zimpel
D-65189 Wiesbaden
Abraham-Lincoln-Straße 46
Tel.: +49 611 7878 0
Fax: +49 611 7878 200
E-Mail: kundenservice@zimpel.de
Homepage: www.zimpel.de

ZAW Zentralverband der
deutschen Werbewirtschaft e.V.
D-53177 Bonn
Villichgasse 17
Tel.: +49 228 82092 0
Fax: +49 228 357583
E-Mail: zaw@zaw.de
Homepage: www.zaw.de

ZMG Zeitungs-Marketing-
Gesellschaft mbH
D-60598 Frankfurt a. M.
Darmstädter Landstraße 125
E-Mail: kommunikation@zmg.de
Homepage: www.zmg.de

Glossar

Einige der wichtigsten Begriffe für den Anzeigenverkauf sind hier alphabetisch aufgeführt und kurz und knapp erklärt. Eine gute Ergänzung mit umfänglichen und weiterführenden Erklärungen zu vielen der hier aufgeführten Begriffe ist das Anzeigenlexikon des VDZ aus der Edition Publikumszeitschriften von Klaus und Konstantin Klaffke.

Abonnementenauflage

Die Auflage, die über die Abonnements verkauft wird, ist ein wichtiger Indikator zur Ermittlung der qualitativen Wertigkeit einer Publikation.

ADC

ADC ist die Abkürzung für den Art Directors Club, dem Berufsverband kreativer Werbeagenturen in Deutschland.

AE-Provision

Die AE-Provision, auch Agenturprovision/Mittlervergütung genannt, beträgt in Deutschland in der Regel 15 Prozent und wird den Agenturen von den Verlagen gewährt.

Affinität

Die Affinität ist die rechnerische Beziehung zwischen der Reichweite in der Zielgruppe der Publikation zur deren Gesamtreichweite.

AGB

AGB ist die Abkürzung für die Allgemeinen Geschäftsbedingungen.

Agentur

Die Agentur ist das Bindeglied zwischen Verlag und Kunde.

Agenturnetto

Das Agenturnetto errechnet sich aus dem Brutto-Anzeigenpreis abzüglich der Mengen-, Mal- und/oder Sonderrabatte sowie der Agenturprovision. Vom Agenturnetto wird noch das Skonto abgezogen und die Mehrwertsteuer hinzugerechnet.

Allensbacher Werbeträger Analyse (AWA)

Die Allensbacher Werbeträger Analyse untersucht jährlich die Konsum- und Mediennutzung mit einer Mehrthemenumfrage. Im Ergebnis werden über 2.000 Märkte und Teilmärkte ausgewiesen.

Altarfalz-Anzeigen

Der Altarfalz (auch Gatefold genannt) ist eine Sonderanzeigenproduktion, bei der sich von einer Doppelseite aus, je eine weitere Seite über das reguläre Formart der Publikation, hinausfalten lassen.

Anschnittformate

Anzeigenformate, die über den Satzspiegel bis an den Seitenrand hinausgehen, bezeichnet man als Anschnittformate. Geläufig ist auch die Bezeichnung Beschnitt.

Anschnittzugabe

Bei den Anzeigenformatangaben wird eine Anschnittzugabe (Beschnittzugabe) angegeben, die in der Regel zwischen drei und fünf Millimeter liegt. Diese Zugabe geht über das eigentliche Anzeigenformat hinaus und soll in der Produktion verhindern, dass es zu sogenannten „Blitzern" kommt.

Anzeige

Die Anzeige ist eine werbliche Veröffentlichung (Werbemittel) in einer Publikation außerhalb des redaktionellen Teils gegen Entgelt. Also gedruckter Werberaum gegen Geld. Häufig kommt auch der Begriff „Inserat" zur Anwendung.

Anzeigenauftrag

Der Anzeigenauftrag ist eine Willenserklärung (ein Werkvertrag) über die Veröffentlichung einer oder mehrerer Anzeigen in einer Publikation.

Anzeigenbeleg/Belegexemplar

Jeder Anzeigenkunde bekommt mit der Rechnung einen Anzeigenbeleg: eine Ausgabe der Publikation mit der abgedruckten Anzeige.

Anzeigenformat

Die Anzeigenformate reichen von 1/32 Seiten bis hin zu Doppelseiten und den Sonderanzeigenformaten.

Anzeigengegengeschäft

Bei den Anzeigengegengeschäften erfolgt die Bezahlung des Verlags nicht durch Geld, sondern mit Waren oder anderen Dienstleistungen.

Anzeigenpreisliste

Verzeichnis der Verlage zu den Konditionen, Rabatten, Terminen, Druckdaten sowie aller weiteren, für den Anzeigenkunden relevanten Informationen.

Anzeigenplatzierung

Die Anzeigenplatzierung beschreibt, auf welcher Seite (welcher Stelle) eine Anzeige in der Publikation erscheint.

Anzeigenformat

Das Anzeigenformat bezieht sich auf die Größe (meist angegeben in Millimetern) der Anzeige. Bei Anzeigen, die kleiner als eine ganze Seite sind, lässt sich aus dem Anzeigenformat auch ablesen, ob die Anzeigen im Hochformat oder im Querformat erscheinen.

Anzeigensonderformate (Ad Specials)

Unter Anzeigensonderformaten sind alle Anzeigenformate zu verstehen, die vom Standard (1/32 Anzeige bis 2/1 Anzeige) abweichen.

Anzeigensplit

Als Anzeigensplit wird die Belegung von Teilauflagen (z. B. nach Regionen) einer Publikation mit unterschiedlichen Anzeigenmotiven genannt.

Anzeigenstrecke

Die Anzeigenstrecke ist eine Folge von Anzeigen, die sich über mehrere Seiten erstreckt.

Anzeigentest

Eine Anzeigentest wird entweder vor dem Erscheinen (Pretest) oder nach dem Erscheinen (Posttest) einer Anzeige durchgeführt. Ziel des Test ist oftmals die Ermittlung der Wirkung und/oder der Erinnerungswerte einer Anzeige.

Anzeigenumfeld

Das Anzeigenumfeld beschreibt, ähnlich dem redaktionellen Umfeld, den Bereich innerhalb der Publikation, in dem die Anzeige abgedruckt wird.

Auflage

Die Auflage bezeichnet die Druckauflage einer Publikation.

Auflagengarantie

Die Auflagengarantie wird von Verlagen gegenüber Werbekunden ausgesprochen und bezieht sich im Allgemeinen auf die verkaufte Auflage.

Auftragsbestätigung

Die Auftragsbestätigung erfolgt vom Verlag, nachdem der Anzeigenauftrag vom Werbekunden oder dessen Agentur erfolgt ist.

Banderole

Die Banderole ist eine Heftumbinder und gehört zu den möglichen Sonderwerbeformen von Publikationen. Für den Einzelverkauf ist sie eher ungeeignet, da sie Spontankäufern den Blick in die Publikation verwehrt und nach kurzer Zeit meist zerrissen ist.

Beihefter

Beihefter, auch Einhefter genannt, sind werbliche Druckerzeugnisse, die fest in eine Publikation eingeheftet werden.

Beikleber

Beikleber sind werbliche Druckerzeugnisse, die fest mit einer Publikation verklebt werden. Auch Warenproben, die auf Anzeigen geklebt werden, sind Beikleber.

Beilage

Beilagen sind werbliche Druckerzeugnisse, die einer Publikation lose beigelegt werden.

Brutto-Reichweite

Die Brutto-Reichweite ist die Summer aus verschiedenen Einzelreichweiten mehrerer Ausgaben, ohne Berücksichtigung der Doppel-/Mehrfachleser.

Buchungsschluss

Der Buchungsschluss bezeichnet den Termin, bis zu dem der Inserent seine Buchung bestätigt haben muss.

Copypreis

Der Copypreis ist der Einzelverkaufspreis einer Publikation.

Copytest

Der Copytest ist ein Testverfahren, bei dem die Probanden die Publikationen (Anzeigen) gezeigt bekommen und hinsichtlich der jeweiligen Erinnerung befragt werden.

Cover

Cover ist eine gängige Bezeichnung für das Titelblatt.

Doppelleser

Doppelleser sind die Leser, die zwei Publikationen einer Gattung lesen.

Druckauflage

Die Druckauflage bezeichnet die Menge der herstellten (gedruckten) Publikationen.

Druckunterlagenschluss

Der Druckunterlagenschluss benennt den Termin, bis zu dem der Inserent seine Druckdaten anliefern muss.

Durchschnittskontakte

Die Formel für die Berechnung der Durchschnittskontakte lautet: Summe aller Kontakte geteilt durch die Gesamtzahl der Personen mit mindestens einem Kontakt.

Erstverkaufstag

Der Erstverkaufstag ist der Tag, an dem die Publikation im Handel erhältlich ist.

Exklusivleser

Exklusivleser sind die Leser, die innerhalb einer bestimmten Zielgruppe nur ein einziges Medium (exklusiv) lesen.

Frequenz

Die Frequenz beschreibt entweder die Häufigkeit, in denen eine Anzeige in einer Publikation erscheint oder wie oft ein durchschnittlicher Leser durch die Publikation erreicht wird.

Füller

Als Fülleranzeige werden Anzeigen bezeichnet, die kostenlos vom Verlag geschaltet werden (um zum Beispiel „leere" Seiten im Anzeigenteil zu füllen).

Gattung

Eine Gattung ist die Zusammenfassung gleichartiger Publikationen (Programmzeitschriften …).

General-Interest-Titel

General-Interest-Titel sind Publikationen, die ein allgemeines Interesse bedienen.

Geschlossene Anzeige

Bei der geschlossene Anzeige handelt es sich um eine Anzeigensonderformat, bei dem die verdeckte Anzeige durch den Leser geöffnet werden kann. Die Anzeigen sind meist perforiert oder verklebt.

Gesellschaft für Konsumforschung (GfK)

Die Gesellschaft für Konsum-, Markt- und Absatzforschung ist Deutschlands größtes Marktforschungsinstitut und veröffentlicht den Konsumgüterindex.

Gross-Rating-Point (GRP)

Der Gross-Rating-Point ist der prozentuale Ausdruck der Brutto-Reichweite. Er dient häufig zur ersten Bewertung von Mediaplänen. Die Formel: GRP = prozentuale Nettoreichweite x (prozentuale Bruttoreichweite/prozentuale Nettoreichweite)

Headline

Die Headline (Überschrift) ist neben den Bildern (Grafiken) der elementare und wichtigste Bestandteil einer Anzeige. Sie entscheidet in hohem Maße über die Attraktivität der Anzeige.

Imagewerbung

Allein die bewusste und auch die unbewusste oder periphere Wahrnehmung einer Anzeige zahlt sich für die werbetreibende Marke aus. Dies ist ein Umstand, dem Anzeigen seit jeher einen gewichtigen Teil ihrer Wirkung verdanken und mit dem große Inserenten erfolgreich operieren.

Impressum

Das Impressum ist ein wesentlicher, rechtlicher Bestandteil einer Publikation, der auch presserechtlich bindend und vorgeschrieben ist. Er enthält alle wichtigen Angaben zum Verlag, Herausgeber, Druck, Vertrieb und den Verantwortlichen für Redaktion und Anzeigen.

Inselanzeigen

Die Inselanzeige ist ein Anzeigensonderformat, welches an allen Seiten von redaktionellen Teilen umgeben ist.

Intermediavergleich

Im Rahmen eines Intermediavergleichs werden verschiedene Medien hinsichtlich ihrer werberelevanten Leistungswerte miteinander verglichen.

Intramediavergleich

Im Rahmen eines Intramediavergleichs werden Medien aus der selben Gattung hinsichtlich ihrer werberelevanten Leistungswerte miteinander verglichen.

IVW

Die Informationsgemeinschaft zur Feststellung der Verbreitung von Werbeträgern e.V. ist seit 1950 die Instanz zur Ermittlung, Prüfung und Publikation der Auflagenzahlen von Druckerzeugnissen.

Kennzeichnungspflicht

Die Kennzeichnungspflicht ist die Verpflichtung zur deutlichen Kennzeichnung von Anzeigen und trifft in erster Linie Anzeigen, die bei flüchtiger Betrachtung nicht als solche zu erkennen sind, da sie grafisch sehr stark an den redaktionellen Seiten angelehnt sind.

Kontakt

Kontakte werden unterschieden zwischen dem (flüchtigen) Kontakt eines Leser mit einem Werbeträger (Publikation) oder einem Werbemittel (z.B. einer Anzeige).

Kontaktfaktor

Der Kontaktfaktor belegt, wie viele Seiten ein durchschnittlicher Leser pro Ausgaben an einem durchschnittlichen Lesetag liest. Die Ermittlung erfolgt über den Copytest.

Kontakthäufigkeit

Die Kontakthäufigkeit beschreibt die Anzahl der Kontakte, die ein Leser mit einem Werbeträger hat.

Konzernrabatt

Der Konzernrabatt kann nach Vereinbarung den jeweiligen Tochterunternehmen eines Konzern gewährt werden. Grundlage ist zumeist das Vorhandensein einer mindestens fünfzigprozentigen Kapitalbeteiligung.

Kombinationen

Die Bündelung verschiedener Medien aus einem Verlag bezeichnet man als Kombinationen. Preise für Anzeigen in Kombinationen sind meist deutlich günstiger als die Summe der jeweiligen Einzelpreise.

Konkurrenzausschluss

Der Forderung von Inserenten nach einem Ausschluss der Konkurrenz (des Wettbewerbs) in einer Publikation, kann seitens des Verlags häufig nur in Form eines entsprechenden Seitenabstands zwischen den Konkurrenten entsprochen werden.

Kumulation

Die Kumulation ist der rechnerische Reichweitenzuwachs im Zeitverlauf über mehrere mit einer Anzeige belegten Publikationen. Die Reichweite der ersten Ausgabe steigt zum Beispiel zur zweiten Schaltung um fünf Prozentpunkte, zur dritten noch einmal um drei Prozent und zur vierten um weitere ein Prozent. So baut sich die Reichweite von Schaltung zu Schaltung weiter auf.

Kundennetto

Das Kundennetto errechnet sich aus dem Bruttopreis abzüglich der Mengen-, Mal- und/oder Sonderrabatte. Vom Kundennetto werden die Agenturprovision und das Skonto abgezogen und die Mehrwertsteuer zugerechnet.

Lesedauer

Die Lesedauer ist die Gesamtzeit, die ein Leser mit einer Publikation verbringt. Dabei ist die Intensität (Lesen, Durchblättern ...) nicht ausschlaggebend.

Lesehäufigkeit

Die Lesehäufigkeit beschreibt die Anzahl der Lesevorgänge in einer Ausgabe oder die Anzahl der gelesenen Ausgaben in einem definierten Zeitraum.

Leseort

Der Leseort ist der Ort, an dem die Publikation gelesen wird.

Lesequalität

Die Lesequalität beschreibt die Intensität, mit der eine Publikation gelesen wird und den daraus resultierenden Auswirkungen auf die Kommunikation (Wiedergabe, Weitergabe ...).

Leser

Ein Leser definiert sich über den Umstand, das er eine Publikation ganz oder teilweise gelesen hat. Das Er- bzw. Wiedererkennen eines Covers reicht nicht aus, um als Leser gewertet zu werden.

Leser-Blatt-Bindung (LBB)

Die Leser-Blatt-Bindung ist der Grad der Identifikation, den ein Leser zu einer Publikation aufbringt. Dieser wird ermittelt über die Regelmäßigkeit, die Dauer und das skalierte Wohlgefühl des Lesers beim Lesevorgang.

Leser pro Ausgabe (LpA)

Der LpA ist die Summe der Leser pro Ausgabe. Die Formel: LpA = LpE x verbreitete Auflage.

Leser pro Exemplar (LpE)

Der LpE ist die Summe der Leser ein und des selben Exemplars einer Publikation. Der LpE wird nicht erhoben, sondern ist ein rechnerischer Wert, der sich aus dem Verhältnis des LpA zu verbreiteten Inlands-Auflage ergibt. Eine alternative Abkürzung ist LpX. Die Formel: LpE = LpA/verbreitete Auflage.

Leser pro Seite (LpS)

Der LpS errechnet sich aus dem Produkt aus Werbeträgerreichweite und Seitennutzungswahrscheinlichkeit.

Leser pro werbeführende Seite (LpwS)

Der LpwS ist die Weiterführung der LpS und bezeichnet die Menge an Lesern, die eine Anzeigenseite (= eine Seite mit mindesten 25 Prozent Werbung) im Durchschnitt erreicht.

Lesezirkel

Der Lesezirkel beliefert seine Abonnenten mit Publikationen in Schutzhüllen. Diese Lesemappen werden verliehen. Die Leser von Lesezirkel-Ausgaben werden als LZ-Leser bezeichnet. Entstanden ist der Lesezirkel aus den Lesegemeinschaften, denen der gemeinsame Bezug die Möglichkeit gab, Bücher und Zeitschriften zu lesen, die sich der Einzelne sich nicht hätte leisten können.

Malstaffel

Die Malstaffel ist ein Rabattstaffel für Mehrfachschaltungen, also Schaltung vom mehreren Anzeigen in einem Abnahmejahr. Das Format ist dabei nicht relevant.

Mediaagentur

Die Mediaagentur ist zumeist der direkte Ansprechpartner des Anzeigenverkaufs und kümmert sich im Auftrag des Kunden um alle Aufgaben im Zusammenhang mit der Schaltung (Auftragsvergabe, Prüfung, Analyse ...).

Mediamix

Der Mediamix beschreibt die Auswahl verschiedenen Werbeträger/Werbegattungen im Rahmen einer Werbekampagne. Wenn es um die positive Wechselwirkung im Zusammenhang mit dem Einsatz verschiedenen Medien geht, spielt auch der Multiplying-Effekt eine gewichtige Rolle.

Mehrfachleser

Mehrfachleser sind die Leser, die mehr als zwei Publikationen einer Gattung lesen.

Mengenstaffel

Die Mengenstaffel ist eine Rabattstaffel für die Abnahme von ganzen Seiten innerhalb eines Abnahmejahrs.

Mitleser

Leser, die eine Ausgabe zwar lesen, sie aber nicht selber gekauft haben.

Multimedia Analyse

Die größte deutsche Mediaanalyse (Fallzahl knapp 39.000 Personen) erscheint zweimal im Jahr und hat das Konsumverhalten der unterschiedlichen Zielgruppen zum Gegenstand.

Netto

Netto ist das Kundennetto (= Einfachnetto).

NettoNetto

NettoNetto ist das Agenturnetto (= Zweifachnetto).

NettoNettoNetto

NettoNettoNetto ist das Agenturnetto nach Abzug des Skontos (= Dreifachnetto).

Netto-Reichweite

Bei der Netto-Reichweite wird im Gegensatz zur Bruttoreichweite jeder Person nur ein einziges Mal gezählt. Sie gibt demzufolge die Anzahl der Personen an, die mit mindestens einer Anzeigenschaltung innerhalb einer Kampagne erreicht werden.

Nielsen-Gebiete

Die Nielsen-Gebiete sind eine gruppenmäßige Einteilung der Bundesländer nach regionaler Zusammengehörigkeit.

Nullnummer

Die Nullnummer ist eine erste, nicht für den Verkauf bestimmte Ausgabe einer neuen Publikation zu Testzwecken (Fokusgruppen) und zur Vorstellung bei potenziellen Anzeigenkunden.

Nutzungsintensität

Die Nutzungsintensität beschreibt den Umfang, in dem sich ein Leser mit bestimmten Teilen einer Publikation beschäftigt.

Omnibusbefragungen

Die Omnibusumfragen sind Umfragen, „auf die man jederzeit aufspringen kann", da sie fortlaufend als sogenannte Mehr-Themenumfelder-Umfragen durchgeführt werden.

Panoramaanzeige

Panoramaanzeigen sind Anzeigen, die über zwei Seiten gehen (also über den Steg gedruckt werden), aber keine Doppelseiten sind.

Platzierung

Die Platzierung ist der Bereich (die Seite), auf der die Anzeige gedruckt wird. Im Fall von kleinformatigen Anzeigen ist auch entscheiden, ob sie oben oder unten stehen, rechts oder links.

Posttest

Bezogen auf Anzeigen ein Test, der nach dem Erscheinen einer Anzeige durchgeführt wird.

Preisbindung

Publikationen unterliegen in Deutschland der Preisbindung. Das heißt sowohl der Abgabepreis an die verschiedenen Handfelsstufen als auch der Einzelverkaufspreis sind festgelegt und dürfen nicht unterschritten werden.

Preisliste

Die Preisliste beinhaltet alle für den Inserenten notwendigen Information zu einer Anzeigenschaltung (Titel der Publikation, Verlag, Termine, Preise ...).

Preislistentreue

Die in der Preisliste angegebenen Preise für Anzeigenschaltungen sind für den Verlag verpflichtend und müssen in gleicher Weise allen Kunden gewährt werden (Preistransparenz).

Pretest

Bezogen auf Anzeigen ein Test, der vor dem Erscheinen einer Anzeige durchgeführt wird. Standardisierte Pretests in Deutschland sind zum Beispiel ad plus (Iconsult), Ad*vantage (GfK) und Advisor (NFO Infratest).

Rabatt

Der Rabatt ist ein Preisnachlass, dessen Höhe sich auf Basis der Preisliste aus der Menge oder Häufigkeit der Anzeigenschaltung ergibt.

Reichweite

Die Reichweite beschreibt die Anzahl an Personen, die innerhalb einer Zielgruppe durch eine Publikation erreicht werden.

Remission

Als Remission werden die Ausgaben einer Publikation bezeichnet, die nicht verkauft werden konnten. Zu unterscheiden sind die Voll- oder auch Ganzstückremission (das gesamte Heft wird zurückgeschickt), die Teil- oder Titelseitenremission (nur das Cover (Titelblatt) wird zurückgeschickt) und die Kopfleisten- oder Titelkopfremission (nur die Kopfleiste des Titels wird zurückgeschickt). Alternativ dazu gibt es noch die mittlerweile sehr verbreitete körperlose Remission (nur noch eine Bestandmeldung ohne Rückversand), die eine eine optronische bzw. scannergestützte Remissionsverarbeitung voraussetzt.

Rücktrittstermin

Der Rücktrittstermin ist der Termin, bis zudem ein Inserent von seinem bereits erteilten Anzeigenauftrag zurücktreten kann und ist zumeist identisch mit dem Buchungsschluss.

Satzspiegel

Der Satzspiegel ist die gemäß dem Heftkonzept bedruckbare Grundfläche einer Seite. In der Praxis ist das der Teil, in dem auch die redaktionelle Texte gedruckt werden.

Seitenkontakt

Der Seitenkontakt belegt, wie oft ein durchschnittlicher Leser eine durchschnittliche Seite einer Ausgabe nutzt.

Share of Spendings

Der Share of Spending zeigt das Verhältnis der Werbeausgaben eines Unternehmens, respektive einer Marke an den Gesamtwerbeinvestitionen eines definierten Marktes.

Share of Voice

Der Share of Voice zeigt das Verhältnis der Markenkontakte zu den Gesamtkontakten eines definierten Marktes bei identischer Zielgruppe. Die Formel: Share of Voice = (Anteil einer Marke an der Bruttoreichweite x 100) / Bruttoreichweite des Teilmarkts.

Struktur

Die Struktur bezeichnet den Aufbau einer Publikation und wird in erster Linie von der Redaktion und dem Heftgrundkonzept bestimmt. Sie ist wichtig, um passende Umfelder für Anzeigen zu bestimmen.

Sonderfarben

Die Standarddruckfarben sind cyan, magenta, yellow und black. Insofern Anzeigenkunden zusätzliche Farben in den Anzeigen wünschen, müssen sie gegen Aufpreis Sonderfarben hinzubuchen.

Sonstige Auflage

Die sonstige Auflage ist ein Sammelbegriff für die Anzahl an der Druckauflage, die nicht verkauft wird.

Streuverlust

Unter Streuverlust versteht man den der Teil der Leserschaft, der zwar durch den Werbeträger erreicht wird, aber vom Inserenten nicht erreicht werden will, da er nicht zu seiner Zielgruppe gehört.

Tausenderpreis

Der Tausenderpreis ist der Anzeigenpreis, den der Inserent, über die Berechnung der Anzeige, für 1.000 Werbeträgerkontakte (z.B. Exemplare) bezahlt. Dabei wird der Anzeigenpreis mit 1.000 multipliziert und das sich daraus ergebende Produkt durch die Auflage geteilt.

Tausender-Auflagen-Preis (TAP)

Der Tausender-Auflagen-Preis zeigt das Verhältnis zwischen Anzeigenpreis und der aktuellen Auflage. Die Formel lautet: TAP = (Einschaltpreis x 1000) / Auflage.

Tausender-Kontakt-Preis (TKP)

Der Tausender-Kontakt-Preis ist der Anzeigenpreis, den ein Interessent für 1.000 Kontakte in einem Werbeträger bezahlt. Er gilt gemeinhin als der Maßstab für die Wirtschaftlichkeit von Medien. Die Formel lautet: TKP = (Einschaltpreis x 1000) / Bruttoreichweite.

Tausender-Leser-Preis (TLP)

Der Tausender-Leser-Preis ist der Anzeigenpreis, den ein Interessent für

1.000 Leser in einem Werbeträger bezahlt. Die Formel lautet: TLP = (Einschaltpreis x 1000) / Nettoreichweite.

Tunnelanzeige

Eine Tunnelanzeige ist eine Anzeige, die von drei Seiten von Redaktion „umschlossen" ist und an der vierten im Anschnitt liegt.

Typologie der Wünsche

Die Typologie der Wünsche untersucht die verschiedenen Lebensstile im Zusammenspiel mit den jeweiligen Konsum- und Mediennutzungsgewohnheiten der unterschiedlichen Zielgruppen.

Umfang

Der Umfang einer Publikation ist die Gesamtseitenzahl (Redaktion inklusive Anzeigen).

Verbraucher Analyse (VA)

Die Verbraucheranalyse erscheint jährlich und wird von den Verlagen Bauer und Springer herausgegeben. Zum Kern gehört die Ermittlung der Mediennutzung der unterschiedlichen Zielgruppen.

Verbreitete Auflage

Die verbreitete Auflage bezeichnet die Menge der verbreiteten Auflage (Verkauf, sonstige Verkäufe, Freistücke ...).

Verkaufte Auflage

Die verkaufte Auflage bezeichnet die Menge der wirklich verkauften Publikationen (inklusive der Abonnementenauflage).

Weitester Leserkreis (WKL)

Der weiteste Leserkreis beschreibt die Leserschaft innerhalb der letzten zwölf Erscheinungsintervalle, wobei die Lesewahrscheinlichkeit aller Personen im WKL > 0 (null) ist.

Wendecover

Bei einer Publikation, die sowohl auf der ersten (U1) als auf der letzten Seite (U4) ein Covermotiv besitzt, bezeichnet man das Motiv auf der U4 als Wendecover.

Werbemittel

Das Werbemittel, das Inserenten bei Verlagen buchen, ist die Anzeige.

Werbeträger

Der Werbeträger, den Verlage Inserenten für ihre Anzeigenbuchung anbieten, ist die Publikation.

Werbungstreibende

Die Werbungstreibenden schalten Anzeigen in den Publikationen der Verlage.

Zählservice

Zählservices werden Inserenten von Verlagen angeboten und basieren auf den Ergebnissen der Mediaanalysen. So lassen sich Ergebnisse zu den verschiedensten Fragestellungen (Zielgruppen, Auflagen …) ermitteln.

Zielgruppe

Die Zielgruppe ist eine definierte Gruppe potenzieller Leser mit gleichen Merkmalen, wie zum Beispiel Hobbys und Interessen.

Quellenverzeichnis

Dieses Verzeichnis von Fachzeitschriften und Onlinediensten gibt im Groben die Quellen wieder, die wesentlichen Einfluss auf die Erstellung dieses Buches hatten. Ungezählt und dementsprechend nicht aufgeführt sind die Fachartikel aus den diversen Nachrichten und Publikumszeitschriften, die TV-Sendungen und persönlichen Gespräche mit Anzeigenverkäufern, Verlegern und Agenturen – die alle mit dem Thema Anzeigenverkauf zu tun hatten.

Diese Angaben können aber ebenso als weiterführende Informationsquellen hinsichtlich der Vertiefung der Inhalte einzelner Themengebiete verstanden werden.

Fachzeitschriften zum Thema Kundenverhalten

- Psychologie heute
- Psychologie Compact
- Nature (USA)
- Science (USA)
- Psychology (USA)
- Spektrum der Wissenschaft
- Gehirn & Geist

Fachzeitschriften und Onlinedienste zum Thema Verkauf, Vertrieb, Medien

- Sales business (www.salesbusiness.de)
- Aquisa (www.haufe.de/acquisa)
- Absatzwirtschaft (www.absatzwirtschaft.de)
- werben und verkaufen (www.wuv.de)
- Horizont (www.horizont.net)
- kress (www.kress.de)
- Media und Marketing (www.mediaundmarketing.de)
- Financial Times Deutschland (www.ftd.de)
- Media Spectrum (www.mediaspectrum.de)
- Kontakter (www.kontakter.de)
- Textintern (www.textintern.de)
- dnv-der neue Vertrieb (www.dnv-online.net)
- SellingPower (www.sellingpower.com)

- www.meedia.de
- www.promedianews.de
- www.newbusiness.de

Webseiten zum Kunden- und Konsumverhalten
- www.wissenschaft-online/psychologie
- www.gehirn-und-geist.de/werbepsychologie
- www.psychologie-heute.de
- www.emotionsradar.de
- www.neuroeconomics-bonn.org
- www.sciencemag.org

Webseiten zum Thema Media der deutschen Großverlage/Vermarkter
- www.medialine.de
- www.guj-media.de
- www.bauermedia.com
- www.burda-community-network.de
- www.media.spiegel.de
- www.gwp.de

Fachliche Webseiten zum Thema Media und Anzeigenverkauf
- www.fachpresse.de
- www.fachzeitungen.de
- www.die-zeitungen.de
- www.bvpg.pressegrosso.de
- www.lesezirkel.de
- www.lokalpresse.de
- www.presse.de
- www.pressekatalog.de

Webseiten zum Thema Sonderwerbeformen
- www.bac.de
- bauer-extras.de

Nützliche, interessante und amüsante Webseiten für den Anzeigenverkauf
- www.anzeigenarchiv.de
- www.business-wissen.de

- www.catprint-cartoonline.de
- www.dt-control.de
- www.getabstract.com
- www.lustigemeldungen.de
- www.marktmediastudie.de
- www.media-daten.de
- www.media-info.net
- www.medienhandbuch.de
- www.medialine.de
- www.titelschutzanzeiger.de

Literaturverzeichnis

D'ALESSANDRO, DAVID F.: Was Marken unschlagbar macht. Landsberg 2002
AKADEMIE BILDSPRACHE: Anzeigen Trends 2.1. Berlin 2000
ARIELY, DAN: Denken hilft zwar, nützt aber nichts. München 2008
BECKWITH, HARRY: Selling the invisible. New York 1997
BIRKENBIHL, VERA F.: Story Power. Offenbach 2002
BRAFMAN, ORI & ROM: Kopflos. Frankfurt 2008
BRANDES, DIETER: Konsequent einfach – Aldi Erfolgsstory. Frankfurt 1998
BUTLER-BOWDON, TOM: 50 Klassiker der Psychologie. München 2007
BUZAN, TONY: Business Mind Mapping. Wien 1999
CIALDINI, ROBERT B.: Die Psychologie des Überzeugens. Bern 2007
DAVIS, MELINDA: Wa(h)re Sehnsucht. Düsseldorf 2003
DRUCKER, PETER F.: Was ist Management? Berlin 2005
EHRHARDT, WOLF: Verkaufen mit Psychologie. Weinheim 2007
ELGER, CHRISTIAN E.: Neuro Finance. Freiburg 2009
FALK, EDGAR A.: 1001 Ideas to create Retail Excitement. New York 2003
GEFFKEN, MICHAEL: Anzeigen perfekt gestalten, Landsberg 2001
GIRARD, JOE: Ein Leben für den Verkauf. Wiesbaden 2002
GITOMER, JEFFREY H.: The Sales Bible. New York 1994
GLADWELL, MALCOLM: Der Tipping Point. Berlin 2000
GOLDMANN, HEINZ M.: Wie man Kunden gewinnt. Berlin 2002
GREENE, ROBERT: Power, Die 48 Gesetze der Macht. München 2002
GREENE, ROBERT: Die 24 Gesetze der Verführung. München 2002
HÄUSEL, HANS GEORG: Brain Script. Freiburg 2004
HÄUSEL, HANS GEORG: Think Limbic! Planegg 2005
HALPERN, SUE: Memory!. München 2009
HARFORD, TIM: Die Logik des Lebens. München 2008
HARFORD, TIM: Ökonomics. München 2006
HERRMANN, NED: Ganzhirn-Konzept für Führungskräfte. Wien 1997
HOFSÄSS, MICHAEL: Mediaplanung. Berlin 2003
HUTH, RUPERT: Einführung in die Werbelehre. Stuttgart 1996
JOHNSON, SPENCER: The One Minute Sales Person. New York 1991
KING, BRUCE: Psycho-Verkauf. Wien 1993
KLAFFKE, KONSTANTIN: Vertriebslexikon. Berlin 2008

KULLMANN, VANESSA: Keine große Sache. München 2007
KUNTZ, BERNHARD: Die Katze im Sack verkaufen. Bonn 2004
LABUDE, CHRISTOPH: Wie entscheiden Kunden wirklich. 2008
LOTTER, WOLF: Verschwendung. München 2006
MALIK, FREDMUND: Führen Leisten Leben. München 2000
MAHRDT, NIKLAS: Crossmedia. Wiesbaden 2009
MARX, ANNE: Media für Manager. Wiesbaden 2008
MUNDHENKE, REINHARD: Der Verlagskaufmann. Frankfurt 1994
MURPHY, DR. JOSEPH: Die Macht Ihres Unterbewusstseins. München 2006
NALEPKA, WOLFGANG J.: Grundlagen der Werbung. Wien 2002
OGILVY, DAVID: Ogilvy on advertising. London 2001
PAVITT, JANE: Starke Marken. München 2001
PLENER, MICHAEL: Praktisches ABC „Werberecht". Freiburg 2000
SCHEIER, CHRISTIAN: Wie Werbung wirkt. Freiburg 2006
SCHERER, HERMANN: Das überzeugende Angebot. Frankfurt 2006
SCHIFFMAN, STEPHAN: Cold Calling Techniques. Cincinnati 1999
SCHRANNER, MATTHIAS: Verhandeln im Grenzbereich. Düsseldorf 2002
SKROCH, PETER: Das kostet Kommunikation. Düsseldorf 2004
SPECTOR, ROBERT: The Nordstrom Way. New York 1999
STEIN, PEER-HOLGER: Marken Monopole. Nürnberg 1997
STERN BIBLIOTHEK, DIE: Wie wirken Anzeigen? Hamburg 2001
TALEB, NASSIM NICHOLAS: Der Schwarze Schwan. München 2008
TALEB, NASSIM NICHOLAS: Narren des Zufalls. Weinheim 2008
TANGERMANN, KAY: Werbung Der Milliarden Poker. München 2003
TOHERMES, KURT: Leitfaden für Verlagsberufe und Quereinsteiger. Düsseldorf 1996
TROUT, JACK: Die Macht des Einfachen. Wien 2001
URBAN, DIETER: Anzeigen erfolgreich gestalten. Freiburg 1996
VÖGELE, SIEGFRIED: Das Verkaufsgespräch per Brief. München 2002
WARMBIER, WERNER: Der Programmierte Kunde. Berlin 2008
WEINDL, GEORG: Der Schöne Schein. München 2003
WERTH, LIOBA: Psychologie für die Wirtschaft. Heidelberg 2004
WIPPERMANN, PETER: Der Spiegel Anzeigentrends. Mainz 1997
WIRTZ, DIETER H.: Davidoff, Legende-Mythos-Wirklichkeit. Berlin 2006
ZIMBARDO, PHILIP G.: Psychologie. München 2004
ZWEIG, JASON: Gier/Neuroökonomie. München 2007

Der Autor

Thorsten Szameitat ist einer von Deutschlands führenden Trainern. Er ist Gewinner des Deutschen Trainerpreises 2002 des Bundesverbands der ausgebildeten Trainer und Berater (BATB) und Finalist zum Trainerpreis des Berufsverbands deutscher Verkaufsförderer und Trainer (BDVT) 2004.

Thorsten Szameitat berät und trainiert die Spitzenkräfte der Wirtschaft. Als einer der wenigen Trainer und Berater hat er in seiner beruflichen Karriere alle unternehmensrelevanten Führungspositionen selber erfolgreich wahrgenommen (Anzeigenverkauf, Anzeigenleitung, GmbH Geschäftsführung und Mitglied des Vorstand eines börsennotierten Unternehmens). Diese Praxiserfahrungen kommen in seinen Seminaren zur Anwendung.

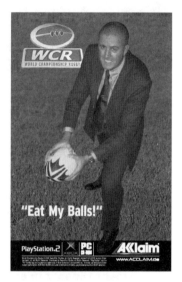

Anzeigenmotiv der Firma Acclaim mit dem Autor als Testimonial

Kontakt:
Telefon: *49 9187 9089224
E-Mail: thorsten@szameitat.info

Für Ihren Verkaufserfolg

Kunden kaufen Emotionen!

Wann kauft ein Kunde? Wann kauft er nicht? Wie können Verkäufer die Macht der Sprache erfolgreich nutzen? „Emotion Selling" erklärt Verkaufskommunikation aus Sicht der Neuro-Kommunikation, der Lernpsychologie, einer neu entwickelten Emotionstheorie sowie Aspekten der Stressmedizin grundsätzlich anders als bisher. Ergebnis ist eine Verkaufskommunikation, die kundenzentrierter, bedarfsorientierter, wertschätzender und motivierender ist – und damit messbar bessere Ergebnisse und Umsätze erzielt.

Gerhard Bittner / Elke Schwarz
Emotion Selling
Messbar mehr verkaufen durch neue Erkenntnisse der Neurokommunikation
2010. 179 S.
Br. EUR 34,95
ISBN 978-3-8349-1765-2

Praxisbewährte Strategien für mehr Umsatz in engen Märkten

„Die Vertriebs-Offensive" bietet ein ausgefeiltes Maßnahmenpaket, das Vertrieblern hilft, auch in schwierigen Zeiten neue Kunden zu gewinnen und Potenziale bei bestehenden Kunden noch besser auszuschöpfen. Ein wertvoller Leitfaden für Unternehmer, Vertriebsleiter und Vertriebsmitarbeiter, die sich in umkämpften Märkten erfolgreich behaupten wollen. Mit nützlichen Checklisten, Maßnahmenplänen und Praxisbeispielen. Neu in der 2. Auflage: vertiefende Praxisbeispiele zu den vorgestellten Strategien.

Ewald Lang
Die Vertriebs-Offensive
Erfolgsstrategien für umkämpfte Märkte
2., erg. Aufl. 2010. 239 S.
Geb. EUR 42,00
ISBN 978-3-8349-2011-9

Ihr guter Draht zu jedem Gesprächspartner im Verkauf

Termine gewinnen, Einwänden begegnen, Preisverhandlungen führen – Führungskräfte und Mitarbeiter im Verkauf sehen sich täglich mit anspruchsvollen Gesprächssituationen konfrontiert. Erfolg hat, wer versteht, wie sein Gegenüber „tickt", und darauf flexibel eingehen kann. Die Autoren liefern einen Werkzeugkasten, mit dem es Ihnen gelingt, Ihre praktische emotionale Kompetenz zu entwickeln.

Wolfgang Schneiderheinze / Carmen Zotta
Ganz einfach überzeugen
So nutzen Sie Ihre emotionale Kompetenz in schwierigen Verkaufssituationen
2009. 206 S.
Br. EUR 29,90
ISBN 978-3-8349-1459-0

Änderungen vorbehalten. Stand: Februar 2010.
Erhältlich im Buchhandel oder beim Verlag
Gabler Verlag . Abraham-Lincoln-Str. 46 . 65189 Wiesbaden . www.gabler.de

GABLER